U0691502

大学生法治教育
教学研究

倪　皓◎著

中国出版集团
中国民主法制出版社

全国百佳图书
出版单位

图书在版编目（CIP）数据

大学生法治教育教学研究 / 倪皓著. — 北京: 中国民主法制出版社，2024.9. — ISBN 978-7-5162-3761-8

Ⅰ. D920.4；G641.5

中国国家版本馆 CIP 数据核字第 2024XA4811 号

图书出品人：刘海涛
出 版 统 筹：石　松
责 任 编 辑：刘险涛　吴若楠

书　　　名 / 大学生法治教育教学研究
作　　　者 / 倪　皓　著

出版·发行 / 中国民主法制出版社
地址 / 北京市丰台区右安门外玉林里 7 号（100069）
电话 /（010）63055259（总编室）　63058068　63057714（营销中心）
传真 /（010）63055259
http: // www.npcpub.com
E-mail: mzfz@npcpub.com
经销 / 新华书店
开本 / 16 开　787 毫米 × 1092 毫米
印张 / 12　　**字数** / 175 千字
版本 / 2025 年 2 月第 1 版　　2025 年 2 月第 1 次印刷
印刷 / 山东蓝彩天下教育科技有限公司

书号 / ISBN 978-7-5162-3761-8
定价 / 68.00 元

PREFACE 前 言

　　我国正在实施依法治国方略，致力于社会主义法治国家的建设，这是我国国家治理方式的重大转变。依法治国的基础是具有法治品质的公民。然而与法治化进程相比，我国公民的法治素质还未完全适应法治社会的要求。提高公民法治素质的关键在教育，因而法治教育应当成为法治建设必须关注的重要环节。在公民法治教育的各对象群体中，大学生作为特殊的群体，对未来中国法治化进程将有重大的影响，更应当成为法治教育的重中之重。面对新形势新课题，进一步加强和改进大学生法治教育，培养法治社会的合格公民，是学校教育的重要使命。

　　观念是行动的先导，学校加强法治教育首先要改变观念，树立规则导向与价值导向系统整合、个人取向与社会取向辩证统一、知识指向与实践指向统筹兼顾的法治教育理念。要加强法治教育队伍建设：一是要拓展队伍结构，形成人人都是法治教育工作者的氛围，把专业教师、行政后勤人员都纳入法治教育工作队伍，充分发挥辅导员和思政课教师的作用，同时注重吸纳校外法律工作者开展大学生法治教育；二是要加强队伍培养，提高学校管理者依法治校意识，提高思政课教师和辅导员的法治教育水平，提高全体教职员工的法律素养和育人意识；三是要尊重受教育者的主体性，形成受教育者与教育者之间的双向互动。

　　本书属于大学生法治教育教学研究方面的书籍，一共有七章，全书主要研究大学生法治教育教学。首先，讲述了法治素养与法治教育的概念以及法治的理念、原则与大学生法治教育的时效性；其次，研究了大学生法治教育和道德教育的有机结合，对以社会主义核心价值观推进高校法治文化建设进行了详细论述；再次，对大学生在宪法与行政法方面的常见问题与解决对策，以及大学生创业法律意识培养与加强法治教育的途径进行了研究；最后，研究了不同背景下的大学生法治教育，对从事大学生法治教育的研究学者与工作者有学习和参考的价值。

CONTENTS　目　录

第一章 法治素养与法治教育

第一节 法治素养

一、素养

（一）素养的内涵

"素养"二字，按照《新华字典》的解释："素"指平素、向来；"养"指教育、训练。《辞海》对"素养"一词的定义：第一，修习涵养；第二，平素所供养。

"素养"一词最早出现在《汉书·李寻传》："马不伏历，不可以趋道；士不素养，不可以重国。"在这个典故中，素养的含义指，如果需要一个人对社会作出更大的贡献，就应该给予他一些训练和教育来提高他的能力，这样才能为国家所用。换言之，素养就是一个人的修养。

宋代陆游《上殿札子》："气不素养，临事惶遽。"元代刘祁《归潜志》卷七："士气不可不素养。如明昌、泰和间，崇文养士，故一时士大夫，争以敢说敢为相尚。"《后汉书·刘表传》："越有所素养者，使人示之以利，必持众来。"

可见，素养指"修习涵养"。素养的近义词是修养，修养的含义包括高尚的品质，在知识技能等方面达到的水平，完善行为规范，形成待人处事的态度。从广义上讲，素养包括道德品质、外表形象、知识水平与能力、人格特质等各个方面。

素养作为一种品质，不是先天固有的，而是后天养成的。这种品质，不仅因"教化"养成，而且因"阅历"自成。也就是说，无论从事什么工作、充当什么角色，无论接受过系统教育、培训与否，事实上，每个人都会面对特定的生活情境而表现出各自的素养。说到底，实践是滋养素养的源泉；素养是人们生活经验的结晶，是体现综合性品质的"教养"。

（二）素质与素养

素质与素养是两个不同的概念。

《辞海》对素质一词的定义有以下三个方面：第一，人的生理上生来具有的特点；第二，事物本来具有的性质；第三，完成某种活动所必需的基本条件。

素质就是一个人在社会生活中思想与行为的具体表现。在社会上，素质一般定义为：一个人文化水平的高低，身体的健康程度，以及家族遗传给自己的惯性思维能力和对事物的洞察能力、管理能力和智商、情商层次高低以及与职业技能所达级别的综合体现。

人的素质包括自然素质、心理素质和文化素质。素质是在遗传条件与环境教育的结合中发展起来的，而人的素质一旦形成就具有内在的相对稳定性。所以，人的素质是以人的先天禀赋为基质，在后天环境和教育影响下形成并发展起来的内在的、相对稳定的身心组织结构及其质量水平。素质往往是一种衡量评价的指标。

素养可定义为：一个人面对问题时的视野和底蕴，表现出来的修养、涵养、品质。它包括文化素养，道德素养、政治素养、法治素养等，属于大文化范畴，对认识过程、思考过程、决策过程起作用。素养往往体现在生活情境和解决问题的过程中。

可见，素质是人的生理上原来的特点，或者通过后天的努力而形成的完成某种活动所必需的条件。它与生俱来的生理特征与遗传有关，如身体素质。素养是一个人在从事某项工作时应具备的品质与修养，是一个人在品德、知识、才能和精神等诸方面的综合体现，主要靠后天的学习、积累和修炼。

（三）知识、技能、能力与素养的关系

怎样理解知识、技能、能力与素养的关系？崔允漷老师用开车来举例：

交通规则是知识，移库是技能。知识、技能要变成能力需要有真实的情境，所以需要路考。路考检验的是知识、技能在真实情境中的应用水平，这就是能力。但有了能力不一定有素养。

什么是驾驶素养？仍以开车做比喻，安全驾驶就是关键能力，礼貌行车就是必备品格，尊重生命就是价值观。比如，遇到黄灯怎么办？如果是具有尊重生命价值观的人，他就知道，到了黄灯必须要停下来或做好启动的准备。再如，交通规则没有告诉人们在没有红绿灯的十字路口如何开车，这是非常考验一个人的驾驶素养的。有驾驶素养的人会主动

刹停，先观察，再做决定，这就是价值观与知识、技能的关系。所以，素养不是不要知识，也不是不要技能或能力，但是知识多不一定有素养，能力强也不一定有素养。从能力到素养，一定需要学习主体的反思，是主体发挥主观能动性的结果。因此，教师教的知识、技能或能力是学习的阶段性目标，是通向素养的手段，其本身不是目的。

我们提倡课程育人，就是说，教师不仅要教学生学会读书（知识与技能），还要教学生学会做事（能力），更要教学生学会做人（素养）。这就是核心素养与知识、技能的关系。

可见，素养是知识、技能、能力、价值观的综合，是人内化了的综合品质，表现出为人处世的涵养和精神境界。

二、法治

（一）法治的概念与渊源

分析法治素养，先要弄清楚什么是法治。

在我国，"法治"一词最早见于先秦诸子文献中。《管子·明法》中说："以法治国，则举措而已。"《商君书·任法》中说："任法而治国。"《韩非予·心度》中说："故治民无常，唯治为法"。《晏子春秋·谏上九》："昔者先君桓公之地狭于今，修法治，广政教，以霸诸侯。"《淮南子·氾论训》："知法治所由生，则应时而变；不知法治之源，虽循古终乱。"《史记·蒙恬列传》："高有大罪，秦王令蒙毅法治之。"这些古代思想家都把"法治"作为与"礼治"相对的治国方略，是一种"以法治国"，不是现代意义上的"依法治国"，尽显在专制制度下法的工具性特征。

真正意义上的"法治"内涵的界定，源于古希腊，亚里士多德最早提出"法治"理论，他在其《政治学》一书中对"法治"进行了明确阐述，认为"法治应包含两重意义：已成立的法律获得普遍的服从，而大家所服从的法律又应该本身是制订良好的法律。"他认为法治的核心问题是"普遍的服从""良好的法律。"亚里士多德的"法治"思想成为此后研究法治理论的基础。

罗斯科·庞德认为："法治则是一种与人治相对应的治理社会的理论、原则、理念和方法。"从亚里士多德和庞德的观点来看，一般认为法治是一种社会制度和一种社会意识。

在当代，"法治"问题仍为多数法学家所关注，但其确切含义依然不很清楚。法治的英文就有 rule of law（法的统治）、rule by law（依法统治）、rule according law（根据法的统治）、government by law（依法治理）、government through law（通过法律的治理）等不同的说法。它被认为是"一个无比重要的、但未被定义，也不是随便就能定义的概念"。如，《布莱克法律词典》中的"法治"指，"政府必须要按照法律制度办事，而非个人偏好；司法判决也如此，要公平公正，绝不能受诉讼当事人的身份或者法官个人情感的影响"。

在 17、18 世纪，西方对法治概念的解释是在资产阶级革命的大背景中展开的。新兴的资产阶级思想家和政治家将法治定义为"以确定的、经常有效的法律来进行统治"，其目的是为了制约政府权力，保障个人自由权利。如，洛克认为，法治是"无论国家采取什么形式，统治者应该以正式公布的和被接受的法律，而不是以临时的命令和未来的决议进行统治。这些法律对任何人都一视同仁，并不因特殊情况而有出入。"法国的孟德斯鸠认为："法治意味着不强迫任何人去做法律所不强制他做的事，也不禁止任何人去做法律所许可的事。"

19 世纪以来，法治解释一方面还传承近代以民主、自由、平等、人权为价值取向的思想，另一方面也开始走出政治哲学的解释框架，并重新审视法治的内涵。英国学者哈耶克认为，"法治意味着政府的全部活动应受预先确定并加以宣布的规则的制约——这些规则能够使人们明确地预见到在将定情况下当局如何行使强制力，以便根据这种认知规划个人的事务"。在近现代西方，戴雪的法治理论具有重大影响，被认为是"最为著名的法治概念"，其在《英宪精义》一书中指出，"法治本身由三个要素组成：第一，法律具有超越包括政府广泛的自由裁量权在内的任何专制权力的至高无上的绝对权威；第二，任何公民都必须服从在一般法院里实施的国家一般法律；第三，权力不是建立在抽象的宪法性文件上，而是建立在法院做出的实际判决上。"

概括而言，西方通常是在以下几种意义上来直接定义法治：①法治是国家或政府必须服从的某些原则；②法治是制约国家或政府权力的强制权力；③法治是一种社会普遍存在法的观念；④法治是通过普遍的规则约束政府行为，维护个人自由权利的制度；⑤法治是实施法律规范的原则、方法和制度的总和。

马克思和恩格斯关于法治的言论，都是从其性质上讲，而没有涉及其内涵。如马克思在《政治经济学批判》中提道，"法的关系正像国家的形式一样，既不能从它们本身来理解，也不能从所谓人类精神的一般发展来理解，相反，它们根源于物质的生活关系"，指出了法的物质性。

近代中国关于"法治"的理解，多受到西方思想家的影响，很多解释也大多借鉴了西方的说法。如梁启超在《中国法理学发达史论》中提出："籍曰有之而要不能舍法以为治，则吾敢断言也。故法治者，治之极轨也。"在梁启超看来，法治就是法的统治。

国内学术界对"法治"的内涵进行了深入的探讨，既借鉴了西方学者的一些观点，又结合了中国的实际，虽然至今没有达成一致，但其内涵可以基本概括为以下几个方面：

法治是一种国家治理方略。赋予法律至高无上的权威，以完备的法律体系为主要工具，以通过法律约束限制任何组织和个人的权力为核心和本质特征，以保障公民权利和自由为基本目标，要求科学立法、严格执法、公正司法、全民守法。当前我国的基本国策"依法治国，建设社会主义法治国家"，就是在这种意义上使用法治概念。在这种意义上，法治有两个对立面：一是"人治"，二是"德治"。

法治是一种原则和思想。它要求一个社会当中的主要社会关系都要与法律相关联，并由法律来调节，因此，整个社会的关系由法律连接在一起。而在所有的法律当中，宪法是根本大法，具有最高的法律地位和法律权威，它能调节社会当中最基本的社会关系。如20世纪90年代初编著的《法学大辞典》对"法治"是这样解释的，"法治是主张严格依照法律来治理国家的原则和思想"。学者李步云提出："现代法治要求在法律制定和实施的各个环节上贯彻民主原则，实行立法权、司法权和行政权的分离和相互制约，实行司法独立，严格做到法律面前人人平等，体现法律的正当程序原则。"

法治是一种秩序和追求的状态。这种秩序使公共权力与个人权利相区分，它会充分保护和尊重个人权利，并且监督和保证公共权力的合理运行。如曾庆敏在《法学大辞典》中提出："它以一定阶级的民主政治为前提，任何国家都有法，但只有民主制的国家才能实行法治。"程燎原教授提出要"以宪法和法律支配权力是法治的根本""现代法治以保护公民权利为宗旨"。

概括来看，法治具有四方面的社会内涵：法治是一种治国方略和社会调控方式；法治是一种依法办事的原则；法治是良好的法律秩序；法治是一种具有价值规定的社会生活方式。

从观念形态上看，法治是建立在民主、自由、平等、人权、宪政基础上的立国、治国的思想理论。

从制度层面上看，法治是以法制为载体的一整套制度和原则的体现，其中包括人民当家作主、法律面前人人平等、依法办事、依法行政、司法独立、权力制约和监督、正当的法律程序等。

在运行形态上，法治包括立法、执法、司法、守法和法律监督的全过程和运行机制。

也有学者把法治归纳为五层含义。第一，法治是一种宏观的治国方略。第二，法治是一种理性的办事原则。第三，法治是一种民主的法制模式。第四，法治是一种文明的法律精神。法治是人类文明的标志之一，法治包含着法律至上、权利本位、权力制约、正当程序等精神。第五，法治是一种理想的社会状态。法治是一种秩序，也是一种社会理想。姚建宗认为，法治的核心乃是法律至上权威的确立和社会主体行为自治与独立平等人格的养成。

改革开放以来，我国学者所倡导的法治指"依法治国"，就是广大人民群众在党的领导下，依照宪法和法律规定，逐步实现社会主义民主的制度化、法制化。依法治国体现出来的既是治国方略，又是治国理念。本质上体现了法治的目标价值和精神实质。因而在实现依法治国、全社会法治化的过程中，坚持人民是法治的主体，党的领导是根本保证，人民当家作主是实质。公民法治观念的状况是关乎社会主义法治国家建设成败的关键。"如果社会成员具备了现代法治意识，则意味着他们不但会遵守法律、服从法律的安排，更能够用理智的双眸观察现行法律的运转情况，以一种积极的态度去分析法律、评判法律制度运行的有效性。"

综上所述，我国对法治的理解与西方趋同，这种趋势更有利于彼此之间的相互交流与借鉴。

法治包含两个部分，即形式意义的法治和实质意义的法治，是两者的统一体。形式意义的法治，强调"以法治国""依法办事"的治国方式、制度及其运行机制。实质意义的法治，强调"法律至上""法律主治""制约权力""保障权利"的价值、原则和精神。形式意义的法治应当体现法治的价值、原则和精神，实质意义的法治也必须通过法律的形式化制度和运行机制予以实现，两者均不可或缺。

法治既是整个人类社会共同的文明成果，代表着人类社会数千年来在政治、经济和社会管理方式上的理性思考与选择，又是一个国家在特定的政治、经济和文化条件下依据法治规律所创建的现代治国模式。相对于封建社会"君权"或"神权"至上的人治与神治，法治是人类社会发展中的一个巨大进步，是当今世界各国几乎普遍选择的一种治国方式。

（二）法制与法治

"法制"与"法治"两者既有密切联系，又存在较大区别。

首先，"法制"与"法治"具有很大的区别。

"法制"一词古已有之。《礼记·月令篇》中说："命有司，修法制。"《管子·法禁》中说："法制不议，则民不相私。"《商君书·君臣》中说："民众而奸邪生，故立法制，为度量以禁之。""法制明则民畏刑。法制不明，而求民之行令也，不可得也。"韩非也有"明法制，去私恩"的说法。在这里，法制解释为法律和制度，更侧重于惩罚、刑律手段。

我国法学界对"法制"含义大体有几种理解：一是静态意义上的法律和法制，即法律制度；二是动态意义上的法制，这是一个多层次的概念，不仅包括法律和制度，而且包括法律制定、法律实施、法律监督等一系列活动和过程，是立法、执法、守法和法律监督等内容的有机统一体，其中心环节是依法办事。

具体来说，法制与法治的区别是：

产生时间不同。静态意义上的法制是统治阶级按自己的意志通过国家政权建立起来的法律和制度的体系。基于这种理解，法制应该在奴隶社会就产生了，而现代意义上的法治则是到资本主义社会才真正产生。

达成的目标不同。法制是国家按照统治阶级意志建立起来的法律和制度，包括立法、执法、守法。强调"有法可依、有法必依、执法必严、违法必究"，重点是依法办事，公民守法为先。而"法治"是以人民为主体，意为使国家和社会管理制度化、法制化，强调"良法善治"，不以"人治"的主观随意性。要求"科学立法、严格执法、公正司法、全民守法"，法治要求公民不仅要守法，还要参与国家的立法、执法、司法等国家管理，是主人翁意识的体现。

与民主的关系不同。民主是统治阶级中的大多数人行使国家权力的一种国家制度，只有在法治社会中，才能避免国家权力被少数人垄断，才能实现真正的民主。虽然在一定意义上说，法制是民主的体现和保障，但法治对于民主来说，更具有决定性作用。

我国著名法学家郭道晖先生认为，"法制"（Legal System）与"法治"（Rule of law）两个概念之争，"表面看来这只是名词之争，实际上有观念上的差别，表现在主张还是否定'法律至上'的争论上；也体现在'工具论'的法律观和'价值论'的法律观的分歧上"。

由此可见，从我们今天的角度和汉语语言的理解来看，"法制"与"法治"完全是两个意义不同的概念。因此，一般不应当在认识上和使用上将它们混淆。"法制"与"法治"又是紧密相关的。

首先，"法制"与"法治"是紧密相连的，都是一定经济基础的上层建筑，都为其赖以生存的经济基础服务。"法治"的主要含义是依法治国，即依据现有的法律和制度从事国家管理活动。作为一种理想的治国方略，法治需要完备的法律和制度来体现。可以讲，实行法治，则必须有法制；但有法制，并不一定就是法治。

其次，"法治"是"法制"的目标和价值追求，是"法制"的立足点和归宿。"法制"是"法治"的基础和前提，"法治"是"法制"发展到一定历史阶段的产物，是社会文明进步的必然要求，所以，随着人类的发展，"法制"一定会走向"法治"。

三、法治素养

（一）法治素养的内涵

关于法治素养的概念，须从不同的视角来界定其内涵。

从公民的视角来看，法治素养是公民接受法律调节和规范的社会主体在实践中所形成的关于法治的认知、观念、知识和思想体系的总称；是人们对法律和法律现象的看法以及对法律规范的认同的自觉程度最高的一种意识；是社会主体对权利的法律保障、权力的法律约束、法律的正义性及司法独立性的认识和信仰等的意识综合体。

公民法治素养是公民在日常生活中通过学习和训练，对现代民主国家中的法律规范、法律确立的制度、法律追求的价值的认识、理解、运用能力和信奉心态，对法治含义的理解、对国家法律价值的取向、法律制度的认识，以及对国家法律制度所持有的态度和信念。

可以看出，"个体的法治素养是通过其掌握、运用法律知识的技能及其法律意识表现出来的，不仅包括法治教育层面的学法、知法、懂法，还包括法治的思维、理念和方式等丰富内涵"。

从法学意义上来说，法治素养是人们将法律价值、法律精神内化为人的一种自觉的行为或能力。

从青少年学生的角度来说，学生法治素养是学生通过学校、家庭和社会的法治教育以及自己在日常生活中的学习和训练，对社会主义法治国家的法律制度、法律规范、法治追求和法治精神的认识和理解，并将其内化为自身的一种自觉行为和尊崇捍卫的状态。

具体来说，学生法治素养就是学生了解和掌握个人成长和参与社会生活所必需的法律常识，依法规范自身行为、分辨是非，依法履行自身义务，能够运用法律方法维护自身合法权益，愿意通过法律途径参与国家和社会生活，认同法治的价值追求和道路选择，树立法治观念并形成法治信仰。

综上所述，学生的法治素养应该是经过有组织、有目的、有计划的法治教育和训练，使学生了解、掌握个人成长和参与社会生活必需的法律常识和制度、行为规则，养成守法意识，培育法治观念，践行法治理念，树立法治信仰，参与法治实践，从而形成参与国家和社会生活的法治意识、法治能力和必备品质。

（二）法治素养的构成要素

对于法治素养的构成要素，我国的法学学者的界定也不一致。

李昌祖、赵玉林老师通过公民法治素养评估指标体系的研究，将法治素养体系分为"法治认知""法治思维""法治意识"和"法治信仰"四个维度。

有人从"法治知识""法治意识""法治情感""法治能力"四个方面讨论构成法治素养的要素。也有学者认为，法治素养构成要素主要包括法治认知、法治思维、法治意识、法治行为能力、法治信仰等。

在全面依法治国视域下，公民的法治素养还应当是法治角色、法治意识、法治理念、法治精神、法治信仰、法治思维、法治方式、法治文化等方面的高度统一。

综合上述观点，对法治素养的构成中有些概念，有必要做些解释：

1. 法治认知

法治认知主要指公民对法治本身、法治与其他社会政治现象之间关系的感知与理解，体现公民对国家法治信息搜集与提取的能力。它包括：①对法治现状的认知；②对法治本质的认知；③对法治功能的认知；④对法治与政治改革间关系的认知；⑤对法治与人治区别的认知。

2. 法治思维

法治思维是公民运用法治的概念、逻辑、原则和规范对社会问题进行审视、分析、推理、综合，形成判断和作出决定的思想活动过程。它是在法治理念指导下，按照法治根本要求、精神实质和价值追求，分析、判断，处理现实问题的思维方法和思维过程。它包括：①依宪治国的思维；②良法思维；③程序正义思维；④以制度规范约束权力的思维；⑤公民权利的思维；⑥平等公民的思维。

3. 法治意识

法治意识是公民自觉按照法治社会的价值、规则指导行为选择的意识，是在法治认知的基础上形成的对法治的遵守、信任、运用和维护的状态。法治意识可以促进公民观察、参与、影响法治的行为更加具有目的性、方向性和预见性。

法治意识包括：①宪法法律至上的意识；②积极参与法治过程的意识；③权力边界性的意识；④尊重司法公正独立的意识；⑤依法维权的意识；⑥守法的意识；还有权利义务对等意识、规则意识、平等公民意识等。

4. 法治观念

法治观念是对法治理性精神和文化意识的抽象，是法治的基本倾向或人们对法治的态度、信念，即对法治价值、法律制度、法官等的认识、反应及其期望等。其核心是法治的实质价值观和法治权威观念。包括：①法律至上的观念；②法律信任的观念；③强化权利观念；④法律面前人人平等的观念；⑤公民观念。

5. 法治信仰

在《辞海》中，对信仰的解释是："对某种理论、思想、学说极其信服，并以此作为自己行动的指南。"法治信仰并非要求把法治视作一种超验的、无须论证的宗教，并非要求盲目地、非理性地崇拜法治。

法治信仰是公民通过实践经验和理性评判，因为法治顺应公平、正义、民主、自由等价值期待，能够有效合理地满足利益需求、调解冲突与维持秩序，从而对法治形成认可、信任与捍卫的意愿。

它包括：①对宪法的信仰；②对法律的信仰；③对法治促进社会公平正义的信仰；④对法治保障个人权利和自由的信仰；⑤捍卫法治尊严的信仰。

法律信仰是对法治的一种心悦诚服的认同感和依归感，是人们对法的理性和激情的升华，是主体关于法的主观心理状况的上乘境界。法律信仰是主体对法律精神内化与法律行为外化的有机统一，是信仰心理和信仰行为的统一。

党的十八届四中全会强调，法律的权威源自人民的内心拥护和真诚信仰。正如美国法学家伯尔曼认为的，"没有信仰的法律将退化成为僵死的法条……而没有法律的信仰将蜕变成为狂信"，"法律必须被信仰，否则它将形同虚设。它不仅包含有人的理性和意志，而且还包含了他的情感，他的直觉和献身，以及他的信仰。"

6. 法治精神

有学者认为，法治的精神内涵有以下几层：安排国家制度、确立法律与权力比值关系的观念力量；一种相对稳定的、为保持法的崇高地位而要求人们持有的尚法理念；反映法律运行的内在规律，对变法具有支配、评价等作用，在遇有权力涉法行为时能传导公众产生排异意识并最终指导人们认同法律的权威。

社会主义法治精神至少应包含主权在民、人权保障、权力制约、法律平等、程序正当、法律至上等六个方面的内容。

法治精神表现为平等精神、宽容精神、民主精神、自由精神与人权精神等各个方面。

法治精神既涵盖了善治精神、民主精神，也体现了人权思想、公正思想、理性思想与和谐理念等多位一体的精神内核。

应当说，上述学者的理论原点不尽相同，对法治精神的归纳也不完全一致，但他们都从不同角度、不同层面阐述了法治精神及其价值导向。

总之，法律至上是法治精神的第一要义，公平正义是法治精神的价值追求，保障人权是法治精神的精髓所在，权力制约是法治精神的重要原则，社会和谐是法治精神的最终归宿。在法治社会里，对公民而言，"法无明文禁止即自由"，法律就是为自由和权利设定的边界。这其中透出精神层面的内容也就构成了法治精神的主要内涵。

（三）学生的法治素养

《青少年法治教育大纲》首次提出了法治素养的概念，并明确提出法治素养是学生综合素质的重要组成部分。通过法治教育培育和提升青少年的法治素养，是全面依法治国，加快建设社会主义法治国家的基础工程。

青少年作为公民中的特殊群体，对其法治素养的要求也有特殊性。具体来说，学生通过法治教育，使自己养成守法意识；规范行为习惯，培育法治观念，增强运用法律方法维护自身权益、参与国家和社会生活的意识和能力；践行法治理念，树立法治信仰，参与法治实践，形成对社会主义法治道路的价值认同、制度认同，成为社会主义法治的忠实崇尚者、自觉遵守者、坚定捍卫者。

学生的法治素养包含不同的层面，有内在理念层面的，如法律的信仰、意识、知识等；有外在行为层面的，如法律的习惯、行为等；有偏重感性层面的，如法律情感、法律心态等；有偏重理性层面的，如法律认知、法律推理、法律价值评判等。可以说，学生的法治素养是一个内隐性和外显性相互结合的整体。

内隐性表现为要将现代法治精神，通过环境熏陶、教育、灌输、引导、实践等形式内化为学生的一种内在理念，即崇尚法的权威，树立宪法和法律至上的观念，树立正确的权利、义务的观念，树立积极的守法心态、正确的法律价值取向等。

外显性表现为严密的法律逻辑思维能力、丰富的法律文化知识、良好的法律行为习惯，以及较强的法律实践和运用能力。学生的法治素养是反映学生对法治的内在理念以及实施相应法治行为的知行合一的综合品质。

法律素养、法制素养和法治素养三者是递进式的包含与被包含的关系。

法律素养强调的是主体所具有的学法、知法、懂法、守法、用法的状态和程度，着眼于公民权利的保障和义务的履行。

法制素养是在法律素养的基础上，通过静态和文本层面法律制度体系的完善，凸显主体对法律规定的服从、对法律秩序的维护和对法律权威的认可。

法治素养则是在法制素养的基础上，进一步构建动态的、规范化的"法"的运行机制，重视主体作为权利主体对立法、执法、司法活动的民主参与和主动监督，强调宪法法律的最高权威，强调法律面前人人平等、公平正义的理念。

第二节　法治教育

一、法治教育的内涵

法治素养的培育与提高离不开法治教育。对于法治教育的内涵，因教育对象不同，国内外学者给其界定的内涵和外延也不尽相同。

从公民角度来看，法治教育是有计划、有目的、有组织地以传授基础性法律知识为主要内容，将"依法治国"方略，包括依法治国的思想、原则、制度等多方面内容对公民进行宣传和教育，着重培养其法治意识并使其树立法治信仰的教育活动。弘扬法治精神，进行社会主义法治教育，其本质在于弘扬社会主义法治所包括的法律至上精神、民主精神、公正理性精神等，并使其深入人心地内化。

从青少年角度来看，对一般大众和非法律专业的学生而言，法治教育指对一般法理的认识和法律内容的了解。正如伯尔曼所认为的那样，法治教育并非专业人员的职业教育，而是一种普通教育课程，以使学生在法治教学和活动中养成守法、知法、崇尚法治的精神，以建立依法而治的民主社会。

1978 年，美国律师协会青少年公民教育特别委员会第一届年会把"法律学习"（Law Studies）改为"法治教育"（Law related Education），并指明法治教育指教给学生相关法律与法律程序、法律体系的知识，利用法律知识解决生活中所遇到的实际问题，以寻求改进美国青少年的公民教育。在 1978 年法治教育的负责人呈给美国联邦政府的一份报告中，将法治教育界定为"一种有组织的学习经历，它能够给学生和教育者提供机会，可以发展在复杂多变的社会中有效地对法律和法律问题做出回应所需的知识、理解、技能、态度和正确评价"。

综上所述，法治教育应该有以下四个特征：

第一，法治教育是有目的、有计划、有组织的教育活动；

第二，法治教育是对非法律专业人员进行的以培养法治素质为目标的活动；

第三，法治教育的内容不仅包括法律基本知识和规范，还包括以法治价值、法治理念、法治精神为内容的教育；

第四，法治教育需要将法治知识、精神内化为自己的信仰，并指导自己的行为。

二、法治教育的维度

根据法制教育的维度研究，法治教育应有三个维度：

一是法治认知教育。它包括法律基础知识和法治价值的教育。一定科学法律知识是公民法治观念生成、法治信仰意识初步形成的知识基础。贝卡利亚认为："了解和掌握神圣法典的人越多，犯罪就越少，因为对刑罚的捉摸不定，无疑会帮助欲望强词夺理。"

当代学生应当具备以下几方面知识：一是基本的法律常识，包括学生生活必备的法律规范，以及我国基本的法律制度；二是现代法的基本观念和精神方面的知识，主要是法律的概念、价值、功能和作用方面的知识；三是法治思想、法治价值、法治原则方面的知识。

二是法治思维能力的教育。在现实中，法治观念表现在处理问题的法治思维方式上。法治思维方式会促使学生养成自觉守法、遇事找法、解决问题靠法的思维习惯和行为方式。

学生的法治素养也体现在现实生活情境中用法治思维处理问题的能力上。所以，法治教育要培养学生运用法律规范维权的能力、正确判断推理的逻辑思维能力、法律程序正当的思维能力、参与法治实践的能力等。

三是法治信仰的培育。法律的权威源自人民的内心拥护和真诚信仰。"一切法律之中最重要的法律既不是铭刻在大理石上，也不是铭刻在铜表上，而是铭刻在公民们的内心里。"苏格拉底舍身取法，用生命捍卫法律信仰，确立了公民遵守法律、信仰法律的典范，而这种对法律的内心确认正是现代法治最核心的精神要素。法治信仰的形成离不开法治教育，需要进行法治理念精神的内化教育、法治实践教育、法治社会的理想教育等。

三、从"法制教育"向"法治教育"的转变

随着"法制"到"法治"的转变，"法制教育"也在向"法治教育"转变。如，1995年教育部印发《关于加强学校法制教育的意见》，2002年印发《关于加强青少年学生法制教育工作的若干意见》，2007年7月几部委制定《中小学法制教育指导纲要》，2013年6月出台《关于进一步加强青少年学生法制教育的若干意见》，而于2016年6月颁布的《青少年法治教育大纲》，将"法制教育"深化为"法治教育"，符合法治建设内在逻辑，使国民教育在全面推进依法治国进程中的基础性作用得到了保障，是新时期依法治国历史发展的必然结果。

1. 从"法制教育"转化到"法治教育"，体现出党和国家以人为本的教育思想

通过对公民法律知识传授、法治能力培育提高公民的综合素养，改善公民的生活状况，以广大民众的生活需求作为开展法治教育的基础和出发点。法律的权威源自人民的内心拥护和真诚信仰，人民权益要靠法律保障，法律权威要靠人民维护。法治精神的培育离不开以人为本的导向，"法治教育"的根基也在于此。

2. "法制教育"向"法治教育"的转变反映了教育目标与价值的转变

"法制教育"以民众知法、守法为教育目标，侧重于义务与禁令的宣传，以维护社会秩序为核心价值，维护国家的长治久安的价值理念。1995年，在《关于加强学校法制教育的意见》中，国家教委明确规定学校"法制教育"的主要教学目的是通过向学生传授法律基本常识和基础理论知识，使其初步了解和认识社会主义法律制度，最终达到培养守法公民的目的。党的十二大报告继续强调："要在全体人民中间反复地进行法制的宣传教育，从小学起各级学校都要设置有关法制教育的课程．努力使每个公民都知法守法。"

而"法治教育"则以法文化与法律精神的传授为主，不但让民众知法、守法，更重视

培养其用法、信法、护法的自觉意识。确立以宪法为核心的法律信仰为教育目标，帮助公民理解法治的基本价值，培养公民对宪法和法律的认同，形成民主法治、自由平等、公平正义的现代理念，养成良好的公民意识，自觉树立法律至上的法律意识与法律信仰。这意味着我国的法律教育从知识层面提升到了意识层面，以逐步实现文化与精神一体化的教育与传播，最终提高民众的整体性法律素养。只有这样，"法治教育"才能实现其培养目标，法治中国的建设才会有可靠保障。

3. 从"法制教育"到"法治教育"凸显了全新的教育模式

初期的"法制教育"，主要是关于法律的规范性教育，在教育方式和路径上，多采用自上而下、以知识传授和法律宣传为主，从而导致"法制教育"实践操作的单一性、教育成效的有限性，即被动的教育模式。"法治教育"模式由被动到主动转化，目标由民众法律知识的学习转向法律素养的提高，由强调守法教育到培养民众的民主法治意识的养成，使民众对法治理想及其价值发自内心地认同、期待和追求，从而形成坚定信念与忠诚信仰来指导自己的行为。德国教育学家第斯多惠认为："发展与培养不能给予人或传播给人。谁要享有发展与培养，必须用自己的内部活动和努力来获得。"杜威也强调，人的素质形成不像"物质的东西可以在空间搬动，可以转运。信仰和抱负却不能在物质上取出或插入……已知它们不可能直接传播或灌输"。

第二章 法治的理念、原则与大学生法治教育的时效性

第一节 现代法治的理念与原则

一、法治的核心要素

（一）宪法法律至上

宪法法律至上指法律在整个社会规范体系中具有最高的权威，任何社会活动主体都必须服从宪法和法律、遵守宪法和法律的规定，而不能超越宪法和法律；任何权力都必须接受宪法和法律的约束，受到宪法和法律的制约。它包含三层含义：一是在整个社会规范体系中，宪法和法律至上，法律高于道德、纪律、政策、教规等，其他任何社会规范都不能否定宪法和法律的效力或与宪法和法律相冲突；二是所有社会成员，包括自然人和法人，都必须遵守宪法和法律，宪法和法律至上，任何人或者组织都不能享有违法的特权；三是相对于任何公共权力，宪法和法律至上，任何权力的拥有和行使都必须具有法律上的根据并服从法律的规则。

（二）权力制约

权力制约是法治的核心要义。权力的根据并不在权力的自身。权力的根据在于民众对权力行使的认可。所谓选举、推举，不过是权力获得的过程而已。由于权力获得的过程不可能让所有人都参与，甚至绝大多数人都无法直接参与，因此，怎么保证权力的赋予是正当的就成为十分困难的问题，就存在对权力赋予过程的监督问题。人民将权力的一部分让渡给公共管理者的过程，从民众的角度来说是权力的赋予，从管理者的角度来说是权力的获得。赋予与获得是权力转移过程的两面。如果权力赋予和权力获得的过程没有制约，就

不能保障这一过程的正当性，就不能保障权力赋予者和权力获得者在这一过程中的行为并未违反公众的意愿，甚至一定是公众意志的反映。至于权力行使，更不可能由每一个人来完成。它必须由公众依靠一定的程序认可的人代为进行。那么这些由公众认可而行使管理社会权力的人，其行为是否符合公众利益，如何保证他们永远为公众的利益而工作？这就使对权力获得者的约束成为必要。

在权力的约束机制中，最有效的手段当然是法律制度。这主要由两个因素决定：一是任何权力的行使一般都以法律制度作为根据，并以法律制度作为权力行使的标准；二是在制约权力的规范中，唯有法具有国家强制力作保证的特点。能否用法律制度科学而有效地制约权力，是一个社会管理状况的评价标准之一，也是一个社会制度文明程度的标志。

（三）权利保障

法律是权利和义务的载体，也是一定权利义务规则的总和。无论是强调权利还是强调义务，在逻辑上都具有同等的效果。但在实践中，由于权利、义务的不同属性及人们对权利、义务的不同心态，情形迥然有别，保护权利更能调动人们在法律上的主动性和积极性。强调权利还是强调义务，正是法治国家与非法治国家的重要区别。权利保护是法治国家的明显特征。

权利的实现受到两个方面的制约：一是权利受义务的制约；二是权利受权力的制约。权利保护要求以权利的实现带动义务的履行。权利与义务是构成法律的两大要素。在权利与义务之间作何种选择，是任何法律都存在的价值抉择。在权利与义务的关系上，从不同的侧面来认识，其结论自然就有所不同。在价值意义上，我们应提倡的是权利先导。因为权利和义务在总量上是相等的，所以在理论上，似乎强调义务或者权利都是一样的，都能达到二者实现的目的。然而强调义务和强调权利的实际后果是不同的。权利对于大多数人来说，具有比义务更大的号召力。因此，从保障权利出发带动义务的履行，比从义务出发更加有效，也更能使一个社会处于开放的、积极向上的状态。

二、法治的价值导向

（一）自由平等

法律上的自由就是对自由的设定和保障。权利和自由永远不能超出社会的经济结构，以及由经济结构所制约的社会文化的发展。自由虽然也否定别人的任意干涉，但同时不得损害他人和社会的利益。自由不可放纵，须限自由于法律许可的范围之内。孟德斯鸠写道，在一个法治社会里"自由仅仅是：一个人能够做他应该做的事情，而不被迫去做他不应该做的事情……自由是做法律许可的一切事情的权利；如果一个人能够做法律所禁止的事情，他就不自由了，因为其他人也同样有这个权利"。这就意味着"自由不是人人喜欢怎样就可怎样"，而是"人人应该怎样就可怎样"。在国家生活中，自由是以法律的形式存在的。人总是通过一定的社会并作为社会的人来获得和实现自由的。其中，自由总是通过法律设定的自由。这种设定自由的范围、内容，是由一定的社会制度的政治、经济条件来决定的。因而，从社会的角度看，自由就是个人的自由权与他人、社会的权利（权力），以及个人的独立性与社会的统一性的关系。

法律与平等是一个历久弥新的话题。从理论禁区到理想化的憧憬，无不体现了人们对法律与平等问题的关注。平等观念是历史的产物，在不同的时代有不同的内容。现代平等的要求更应当是：一切人，或至少是一个国家的一切公民，或一个社会的一切成员，都应当有平等的政治地位和社会地位。法律在确认社会成员平等的权利主体地位的基础上平等地分配权利义务。孟德斯鸠有言："平等的真实精神含义并不是每个人都当指挥或者都不受指挥，而是我们服从或者指挥同我们平等的人们。这种精神并不打算不要主人，而是仅仅要和我们平等的人去当主人。""公民在法律面前一律平等"是资产阶级在反对封建主义斗争中提出来的。在资产阶级革命取得胜利之后，他们就把这一口号确立为资产阶级法制的一项重要原则，并用宪法这一根本大法的形式把它肯定下来。这一原则最早记载在法国 1789 年的《人权宣言》里。法律平等是实体权利上的平等，更是程序权利上的平等。所有人都受法律的约束，同等情况同等对待，不同情况不同等对待。任何人无论在实体权利还是程序权利上，都应平等，不享有法外特权。

（二）公平正义

公平指按照一定的社会标准、正当的秩序合理地待人处事，是制度、系统、大型活动的重要道德品质。公平包含公民参与经济、政治和社会其他生活的机会公平、过程公平和结果分配公平。正义是对政治、法律、道德等领域中的是非、善恶作出的肯定判断，包括社会正义、政治正义和法律正义等。公平正义是法律的精神与理论依据。法律不能违背公平正义的精神，法律的制定和实施都应符合正义的精神。公平正义作为法律的核心思想起着指导法律制定和实施的作用，是衡量法律优劣的重要尺度和标准。

公平正义是每一个现代社会孜孜以求的理想和目标。公平与正义在内涵上有所不同。公平侧重于利益均衡，正义侧重于利益对等；正义有利于鼓励竞争，扬善抑恶，公平则有利于缩小差距，保持平衡；针对个人利益分配应注重正义，而社会宏观调控应注重公平。构筑一个公平正义的社会，需要全社会长期努力，要提高全体公民的文化、道德、法制等方面的素质，使人们有渴求公平正义的意识、参与公平正义的能力和依法追求公平正义的行为。

（三）保障人权

人权是人所应当享有的权利。人权的权利范围与保护程度是一个国家进步与文明程度的表现，是不同类型国家的重要差别。国家由奴隶制国家向封建制国家、资本主义国家和社会主义国家过渡的过程，其实也是人权内容不断丰富、发展的过程。国家由非法治国家向法治国家的转换，也是人权内容与保护的一次飞跃。人权保障状况是法治国家与非法治国家的重要区别之所在。

并非任何时候、任何人都能实实在在地享有人权。侵犯人权的事件在有史以来的任何时代都未绝迹。在所有国家中，法治国家是人权最有保障的国家，它本身就是以国家对于公民人权的充分保障作为标志的。法治国家与非法治国家的区别，不是法治国家中没有侵犯人权的事件发生，而在于法治国家侵犯人权的事件相对较少；侵犯人权的事件一旦发生，即能获得依法处理——侵权者必将受到法律的制裁，受害者必能获得法律的保护。也就是说，在法治国家中，人权能够获得相对较好的法律保障。

三、法治的程序保障

（一）正当程序

正当法律程序，指"要求一切权力的行使在剥夺私人的生命、自由或财产时，必须听取当事人的意见，当事人具有要求听证的权利"。在《布莱克法律词典》中，正当法律程序的中心含义是："任何其权益受到判决影响的当事人，都享有被告知和陈述自己意见并获得听审的权利。"正当法律程序原则起源于英国古代《自由大宪章》，是西方古代"法的统治"观念与自然法学说的产儿。程序的正当性包含的价值是程序的中立、理性、排他、可操作、平等参与、自治、及时终结和公开，通过正当程序达到宪法的至信、至尊、至上，从而实现宪法权威。

就正确适用法律及法律指引行为的能力而言，遵守正当法律程序是必不可少的。它不仅适用于司法领域，也适用于行政决策、行政执法行为等领域。主要包含以下三个方面的要求：首先，要求程序规则公开以及案件公开审理。公开的程序规则是程序参与者规划行为、预见结果的依据，公开的案件审理则可防止审理者的"黑箱操作"。就行政决策而言，除依法需要保密的以外，均应向社会公开，广泛听取社会公众的意见，必要时还应召开座谈会、论证会或听证会，就决策涉及的专门性问题展开讨论、辩论。其次，任何人不得自己做自己的法官。就某一案件或事项而言，如果法院要作出判决或其他公共机构作出决定，判决者或决定者与本案有利害关系，则应实行回避制度。否则，该判决或决定无效。这一制度旨在防范裁判者不能客观地对待双方当事人，以保证该判决或决定的中立性。最后，行政、司法机关在作出对当事人不利的决定或判决时，任何人都应有获得告知、说明理由和提出申辩的机会。也就是说，通过保障当事人平等参与的机会，使裁判者能够获得充分的信息，在遵循不偏听偏信原则的基础上，作出公平的判决或决定。

（二）审判独立

审判独立亦称"独立审判"，指每个法院独立审判案件。在下级法院没有完成审判活动前，上级法院不得干预，同时下级法院也不得请示。

审判独立主要包括三个方面：一是外部独立，二是内部独立，三是精神独立。外部独立指司法系统相对于司法系统之外的权力、影响的独立，主要体现在两个方面：一是司法职能的独立。司法职能属于居中裁判、适用法律的职能，而非制定规则、管理职能。二是司法机构的独立。这一点与司法职能的独立相辅相成。内部独指司法系统内部作出裁判的法官、法官合议体（比如，我国的独任制、合议庭、审判委员会等）之间以及它们所属机构之间的相互独立。内部独立的内容主要有三项：一是不同法院之间的独立，即同级法院之间、上下级法院之间在各自的管辖范围内的相互独立。二是法官合议体之间的独立，即合议庭、审判委员会之间在各自的权限范围内相互独立。三是法官之间的独立，即法官裁判案件时不受其他法官的影响。精神独立实质上就是法官个人人格方面的独立。法官应当具备独立思考的精神，有独立承担责任的勇气，有独立分析和处理问题的能力。这一要求不容易衡量或量化，但这是法官个人魅力的核心，自然也应当成为审判独立的重要部分。

四、法治的基本原则

（一）与法律规则相关的基本原则

第一，普遍性。即一般性。如果要使人类的行为能根据规则来加以治理，一个不言而喻的前提是要有规则可循，这也就是法律一般性的要求。法律不是针对特定人的，而是对一般人都适用，而这也就意味着它为人们的行为提供了一个基本界限，在这一范围内人们可以自由行动，而不是一举一动都要受人指挥。同时，一般性也意味着同样的情况应受同样的待遇，因而这也就包括了通常所说的法律面前人人平等的原则。

第二，一致性。以上讲的仅是同一法律中包含的矛盾，更困难的是在不同时期制定的几部法律之间发生的矛盾。一个公认的解决原则是"后法胜于前法"。但有的情况下也可适用前面所说的将相互矛盾的条款加以调整的办法，但这种办法也会带来不少困难。总之，由于立法的草率而造成的法律中的矛盾对法治极为有害，而且也没有消除这种危害的简单原则。

第三，公开性。法律需要公布有很多理由。首先，一部法律公布后，即使一百个人中仅有一个人去了解，这也足以说明必须加以公布，因为至少这个人有权了解法律，而这个人是国家无法事先认定的，所以法律必须加以公布。其次，人们遵守法律一般并不是因为他们直接了解了法律，而是仿效了解法律的人的行为方式，少数人的法律知识间接地影响着许多人的行为。再次，法律只有在公布后才能由公众加以批评，包括对不应制定的那些法律的批评，同时也才可能对适用法律的人的违法行为加以制约。最后，大量现代法律的内容是专门性的，法律应公布绝不是指望每个公民都坐下来阅看全部法律。

第四，明确性。有的人错误地认为只有法官、警察、检察官才会侵犯法治，立法机关却不可能，除非它们违反宪法对其权力的限制。事实上，制定一个模糊不清、支离破碎的立法规则也危害法治。当然，强调法律的明确性并不是一般地反对在立法中使用法律原则。

（二）与法律实践有关的基本原则

第一，可预期性。人们往往认为，任何一个神智健全的立法者，甚至一个邪恶的独裁者，也不会有理由制定一个要求人们实现不可能实现的事情的法律。但现实生活却与这种认识背道而驰。这种法律可以微妙地甚至善意地加以制定。一个好的教员往往会对他的学生提出超过他们能力的学习要求，其动机是扩大他们的知识面。一个立法者很容易将自己的角色误解为那个教员。但是差别在于，当学生没有完全实现那个教员的不切实际的要求时，教员可以向学生为他们已实现的要求真诚地表示祝贺，但一个政府官员却仅能面临这种困境：或者是强迫公民去实现他们不可能实现的事情，从而构成十分不正义的行为；或者是对公民的违法行为视而不见，从而削弱对法律的尊重。

第二，稳定性。法律的稳定性，就是法律保持不变，反对法律朝令夕改。法律的稳定性是法律权威性的要求。法律的权威，不仅取决于国家的强制，还有赖于法律的稳定性。后者对法律权威有巨大的制约性。如果因人废法、徇私枉法，那么，法律就会失信于民，丧失其权威性。法律的稳定性也包括三个不同的层次。其一，法律的稳定性首先指法律本质的稳定性，它是法律稳定性中最根本的层次。同一历史类型的法律，反映同一阶级属性，因而具有质的稳定性。从一种历史类型进入另一历史类型，法律就发生了本质的变化。其二，法律稳定性的第二层次指法律内容的稳定性。在一定时空范围内，法律规定的权利和义务保持不变，法律具有内容稳定性。其三，法律形式的稳定性。法律形式与法律内容相对应，是法律的权利和义务的表现方式。它以法律内容为依托，并相对独立于法律内容。法律形式不变，从这个意义上说法律具有稳定性。

第三，不溯及既往。"法不溯及既往"是一项基本的法治原则。通俗地讲，就是不能用今天的规定去约束昨天的行为。法律制度一般是适用于将来的。一部溯及既往的法律，的确像一个怪物。因为法律是以规则来治理人们的行为，如果以明天制定的法律来治理今天的行为，那完全是一句空话。《法国民法典》规定：法律仅仅适用于将来，没有溯及力。在我国，"法无溯及力"同样适用于民法、刑法、行政法等方面。

第四，官方行为与法律的一致性。法律除了具有支配普通公民行为的职能外，还有为官员执法和司法提供指南的职能。所以，官员的行为必须符合已公布的法律。特别是当他们将法律适用于公民时，必须忠实地解释法律规则的真意。这是法律原则中最复杂、最关键的要求。危害官方行动和法律一致性的原则的形式是多种多样的。例如，对法律的错误解释、使人们难以接近法律、不注意维护法律制度的完整，贿赂、偏见、漠不关心、愚蠢以及争权夺利等。

第二节 大学生法治教育的时效性

一、大学生法治教育实效性的重要性

（一）是切实提高大学生法律素养的需要

大学生法治教育是培养"法治公民"的重要途径，大学生法治教育活动已开展多年，但是，大学生的法律素养所取得的成效与实行的教育之间并不平衡。由于进行大学生法治教育是个长期性的系统工程，大学生消化吸收一定的法律知识及培养相关的法律技能也需要一定的时间，这就导致了大学生法治教育的滞后性，从而使得大学生所获得的法律素养不能满足现实公民的法律素养需求。

因此研究大学生法治教育的实效性，实际上有利于增强大学生法治教育的针对性，改变单纯重视教育过程而忽视教育结果的现状，加快大学生法治教育的"新陈代谢"，加速大学生法律素养的提高。研究大学生法治教育的实效性，能够透过大学生实际达到的法律素养水平，来分析其与社会所需求的法律素养之间的差距，从而结合现实的教育背景，制定更加符合社会主义法治建设所需的大学生法治教育目标，选择更加适合当代大学生消化吸收的教育内容和方法，来切实提高大学生的法律素养，使其成为社会主义法治建设的生力军。

（二）是完善大学生法治教育理论的需要

通过实践而发现真理，又通过实践而证实真理。马克思主义理论告诉我们实践是检验真理的唯一标准，科学的理论应具有与时俱进的品质。同样，指导我们进行大学生法治教育活动的大学生法治教育理论，也应该进行与时俱进的丰富与完善，从而淘汰落后的理论、填充缺失的理论、总结科学的理论。这些都需要我们通过对大学生法治教育实效性的研究来完成。

通过对大学生法治教育活动及其效果的考察，来进行对现有的大学生法治教育理论的检验。一方面，将其中的精华部分提取出来，将优秀的理论成果汇集起来，作为大学生法治教育的理论典范进行贯彻；另一方面，通过检验发现理论中的漏洞与不足，并根据实际情况，即新的教育背景、当前受教者的新情况等，来创新理论研究，制定新的有效的教育理论。总之，只有通过实效性来检验与完善大学生法治教育的理论，才能够形成大学生法治教育的理论体系，来更好地指导学校开展系统、科学的大学生法治教育活动。

（三）是完善大学生法治教育过程的需要

过程与结果孰轻孰重？人们往往只重视其中一方面，而忽视另一方面。根据马克思主义的辩证法思想，过程与结果应是紧密联系、相辅相成的，过程与结果二者应该在追求目标的基础上统一起来。良好的过程有利于目标的实现，从而带来高效的结果；结果的不足能够反映过程中存在的问题，使得在新一轮的过程中能够解决问题。实践—认识—再实践—再认识，这一过程不断推动我们的实践过程深化发展。

实效性是改进大学生法治教育的出发点，研究大学生法治教育的实效性，有利于反观在教育活动过程中存在的问题：一方面要看大学生法治教育活动的运行过程是否偏离了预期的目标、是否有利于出现高效的结果，从而通过对过程的控制，引导过程向预期目标的方向发展；另一方面要分析低效的结果是由于过程中什么样的教育内容、方法和手段造成的，从而修正、解决教育过程中的一些问题。所以说，通过对大学生法治教育实效性的研究来分析教育过程与教育结果之间的相互影响关系，是不断完善大学生法治教育过程的需要，有利于推动大学生法治教育向着更高效、更科学的方向发展。

（四）是推动社会主义法治建设的需要

青年是祖国的未来，接受国家高层次的教育培养，是进行国家建设的生力军。同样，在社会主义法治建设中，由于大学生的重要性，大学生法治教育在整个国家法治教育中占据了重要位置。研究并切实提高大学生法治教育的实效性，无论是在理论建设上还是实践建设上，都将为推动社会主义法治建设贡献巨大的力量。

从理论上讲，大学生法治教育为的是塑造出一批批具有良好的法律意识和规范的法律行为的大学生，研究大学生法治教育的实效性，正是为了实现培养具有社会主义法治意识的良好公民这一目标。通过实效性研究得出的科学、系统的大学生法治教育理论，可以为整个社会主义法治教育的理论建设提供借鉴。从实践上讲，大学生法治教育的实效性研究，意在考察当前大学生在法律素养方面存在的问题，以小见大，也可以部分地揭示出社会主义法治建设中人的法律素养方面共存的一些问题；通过为大学生法治教育出谋划策，也将为社会主义法治建设在探索实践方法方面提供良好的对策。

总之，大学生法治教育是整个社会主义法治教育的有机组成部分，提高大学生法治教育的实效性有利于推动整个社会的法治教育向前发展。具有现代法治意识及行为的大学生，日后将成为推动社会主义法治建设的一股强有劲的力量。

二、大学生法治教育实效性的评价

（一）大学生法治教育的特性

想要深入考察和评价大学生法治教育的实效性，需要把握大学生法治教育以下几方面的特性。

1. 科学性与实践性

教育活动只有具备了科学性和实践性，才能焕发出强大的生命力。所谓科学性，就是以一定的事实为依据，以科学思想为指导，使大学生法治教育的活动能够符合内在的规律。有效的大学生法治教育必须具有科学性，才可以使其长久发展，而不至于在历史的长河中成为断点。科学性是指导实践活动的明灯，能够保障大学生法治教育活动朝着正确的方向发展。科学性是抵御愚昧落后的利器，能够帮助大学生法治教育消除不良影响，不断向前发展。因此，考察与评价大学生法治教育实效性时，要把握大学生法治教育科学性的要求，做到客观、全面以及准确地分析，从而避免得出主观、片面的结论。

实践是人的存在方式，大学生法治教育活动作为人类活动的一种，也是一种实践活动。这就要求我们在进行大学生法治教育时不能脱离实际，使之成为一种乌托邦式的美好构想，也不能使大学生法治教育实践远远滞后于现实需要，成为人类向前发展的阻碍。要注重环境对大学生法治教育实践的影响作用，使大学生法治教育活动与环境相辅相成。同时，要注重发挥大学生作为实践主体的能动作用，引导其做到知行合一，并克服实践中的种种障碍。在考察与评价大学生法治教育实效性的时候，不能忽视对大学生法治教育实践性的评析，即大学生法治教育活动是否作为一种自觉的实践活动，其成果是否能够通过实践的检验。

因此，这就要求我们在评析大学生法治教育实效性的时候，要注重大学生法治教育的科学性与实践性。一方面，运用客观、全面的原则衡量大学生法治教育活动是否按客观规律进行，是否与当前大学生身心发展相适应；另一方面，运用动态、发展的原则衡量大学生法治教育活动是否能与时俱进，是否能与当前环境相适应。

2. 层次性与多样性

大学生法治教育从目标的制定、活动的实施到效果的取得，是一个发展变化的过程，大学生法治教育对预期目标的实现必然不是一蹴而就的，再加上环境中方方面面的影响，使得大学生法治教育必然呈现出一种长期性、阶段性、多层次性、多样性的复杂变化。

从纵向的视角来看，大学生法治教育是一个分阶段、多层面的活动，其效果处于一种递进的发展态势中。大学生法治教育的层次性可以从两方面理解：一方面，大学生法治教育作为我国法治教育中的一个重要环节，在我国法治教育过程中处于第二层，是从青少年法治教育到社会公民法治教育的一个承上启下的阶段；另一方面，由于大学生法治教育活动本身是一个过程，因此在不同时期，其取得的实效也是分层次的，就会出现近期与远期的不同效果。

从横向来看，大学生法治教育具有多样性。一方面，由于不同地域、不同院校间的教育水平不同，不同学生的知识水平与接受能力不同，所取得的法治教育效果必然是千差万别的。另一方面，整体的效果不等于个体效果的简单相加，整体的效果也不能代表每个个体的实际水平，要注意大学生法治教育的群体与个体间的多样性差别。

综上所述，我们在评析大学生法治教育实效性的时候，要注重横向与纵向上的多样性与层次性，利用不同的评估方案进行实事求是的评价，综合把握大学生法治教育实效性的近期效应与远期效应、群体效应与个体效应以及区域效应。

3. 质的属性与量的属性

质量互变规律作为唯物辩证法的三大规律之一，告诉我们事物的发展变化都是质变与量变的统一。大学生法治教育作为一个过程，从活动的实施到效果的取得是一个量变到质变的长期的复杂的过程。这就要求我们在评价大学生法治教育实效性时，不仅要考察量（即投入产出比），还要分析质的属性（是前进了还是倒退了）。

更为重要的是，由于大学生需要一定的时间内化所受到的法治教育，并通过一定量的积累外化为一定的实际观念与行为，这是一个潜移默化的过程。从量变到质变需要一定的时间甚至会出现反复的状况，因此大学生法治教育不一定能够产生立竿见影的效果。这就要结合大学生法治教育的内隐性与外显性，不仅仅从外在的大学生的表现去考量，还要结合其间接的言语态度，分析其所处的内化到外化的发展阶段，综合考虑大学生法治教育实效性的实际的质、量情况。

（二）大学生法治教育的预期目标

教育是使受教育者获得知识与技能的活动，教育的目的是使人获得思想品德、智力以及体力的发展，为一定的社会和阶级培养其所需要的人。大学生法治教育也势必要满足大学生和社会的需求，才能使其本身具有教育价值。因此大学生法治教育预期目标的设定，就必须以大学生自身发展和社会建设的需求为根据。

1. 大学生的需求

大学生法治教育的对象是大学生，教育应以人为本，为此我们要重视大学生对法治教育的需求，帮助大学生实现法律素养上的发展。大学生对法治教育的需求概括而言主要有以下两点：

一是对法律知识的追求。随着社会现代化进程的加快以及市场经济的深入发展，无论是公领域还是私领域都受到法律的规范与调整。如果不能掌握一定的法律知识，大学生将无法很好地融入社会，过具有现代意义的理性生活。人是社会中的人，社会是由人组成的，人总是处于一定的社会关系之中。大学生在日常社会生活中，难免会遇到许多问题，需要用法律知识去解决，尤其是民事法律知识。例如，大学生常常想要了解婚姻家庭的相关法律知识，以明确在家庭生活中的权利与义务；想要了解劳动就业方面的法律知识，以求保护好自身的劳动权益；想要了解教育相关的法律知识，以更好地获得教育资源和教育机会；等等。因此，无论是出于自身生活的需要还是出于自身发展的需要，大学生都渴望掌握一定的法律知识。

二是对保护自身权益的法律技能的追求。虽然有些同学掌握了一定的法律知识，但是在实际生活中，遇到真实的问题时不懂得辨别非法的现象及行为；在自身权益受到侵犯之后，不知道法律救济的途径有哪些，不懂得如何利用法律维护自己的利益。大学毕业生小刘在郑州某公司面试通过后，被要求缴纳360元服装费，并在签订的劳动合同上特别注明，"如因个人原因辞职或自动离职，公司不予退还，服装费由自己承担"。然而该公司却迟迟未给小刘安排工作，并以合同上有规定为理由拒还服装费。很显然，该公司是以招工为诱饵来骗取钱财。小刘因为缺少分辨非法行为的法律能力，才掉入了这样的陷阱。对于此类事情，我相信很多大学生都会选择息事宁人，因为许多学生都不知道找什么部门来解决这种问题。总之，生活中许许多多的大学生上当受骗、被侵害的案例，向我们揭示出大学生对于保护自身权益的法律技能的迫切需求。

2. 社会的需求

大学生法治教育的目标应遵循社会的需求，也就是说，我们需要培养出具有什么样法律素养的大学生才能成为社会所需要的公民。

一方面，良好的社会秩序需要具备社会主义法治观念的大学生。如果大学生法律意识淡薄，轻则影响一般的公共秩序，重则出现大学生违法犯罪，给社会带来恶劣的影响。现代社会需要法的理性精神，我们需要摆脱传统人治的落后状态才能使社会往更加文明的方向发展，所以社会要求当代大学生将社会主义法律作为内心的一种精神信仰。例如，大学生虽然明白纳税是公民的义务，却不会主动缴纳个人所得税；许多大学生虽然熟知交通法律法规，却经常闯红灯、违规驾驶；当法律赋予符合资格的大学生选举权的时候，许多大学生却表现出冷淡的政治参与态度，对宪法赋予的公民权利不予重视。社会对人才的培养，不仅仅是要培养出一种专才，更是注重人的全面发展。社会需要具有良好法治观念的人才，只有这样的青年学生才能成为国家持久发展的栋梁。

另一方面，社会的发展与建设离不开具有良好法律素养的大学生。我们作为社会中的人，无不参与着社会经济生活和政治生活。在现代社会加速发展、市场经济全面深化、国际化不断加深的背景下，如果培养不出具有良好法律素养的大学生，将由谁担起中国特色社会主义建设的重任呢？如果不懂得《合同法》《劳动法》《物权法》等法律，大学生如何能进入市场经济的社会生活中？大学生不掌握一定的法律技能，如何成为国家所需要的劳动者、生产者、建设者？例如，2012 年大学生林某和同学在宿舍遇到自称是广州某公司的一年轻女子，向她们宣称公司在招收校园代理，由于赚钱心切，林某和同学被骗 6000元买来假冒伪劣的洗发水。这样的例子数不胜数。大学生如果没有良好的法律素养，一方面会使自身的利益受损，另一方面也助长了市场经济中的这种不法行为，同时损害的也是社会的经济利益。同样，在社会政治生活方面也是如此。

3. 大学生法治教育的预期目标

结合大学生以及社会的需求，我们可以将大学生法治教育的预期目标分为近期目标和长远目标。

从近期目标来看，大学生法治教育应该包括法律意识、法律知识与技能等方面，目的是使大学生知法、懂法、用法。具体而言，近期目标包括以下几点：帮助学生树立社会主义法治观念，健全大学生的法律意识；使大学生掌握基本法律知识及相关的专业法律知识，深入理解这些法律知识的内涵和作用；培养大学生的法律实践能力，增强大学生的法律技能；引导大学生用法律武器维护自身利益，勇于同违法犯罪现象作斗争。

长远目标是将大学生培养成社会主义所需要的合格公民。具体而言，长远目标包括以下几点：帮助大学生树立对我国社会主义法律的精神信仰，自觉追求并遵循法律的基本价值要求；引导大学生积极参与社会主义建设，用所学法律知识和技能来维护和倡导良好的法治秩序，为构建社会主义法治社会做贡献。

（三）大学生法治教育所应达到的效果

大学生法治教育所取得的实际效果是衡量大学生法治教育实效性的重要指标。对于效果的分析应比照预期设定的目标，在效果与目标之间做出量与质的评判。这里有三个问题需要注意：

首先，我们的预期目标并不单纯指学校自身的培养目标，还要结合国家对大学生法治教育的总体期望来谈大学生法治教育的实效性。

其次，我们应对大学生进行态度、意识、知识、技能四方面的评估。就态度标准而言，就是看大学生是否重视法治教育课程，是否切实认识到自身在法治建设中的权利与责任，是否存在实用主义或形式主义的学习态度。就意识标准而言，就是看大学生是否树立了现代社会主义法治意识，能否认同法律，是否具有自觉遵守法律的意识。就知识标准而言，就是看大学生掌握与理解法律基础知识的程度。就技能标准而言，就是看大学生能否培养法律思维，将所学的法律知识运用到实际生活中去，是否参加了有关法律的实践活动。

再次，就效果的性质而言，一种是正向效果，一种负向效果。当然就不同层次或不同方面来说，可能每一部分取得的效果是不同的。这就要求我们将大学生法治教育作为一个系统进行综合的评估。

总体而言，我们可以就大学生法治教育的效果得出两种结论：一是大学生法治教育没有达到预期目标。没有达到其中任何一项要求，在总体上而言，就不算实现了大学生法治教育的预期目标，这是一种负向效果，这样的结果就说明大学生法治教育的实效性低。二是大学生法治教育完成了预期目标，这是一种正向效果，包括刚刚实现预期目标及超越预期目标两种情况。但各项目标的实现并不意味着大学生法治教育可以止步不前，将当前教育模式一成不变地固定下来。总之，大学生法治教育应该通过不断地自我完善与提升，追求更佳的效果。

（四）大学生法治教育实效性的影响因素

大学生法治教育实效性的研究是一个系统工程，受教育者、教育者、教育内容、教育方法以及教育环境的影响。作为大学生法治教育系统中的组成要素，各要素间相互依存与相互作用，共同影响着大学生法治教育。如果不综合考虑这些影响因素，不用联系、全面的观点看问题，那么我们得出的结论将出现偏颇。

1. 受教育者

现代教育提倡以人为本，受教育者既是大学生法治教育的对象，又是教育过程的实际参与者，也是教育效果的直接体现者。因此评析大学生法治教育的实效性，就必须深入分析受教育者的需求、素质以及主观能动性。

受教育者的需求并不是整齐划一的。高年级学生比低年级学生更重视法律，有打工经历的学生比没有打工经历的学生更重视法律，且法律需求有所不同。高年级学生对法律知识的需求基本上都与自己的专业和将来的发展方向有关；有打工经历的学生更渴求了解诸多有关合同、劳动保护方面的法律、法规。大学生法治教育必须以受教育者的需求为导向，需求不同，所选用的教育内容和方法也就不同，所取得的教育效果也将受到相应的影响。

受教育者的自身素质决定了教育的起点，也决定了接受教育的程度，这使得同样的教育会出现不同的效果。因此对于大学生法治教育实效性的分析要考虑受教育者自身素质的个体差异，以及不同地区不同院校间生源的素质差异。

受教育者的主观能动性决定了他们对大学生法治教育的重视程度和参与性。大学生法治教育的内容能否内化为受教育者的主体意识，能否被受教育者自觉外化为应有的行为，甚至创造性地应用于实际生活，这都取决于受教育者主观能动性的发挥程度。

2. 教育者

教师作为一种专门的职业，是人类灵魂的工程师，教师队伍的好坏直接影响教育效果的高低。教育者的自身素质以及整个队伍的建设，对大学生法治教育的完善与提升有重要影响。

从教师个体的角度而言，法治教育的教师必须具备良好的职业品质和职业技能。因此评析大学生法治教育的实效性，就必须深入认识法治教育人员的水平，包括其职业品质及技能水平。职业品质就是看其对自身从事的教育活动是否认真负责、是否热爱，还有其追求进步、不断创新的意识；职业技能就是看其学科知识水平以及教学水平。从教师整体队伍而言，一支专业化、职业化的教师队伍能带来更为显著的效果。专兼职教师的比例如何配置以及相互间如何配合，教师队伍如何选拔及培训、考核等问题，都成了我们进行大学生法治教育不得不思考的重要问题。

3. 教育内容与教育方法

教育内容与教育方法都会对教育活动产生直接的影响。为了达到良好的教育效果，教育内容必须具有针对性：一方面要针对教育目标设置具体的教育内容，另一方面要针对学生的实际情况制定适宜的教育内容。教育内容还必须把握规律性，忽视规律的教育内容，不仅不能达到良好的教育效果，反而会带来负面的影响。教育内容还必须具有先进性。教育的目的是使人在获得知识的同时得到发展，先进的教育内容能够提升人们的思想，引导人们的行为，促进大学生向着社会主义法治建设所需的方向进步。教育方法是沟通教育者与受教育者的纽带，是提高教育质量的关键。教育方法多种多样，但只有适宜的教育方法才能构建师生间的和谐关系，才能更好地完成教育任务，取得较高的实效性。因此，教育方法的选择与运用也应因地制宜、因时制宜、因事制宜、因人制宜。

总之，分析大学生法治教育的实效性，离不开对教育内容与教育方法的分析与思考，看其是否适宜当前大学生法治教育需要，看其是否具有科学性、针对性与多样性。

4. 教育环境

人总是在一定的环境中进行活动，马克思把环境的改变和人的活动看作辩证统一的。大学生法治教育活动也是在一定的环境中进行的，我们把教育环境分为内部环境与外部环境，内部环境即校园环境，外部环境即社会的大环境。无论是内部环境还是外部环境，都能起到塑造人的作用，学生法律素养的形成和培养离不开良好的大学生法治教育环境。为此，我们在评析大学生法治教育实效性的时候，也要将教育环境囊括在评估系统中，认真分析大学生法治教育的内部环境与外部环境是怎样的，以及其对大学生法治教育的影响又是怎样的。

总之，综合分析大学生法治教育的实效性，就是运用科学、系统、发展的原则，评估总结大学生法治教育的效果，并将结果与国家、学校的预期目标进行比照，对大学生法治教育过程中的影响因素进行分析。从而对大学生法治教育的实效性得出一个总体的结论，并从中寻找大学生法治教育过程中存在的问题，进而有针对性地去完善或提升大学生法治教育活动。

三、大学生法治教育存在的主要问题

（一）师资队伍整体法律素质不高

高校法治教育课程主要是《法律基础》课程，经过改革，与原来的《思想道德修养》课程合二为一，形成新的课程《思想道德修养与法律基础》，简称"基础课"。从事法治教育的教师往往是由德育教师或者政工干部兼任，他们中大部分人主要专修思想道德修养，受过专业法律教育的为数不多，专业水平总体上逊色于其他专业教师，导致法治教育工作的开展举步维艰。法律知识无法讲透，法律要点不够精准，课堂教学枯燥乏味，往往是照本宣科，学生根本无法深入理解法律知识。即使学生产生法律相关的疑问，大多数教师往往无法给予学生有益的答复。因此，大多数学生开始不信任教师，产生了抵触心理，并且往往只是为了获得学分而死记硬背，以期考试能够过关，这与法治教育的目标是背道而驰的。

（二）大学生对法治教育的热情与兴趣不高

由于长期以来对法治教育的"偏见"，基础课不是"主课"的观念根深蒂固。专业课以及外语课永远都是学校以及学生关注的焦点，它们能丰富学生的知识体系，是将来大学生踏入社会的重要基础。而基础课在多数大学生眼中，只是一门"副课"，用来缓解其他课程带给他们的压力。在基础课课堂上，经常能见到学生做与课程无关的事情。比如，补习其他"主课"知识，阅读课外杂志，更有甚者将其当作睡眠时间，认真学习法律知识者寥寥无几。为了拿到学分，大学生往往在考试前几天才开始复习基础课，常常死记硬背，几乎不理会其中的法律知识，不在乎考试分数，只求平安过关，考试过后则忘得一干二净。长期如此的恶性循环，不仅无法达到教学目标，反而大大降低了学生对法治教育的热情与兴趣。

（三）课程内容广但深度有限，与大学生的实际关联性不强

纵观基础课教材，一共分为八章，前六章主要内容是关于思想道德修养的，只有最后两章才涉及法律基础。在这仅有的两章篇幅里，一章内容为"增强法律意识，弘扬法治精神"，主要是讲述大学生应当领会社会主义法律精神、树立社会主义法治观念、增强国家安全意识以及加强社会主义法律修养；另一章内容为"了解法律制度，自觉遵守法律"，

主要内容包括我国宪法、实体法律以及程序法律制度，其中实体法律包含了行政法、民法、经济法以及刑法。

首先，在仅有的两章篇幅里面就包含了如此多而复杂的内容。这种百科全书式的编排，使得每部法律所占的篇幅十分有限，每个基本知识点都有提及，导致多而不细，点到即止。大学生只了解法律的基本概貌，也了解应当要掌握法律精神，树立法律信仰，但至于如何为之，则无从下手。课程内容广而深度有限直接限制了法治教育工作的发展，降低了工作效率。

其次，对大学生进行法治教育，并不是只要求他们学法、知法，而是要求他们懂法、守法。大学生通过对法律基础知识的学习，了解法律的基本框架，从而能够正确认识法律在日常生活中的地位与作用，正确行使合法权利，自觉履行法律义务，能够运用法律武器维护自身以及他人的合法权益。然而，基础课只注重法律理论知识的教授，忽略了应用法律基本技能的培养，使得大学生在日常生活中知法、懂法，却不知如何用法。当自身利益受到侵害时，大学生知道应当运用法律来保护自己，却不知道应该遵循哪些法律步骤，不知道如何掌握证据来提升自身的说服力，这是法治教育内容与大学生实际生活联系不紧密的原因所在。

（四）教学方式只注重灌输课本知识

基础课教材篇幅的限制，使得各个法律法规占用的篇幅十分有限，在这有限的空间里只能安排最基本的法律知识。然而，这些基本法律知识只能促进大学生了解法律体系的概貌，大学生并没有从中学习与掌握到更多对自身有益的法律知识，至于培养法治观念、树立法律信仰更是难上加难。因此，要达到以上目的，只能依靠法治教师课堂上的知识延伸。在大部分高校，法治教育工作往往是由德育教师以及政工干部担任，很少由专业教师任职。相对于专职教师，他们的非专业性导致他们对课程知识的理解与研究不够深入透彻，知识面不够广，法律要点理解不够精准，这些局限使得他们在课堂上只能照本宣科，教师的激情不够，课堂气氛往往比较低沉。

学校给基础课程安排的课时十分有限，在这有限的时间里完成学校安排的教学任务已经十分困难，学校有时甚至安排几百个学生同时上课，这大大降低了教学效率，给法治教师提出了巨大的挑战。

在这双重的压力之下，要求法治教师在教授课程内容的同时，开展其他法律实践活动来增加学生的兴趣与热情确实有点强人所难。因此，大多数高校法治教育的教学方式都采用传统的方式，即只注重灌输课本知识，忽略了课堂之外的实践教学。

（五）高校的管理机制不够完善

大学生法治教育是一项兼具专业性与实践性的工作，它不仅要求向大学生传授法律理论知识，还重视通过法律实践活动来帮助学生理解法律理论知识，从中掌握应用法律的技能，以达到树立法律信仰，以法律武器维护自身合法权益的目的。

在大多数高校，法律课程只注重传授法律知识，很少举办相关的法律实践活动。在评估学生的学习能力时，往往采取传统的书面考试方式，以掌握法律知识的多少为标准，而忽略了学生的实践能力。考试之前，大多数教师通过划重点的方式圈定考试范围，以减轻学生的压力。而学生为了取得高分，不惜采取各种方法来记忆教师划定的重点，其中包括考试之前的死记硬背，甚至是写小抄作弊等，重点之外的内容则一概忽视。考试过后，学生往往将所记忆的知识点忘得一干二净，这完全没有达到预期的教学效果。

高校像一个庞大的机器，依靠一系列的管理机制正常运行。各大高校都有自身的一套管理机制，包括各种规章制度，比如学生公寓管理办法、违纪处分办法等。然而，在平常生活中，学生并没有过多关注这些规章制度，只有自身行为与其相冲突时，才开始了解制度内容。遗憾的是，在处理学生违纪行为时，制度内容往往倾向于"从重处分"。当学生对处分决定不服时，向申诉机构申诉，往往也只是由作出决定的原机构受理，这也导致了大多数学生"哭诉无门"。管理制度的制定、实施、监督，大多数都由学校一方担任，学生几乎很少参与，这也可能导致学生产生学校管理与法律无关的错误认识。

四、提高大学生法治教育实效性的对策

（一）立足高校法治教育

1. 调整培养理念，改革教育方法

（1）调整培养理念

科学成熟的理念将为高校法治教育实践提供良好的指引，因此，大学生法治教育实效性的提高应从调整培养理念着手。

①树立素质教育思想。世界经济全球化、一体化的趋势使大学生的综合素质面临新的

挑战，法律素质作为综合素质的重要方面，也面临着同样的问题，素质教育理念的推行将使高校所面临的问题迎刃而解。中央关于推进素质教育的文件指出要培养德、智、体、美、劳等全面发展的社会主义"四有新人"。高校法律教育应顺应时代变化，努力实现向提高大学生法律素质的转变。

②树立以人为本理念。人本主义教育思想的基本观点是突出学生的主体地位，注重学生个性化的自我评价。这种思想理念在法治教育中具有很高的价值。一直以来，我国高校法治教育往往围绕法律规范教育开展，学生处于被动地位，强烈的抵触和逆反心理由此产生。受应试教育影响，大学生的法律知识学习也是以获得考试分数为出发点的，即使最后考试合格，教育效果也不可能理想，法律素质教育的目标更难以实现。按现有规定，大学生在大学前两年就要修满法律基础课学分。尽管学生基本都能拿到学分，但这不是法律素质教育的目的所在。因此，我们要科学地引导，使大学生在法律学习上由被动转为主动，增强教育效果。

③树立互动教育理念。此处的互动教育理念指树立社会、学校、家庭密切配合、互相沟通，促成积极改变发生的思想。学校教育在这种理念中居于重要地位，但要注意校内和校外因素的互动，充分利用家庭、学校和社会资源，全方位地拓展教育平台，解决大中小学的衔接问题，实现内容上的连贯性，提高大学生法律素质的起点，克服由于中小学存在的法治教育的缺失而带来的大学生法律素质的断层问题。

（2）改革教育方法

有效适合的教学方法有助于大学生将法律知识内化为法律素质，有助于教学内容的全面展现和教师主导作用的充分发挥，有助于师生之间的情感沟通，比如以下几种方法。

①案例教学法。案例教学是有效解决学生抵触理论概念学习的一剂良方，它将教师教和学生学有机地结合在一起，不仅能调动学生学习的积极性，同时提高了其分析和解决实际问题的能力，有助于实现理论学习和实践应用的有机统一。

②实践教学法。积极引导大学生开展法律实践活动，可以有力地配合法律课程理论教学，也使得大学生加入一种开放性的教学方式中。适当的法律实践活动是对理论教学的深化和延伸，它能够大大提高法律课教学的质量。通过切实的实践活动，让大学生通过自己的亲身实践体验，接触法的现象，深入法的本质，形成对法的真实感受。没有经过实践活动，任何外在的客观存在都无法在大脑中形成较稳固的观念。

③情景教学法。情景教学法是以学生的现实阅历和实践经验为基础，通过寓教于乐、

寓教于文、寓教于情的方式，设定相应的情景，引导学生进入情景，成为其中的角色，并产生相应的思考。课堂上可以通过播放相关视频进行引导，课下可以通过开展情景剧表演的方式开展活动，提高学生学习法律知识的热情和法律知识的应用水平。沈阳航空航天大学人文社科部举办的"辽宁省高校思政课情景剧教学法研讨会"就是一个典型的成功案例。这种教学模式能充分调动学生的积极性，发挥学生学习的主动性，将理论教学与学生实践有效地结合起来，将学生对问题的思考与动手能力有效地结合起来，将学生的"知"与"行"有效地结合起来，是一种行之有效的理论课教学模式。

2. 改善教师素质，提升教育质量

教师的素质将直接影响到受教育者的素质。邓小平同志曾深刻地指出教师在培养合格社会主义人才中的关键作用。然而当前高校师资队伍水平参差不齐，很多教师的法律专业素养根本无法保障大学生的法治教育工作的开展。大学生法治教育除了应具备良好的硬件设施和教育环境外，还要有一支本身素质过硬的法律教师队伍。

（1）外部吸收，内部强化

大力引进学识渊博、实践经验丰富的法学工作者来学校从事法治教育工作，加强现有法治教育师资队伍的培训和深造，提高师资队伍的业务水准。

（2）单独划分，互动交流

各高校可试点将法律教研室单独划分出来，并使法律教研室与德育教研室形成既互动又交流的关系。通过此类试点促进教学内容的全面展现及教师主导作用的充分发挥，进一步加强师生之间的情感沟通，推动大学生法律素质的不断提升。

3. 优化教学内容，拓展实践环节

（1）优化教学内容

从教学实际出发，将法治教育与心理等学科有机结合起来，巧妙地优化教材内容，法治教育将达到事半功倍的效果。

①法治教育与德育相结合。在高校教育中，德育教育和法治教育不可或缺。大学生正处于性格、社会意识逐渐成熟的阶段，应将法治教育与德育相融合，引导学生形成健全的人格和良好的社会集体意识，培养学生社会主义道德品质和良好的心理素质。除普及道德、法律知识外，还要帮助大学生认清德与法的关系，掌握基本的法学原理，将理论与实践相结合，进行德与法的辨析。教师要以道德教育为基础，逐步引导学生从道德认识上升到法治观念，从而使其形成遵纪守法的良好习惯和优秀的道德品质。

②法治教育与心理健康辅导相结合。在校大学生正处于心理发育期或心理成熟期，其"三观"尚未成熟，性格也在不断完善，缺乏稳定性。特别是近年来，大学生心理问题不断增多，由此引发的法治事件也呈上升趋势。通过将法治教育与心理健康辅导相结合的方式，进一步强化心理健康的指导，使大学生树立良好的心理观念，采取合理的调试方式，减少违法犯罪的动机和行为，为大学生的健康成长起到促进作用。

③法治教育和性教育相结合。高校应与社区、家庭形成内外结合的机制，以性道德、性法治教育为核心，以性生理、性心理、性卫生保健教育为基础，坚持适时、适度、适量的原则，体现科学性、实用性和健康性，大胆地向大学生介绍生理知识。让他们在了解必要的生理知识之外，更加懂得人与动物行为的最大差异在于人的性行为受到社会环境、文化修养、价值观念、道德与法治等方面的影响，人的性行为应具有极大的选择性和控制性，从而防止大学生因为没有健康的性知识和法律知识而误入歧途。

（2）增强实践对接

只有通过实践才能使大学生法治教育的效果落到实处，形式多样的实践活动不仅有利于大学生法律知识的丰富，更有利于其法律素质的提升。

①设立实践基地。实践基地的建立将在很大程度上激发高校学生提升自身法律素质的积极性，起到潜移默化的教育作用，特别是模拟法庭、现身说法、法庭辩论等活动的开展将大大突破课堂的限制，调动学生学习的积极性并加深学生思考法律问题的层次。实践基地的建立可以将校内外的资源有机结合在一起，既可以在校内设立模拟法庭并配备相应的设施，还可以与司法行政机构建立长期合作交流关系，将其作为校外实践基地。

②组建法律社团。学生社团在大学生的业余生活中扮演着十分重要的角色，并且受到大学生的普遍欢迎，学校可以对辩论协会等法律相关社团予以鼓励和支持。此外，还可以由理论造诣深厚、实践经验丰富的学者带头成立法律服务社团，从事普法宣传、法律咨询等方面的服务。

③开办法律诊所。法律诊所是一种类似医学专业培养实习生的教学模式，将会对法律知识的应用起到良好的促进作用。此种培养模式将为学生提供接触真实案件、参与办案、独立思考的机会。在完成规定的课业之后，学生可以通过与当事人及司法行政机关的接触进一步强化知识，熟悉法律运作流程，得到更为务实的指导，并获取实用的职业技能，培养良好的职业习惯。特别是对于仅仅学过《法律基础》的非法律专业的学生，可以考虑让其在法律诊所中从事一些较简单的日常工作，参与一些信函回复。要准确、及时地回复每

一封来信，参与者必然要投入极大的耐心和热情，遇到难题时，通过查找资料，咨询有经验的老师来解决疑问，也可参与接待来访工作；诊所一些简单的法律程序或实体问题的解答可以由这些学生担任，在老师指导下，还可参与电话接谈、代写文书等。

④营造法律文化氛围。法律文化是校园文化的重要组成部分，法律文化活动的开展是大学生法律素质提升不可或缺的驱动力。学校应该积极开展法治讲座、专家讲学、学术争鸣、热点关注等学术活动，为大学生了解前沿的法律知识创造机会；举办演讲比赛、辩论赛、法律文书大赛等法律性质的文化活动，调动学生的积极性，使其发挥在学习上的主动性，自觉、自发地提高自己的素质；还可以将法律素材融入相声、话剧、小品等大学生喜闻乐见的文艺形式中，寓教于乐。

4. 开辟第二课堂，完善考核体系

法律知识的学习仅仅局限于课堂是远远不够的，只有积极发掘和开拓新的学习平台才能更好地提高法治教育的效果。学校可以尝试实施课后辅导的教学方法，建立课外问题咨询小组或者网络群，学生遇到疑惑可以进行讨论和研究，而且老师也可以利用讨论小组的形式，引导学生思考，培养学生的逻辑思维；开设法律专业选修课，为有学习法律知识兴趣的同学提供良好的平台；将法治教育纳入学校管理水平、教师业务水平、学生综合素质的考核体系中，科学、规范、全面地进行评估。

（二）改善家庭法治教育

家庭是社会的基本组成单位，家庭法治环境的好坏将直接关系到孩子能否健康成长。现代社会物质生活较为丰富，家庭条件得到较好的改善，独生子女在学生群体中所占的比例逐年上涨，以自我为中心的意识在一些独生子女中逐渐产生，特别是部分家长过分宠爱，使学生的集体意识不断淡化，独立性也大大削弱。要想改变这种状态和趋势，就要对家庭法治教育进行改善。

1. 转变教育观念，提升综合素质

面对竞争日益激烈的社会，家长们普遍在学习上、生活上对孩子无微不至，过度关注学生的学业和就业，然而对于孩子的法律素质等却很少顾及。在学习的压力和家长对学业的高度重视下，相当一部分大学生存在法律认知错误，很容易走入法律的禁区。因此，家长必须转变家庭教育观念，引导孩子走出学习的狭小天地，让孩子自觉学法、知法、懂法、守法，提升综合素质，学会付出、学会做人、学会劳动、学会正视挫折，抵制金钱的

诱惑，使孩子能以健全的体魄、勤劳的习惯、良好的品格、不怕吃苦、不怕挫折的精神和抵制诱惑、自主自制的能力，走向更美好的明天。

2. 坚持亲身示范，营造温馨气氛

"其身正，不令而行；其身不正，虽令不从。"大学生的家长应当以身作则，用实际行动来教育子女。对于处于青春期的大学生，采取行为示范的方式所收到的效果，往往比抽象的说教更好。家庭教育的影响往往是潜移默化的，教育方式、家庭氛围等将在长期的作用下对大学生的意识产生作用，因此，要采取科学的教育方式，营造温馨的家庭氛围，使孩子在健康的环境中成长，身心协调发展。

3. 改善教育方式，促进感情沟通

随着社会节奏的加快，家长需要花费更多的时间和精力在工作上面，而工作往往会带来压力和情绪，这就会使家长在孩子的教育上缺少耐心和长久性，无法形成科学系统的教育机制。很多家长的教育方式简单粗暴、随意任性，缺失与孩子沟通交流的耐心和方法，因此笔者建议家长应在自身家庭特点的基础上，根据子女的性格特点和学校教育安排，制订合理的情感沟通计划，学习家庭教育的科学方法，增加沟通交流的机会，提高教育子女的能力和水平。

（三）净化社会法治环境

优化社会法治环境指在克服传统人治思想观念的基础上，不断优化法治的各个环节，具体论述如下。

1. 完善法律文本，规范执法司法

坚持民主立法、规范立法、科学立法。在立法时应注意主体的广泛性，尽可能吸收更多的社会成员参与立法活动，规范立法程序，完善法律体系。只有在公平、公正的社会环境中，才能激发学生学习法律、信仰法律、遵守法律和运用法律的热情，社会才能和谐。此外，还要进一步规范行政执法和司法履行，严格按照法律程序办事，使法律制定的本意得以实现，为大学生法律意识的增强营造良好的社会环境。

2. 引导舆论方向，明确道德取舍

舆论是一种看不见的媒介，却有很大的威力。东欧剧变、苏联解体就是从舆论导向偏离正确方向开始的，并最终导致思想混乱和政权丧失。实践证明，只有坚持对舆论方向的

正确引导才能更好地带动社会的发展和进步。在法治现代化和网络媒体迅速普及的今天，舆论导向尤为重要。新闻宣传应坚持法律原则，营造良好的舆论环境，合理疏导公众情绪，促进社会的和谐和进步。

道德的底线是法律，在法律的范畴中，我们要判断的是一个行为是否合法。法律规定了我们不能做什么，也规定了如果做了规定不能做的事，会受到什么惩罚，同时还规定了我们的责任。如果丧失了道德的评判尺度，那么道德的底线就会变得模糊不清，社会就会缺乏衡量道德与法律的标准，从而导致法治环境的混乱。

3. 规范网络行为，优化网络环境

大学生是 21 世纪国家建设的主力军，也是接触网络人数最多的群体，网络在给他们生活和学习带来积极影响的同时，也不可避免地会产生一些消极的影响，如何建设健康的网络环境已经成为不可回避的问题。网络环境的自由开放使人们的行为和思维与现实生活中相比少了许多束缚。对大学生来说，网络秩序的维护仅仅依靠道德素质还远远不够。立法机构必须建立健全网络管理的法律法规，执法机构也要加强对互联网的监督管理。校园网络环境的建设还要遵循网络传播规律，正确引导网上舆论，做大做强正面宣传，用正确舆论引导学生形成昂扬向上、团结奋进的网上主流舆论。

（四）引导大学生自我法治教育

大学生法律素质的提升要坚持内外结合的方式。大学生不应仅仅成为法治教育的对象，更应成为法治教育的主体。要充分调动大学生自觉学习和应用法律的积极性，鼓励他们通过多种渠道的学习，努力领会法律内涵，增强法律意识，把法律精神慢慢渗透到日常生活中去，从而达到"知"与"行"的统一。

首先，大学生应当加强对基础法律知识的学习。法律知识的应用和法律素质的提升是以掌握法律知识为前提的，只有具备了良好的法律知识才能更好地将其应用于社会实践过程中，从而使法律素质在法律知识的学习和应用的过程中得到提升，达到提高大学生法治教育实效性的目的。

其次，大学生应当拓展提高自身法律素质的渠道。由于上课时间有限，大学生学习法律知识的深度和广度都受到了不同程度的限制，因此，要想提高大学生法治教育的实效性，就要不断开拓法治教育的平台。特别是对于大学生自身来讲，发掘法律知识学习和应用的更多渠道，可以提升自身法律知识的储备和应用法律的能力。因此，大学生要通过多

种渠道的学习，努力领会法律内涵，增强法律意识，把法律精神慢慢渗透到日常生活中去。

再次，大学生应当努力提高自身的权利意识。法律在规定人们应当履行的义务的同时，也赋予了人们保护自身合法权益的权利。除学习之外，大学生在日常生活中也会遇到法律问题，学校、家庭和社会通过设定各种规章制度，指导并帮助大学生明确自身的义务，而大学生自身权利的行使却在不同程度上处于搁置状态。大学生一定要在遵守法律法规、认真履行自身义务的同时，勇于并善于行使自己的权利。当自身合法权益受到侵害时，要懂得拿起法律武器捍卫自身的合法利益。这不仅对大学生自身有益，对我国法治化进程也有积极的意义。

第三章 大学生法治教育和道德教育有机结合

第一节 道德教育与法治教育相结合的必要性与基础

一、道德教育与法治教育结合的必要性

（一）道德与法律自身的局限性

道德与法律都是规范人们思想和行为的社会调控方式，它们都有各自的优势和缺陷。道德教育主要是通过对人的劝告、建议、倡导等方式进行引导。道德教育能否有效实施关键是看人们内心道德素质的高低，主要是靠人们内心的道德觉悟。道德的理想性、崇高性、自觉性、能动性，道德规范对人们生活的影响的深刻性、长远性、持久性，都是法律无法比拟和代替的。根据辩证唯物主义的矛盾原理，任何事物都具有两面性，道德也不例外。道德在具有自身优势的同时，也存在自身的缺陷，即道德毕竟是"软调节"，它对那些损害他人利益、集体利益、公共利益、社会利益的人或行为只能进行道义上的谴责，而不能进行强制性的制裁。由于道德只能对人们进行劝告和建议，倘若一个社会中人们的道德水准不高，再用道德进行劝诫就会显得很苍白无力，此时客观上就需要一种强制性的规范来对道德加以补充。这种强制性的规范就是法律。法律跟道德不同，它以国家强制力为后盾，通过明文规定人们的权利和义务，使社会成员明确知道什么可以做，什么不可以做，什么必须做，既有引导作用也有惩罚作用。

（二）道德教育与法治教育的受教育者自身的局限性

哈耶克曾说过："一切道德体系都在教诲向别人行善……但问题在于如何做到这一点。光有良好的愿望是不够的。"道德教育发挥作用的方式主要是劝诫、建议等，以此来让人

们进行自由选择，因此，人们遵守道德或者违背道德全凭个人的道德觉悟。但现实生活中种种违背道德规范的现象表明，单纯靠个体本身内在的道德觉悟来规范行为是远远不够的，因为在面对各种利益的诱惑时，人性的弱点就可能会暴露出来，即容易受利益的驱使而违反道德规范，这就是道德教育与法治教育的受教育者自身局限性的表现。因此，这种情形下就需要法律制度为道德规范的有效实施保驾护航，即道德通过借助制度的明确性、强制性来弥补自身的软弱性和受教育者的局限性，增强道德自身的规范性、约束力。

（三）二者内在价值统一的必然要求

大学生道德教育与法治教育结合的必要性还在于道德教育与法治教育的价值统一性，即促进和实现大学生的全面发展是大学生道德教育与法律教育共同的价值目标。道德教育与法治教育的价值统一性从根源上取决于道德与法的价值统一性。二者不仅在社会价值与个人价值、当前价值与长远价值上是统一的，而且在政治价值、经济价值、文化价值上也是相统一的。

（四）高校实施素质教育的必然要求

通俗点说，素质教育就是从人的发展和社会发展的实际要求出发，充分尊重学生的主体地位，充分开发学生的潜能，力求全面提高学生各方面素质的教育。这里的各方面素质主要包括德、智、体、美、劳五个方面。素质教育与我们传统的应试教育截然不同。所谓应试教育就是以在考试中取得高分和只追求学校的升学率为目的的教育。这种教育忽视了学生的主体性和个性上的差异，也偏离了人的发展和社会的发展的实际需求，因而最终也免不了被抛弃的命运。因此，要实现人的全面发展和满足社会的发展要求，就要改变传统的应试教育的观念，树立素质教育的观念。素质教育已经成为当今世界各国教育的主流观念，这也是因为世界各国深知国家之间的竞争归根结底是人才的竞争。现在社会不仅需要专业方面的人才，更需要各方面素质全面发展的人才。因此，不断加强和改进大学生道德教育与法治教育，将二者有机结合起来是促进素质教育不断发展、实现大学生全面发展的重要工作。随着市场经济的发展，社会的不断进步，当今的大学生仅仅在学业上取得较高的成绩是远远不够的，现代社会更需要在思想政治素质、人文素质、心理素质、道德素质、法律素质等各方面表现良好的大学生。大学时期是人一生当中的最重要阶段之一，是世界观、人生观、价值观进一步发展和完善的关键时期。

（五）我国构建社会主义和谐社会的必然要求

我们所要建设的社会主义和谐社会，应该是民主法治、公平正义、诚信友爱、充满活力、安定有序、人与自然和谐相处的社会。这是对社会主义和谐社会内涵的科学阐释，也是和谐社会的基本特征。其中民主法治具体来说就是要充分发扬社会主义民主，切实实施依法治国的基本方略，这是对我国社会主义和谐社会的法治要求。公平正义、诚信友爱、充满活力、安定有序、人与自然和谐相处等五个特征主要体现为我国社会主义和谐社会的道德要求。这些都体现了党和国家对公民道德教育与法治教育的高度重视和关注，也表明了道德教育与法治教育在我国构建社会主义和谐社会中的重要地位和作用。大学生是我国公民的重要组成部分，是我们中华民族的一分子，所以大学生要积极响应国家构建社会主义和谐社会的政策，努力培养自己的尊重意识、感恩意识、诚信意识、责任意识等现代社会的公民意识，在思想上和行动上高度重视对自己的道德教育与法治教育，将二者结合有机结合起来，实现优势互补，从内外两方面规范自己的言行举止，保持知行相一致，才能保障自己在全面建设小康社会和构建社会主义和谐社会的过程中具有良好的道德素养和法律素养，不至于在各种利益的诱惑下迷失方向。在我国全面建设小康社会和构建社会主义和谐社会的进程中，大学生要尽自己的最大努力为我国构建社会主义和谐社会贡献一分力量，这也是我国构建社会主义和谐社会对大学生的必然要求。

二、大学生道德教育与法治教育相结合的理论基础和现实基础

（一）理论基础：人的全面发展理论

1. 马克思关于人的全面发展理论的基本内涵

人的全面发展理论是马克思诸多教育理论中最重要的教育理论之一，当今世界上的大多数国家也是以人的全面发展作为国民教育的根本目的。我国在制定一系列的关于各个阶段的教育政策、方针、文件的时候也是以实现人的全面发展为根本出发点和最终归宿。马克思对人的全面发展的定义是："人以一种全面的方式，也就是说，作为一个完整的人，占有自己的全面的本质。"

2. 人的全面发展理论对大学生道德教育与法治教育的理论指导的意义

人的全面发展不仅是现代教育的根本目的，也是现代教育的根本价值取向所在。当前

我国对大学生实施的是素质教育，而道德教育与法治教育又是大学生素质教育的重要组成部分，所以人的全面发展学说也同样适用于大学生道德教育与法治教育。在对大学生进行道德教育与法治教育的过程中也必须始终坚持以人的全面发展学说为理论指导，以实现大学生的全面发展作为最终的价值目标。反过来，道德教育与法治教育也是实现人的全面发展的重要途径。

（二）现实基础：同属于大学生思想政治教育范畴

道德教育与法治教育相结合的直接现实基础就是道德教育与法治教育同属于大学生思想政治教育。中共中央、国务院《关于进一步加强和改进大学生思想政治教育的意见》要求："认真贯彻《公民道德建设实施纲要》，以为人民服务为核心、以集体主义为原则、以诚实守信为重点，广泛开展社会公德、职业道德和家庭美德教育，引导大学生自觉遵守爱国守法、明礼诚信、团结友善、勤俭自强、敬业奉献的基本道德规范。"思想政治教育包括了政治观教育、为人民服务、诚实守信、集体主义、社会公德、职业道德、家庭美德、法治教育、道德教育等多方面的内容。现阶段大学生《思想道德修养与法律基础》是我国高校对大学生进行道德教育与法治教育的最主要的载体。这门课程的主要任务包括以下几点：进行社会主义道德教育和法治教育，帮助学生增强社会主义法治观念，提高思想道德素质，解决成长成才过程中遇到的实际问题。这门课程是我国所有的高等院校的必设课程，也是大学生在大学教育阶段的必修课，所以这门课程是我国高等院校对大学生进行道德教育与法治教育的主要渠道。这本教材并不是对道德教育与法治教育的简单拼凑，而是在阐述公共领域、职业领域和家庭领域的道德和法律规范时，力求实现道德教育与法治教育的融合，你中有我，我中有你，力求通过此举将加强大学生的社会主义法治观念和提高大学生的社会主义道德觉悟紧密结合在一起。当然《思想道德修养与法律基础》并不是对大学生进行道德教育与法治教育的唯一途径，还有电影、电视、广播、网络等各种媒体途径，还可以采取开展道德教育与法治教育的演讲比赛、模拟法庭、去敬老院孝敬老人、参加社区服务、去法院旁听等具体的形式。因此，必须充分利用大学课堂这个教育平台以及其他各种途径进行大学生思想政治教育，特别是"思想道德修养和法律基础"这个重要载体，充分发挥课堂教学在道德与法治教育结合过程中的重要作用。

第二节　大学生法治教育与道德教育的比较与内在一致性

一、大学生法治教育与道德教育的比较

（一）教育目的的比较

法治教育与道德教育的目的，指高校进行法治教育与道德教育所要达到的效果，体现了高校进行法治教育与道德教育的指导思想和价值取向。

1. 法治教育的目的

法治教育是培养学生树立社会主义法律意识、增强法治观念的重要途径，是依法治国不可缺少的重要环节。法治教育是对大学生或未来的社会公民进行的有关法律规范、法律意识、民主与法治观念的教育，其目标是使学生具有依法行使公民权利与义务、参与国家和社会生活的素质。因此，大学生法治教育的根本目的就是要让大学生在了解和懂得法律知识的基础上，形成明确的法治意识和社会主义的权利义务观，增强独立意识、自主意识、自控能力和社会责任感，培养法律素质，使其"知法""守法""用法""护法"。

2. 道德教育的目的

道德教育的价值有工具性价值与目的性价值两种。工具性价值强调的是道德教育为社会的政治、经济、文化的发展而服务，目的性价值强调道德教育在于培养人，即把人作为社会主体来培养，而不是把人作为社会的被动客体来塑造。因而，道德教育既要维护社会正常的道德秩序，又要使个体在这种秩序中实现道德上的自主。它不仅教育人们采纳基本的道德原则、理想和价值，养成良好的品性，也要促进人们获得思考的自主性和精神上的自由。因此，从社会要求的角度看，高校道德教育的目的就是要向大学生传授特定的道德原则和道德规范；从个体发展的角度看，道德教育的理念旨在提高个体的主体意识，培养个体的主体人格和道德素质，促进个体自由而全面的发展。大学生道德教育的最终目的就是要培养和完善他们的道德人格，并激励他们不断超越自我、融入社会、贡献社会。

3. 二者的关系

法治教育的目的源于我国的法律制度、法律观念和法律体制改革的方向。"依法治国"

的方略决定了掌握社会主义"法治"的基本理论成为对大学生进行法治教育的首要目的。道德教育的目的源于我国思想道德建设的方针和时代的伦理精神，它具有更丰富的社会日常公共生活方面的取向和关怀，旨在逐步加强对学生个性、心理品质、道德评价及选择能力的培养。由于法治的日益完善，社会秩序的维护和控制逐步让位于法治的运作，道德的作用越来越表现为激励个体的价值创造和对人生幸福的追求。我国的道德教育更体现出对受教育者主体性的关注，从而更能使个体价值得以体现。法治教育与道德教育虽然在具体目标上各有差异，但二者都是以培养受教育者的相应素质为目的，而且这种素质是社会发展和个体发展需要的统一。

（二）教育内容的比较

教育内容是达到教育目的、发挥教育作用的重要媒介。法治教育与道德教育的内容就是在法治教育和道德教育过程中向受教育者传授的知识、观念、价值等。

1. 法治教育的内容

国家教委等部门下发的《关于印发〈关于加强学校法治教育的意见〉的通知》中，对高等学校法治教育的内容作了明确的规定："高等学校法治教育要以培养大学生社会主义法律意识为核心，内容应包括法学基础理论、基本法律知识和法治观念教育。"因此，大学生法治教育的内容是以法律意识为核心，包括法律知识、法律观念和法律信仰等方面的教育。

2. 道德教育的内容

中共中央发布的《公民道德建设实施纲要》中，明确我国公民道德建设的主要内容为："以为人民服务为核心，以集体主义为原则，以爱祖国、爱人民、爱劳动、爱科学、爱社会主义为基本要求，以社会公德、职业道德、家庭美德为着力点。"学校是进行系统道德教育的重要阵地，对大学生的道德教育首先应包括公民道德教育的基本内容。

以"为人民服务"为核心的道德教育是对大学生最根本的人生价值定位。它提倡尊重人、理解人、关心人，为人民为社会多做好事的良好道德风尚，反对拜金主义、享乐主义和极端个人主义等自私自利的倾向，引导人们正确处理个人与社会、竞争与协作、先富与共富、经济效益与社会效益等关系，促进社会主义市场经济健康有序发展。集体主义作为公民道德教育的原则，引导人们正确认识和处理国家、集体、个人的利益关系，提倡个人利益服从国家、集体利益，反对损公肥私、损人利己和个人主义、小团体主义、本位主义，提倡自我牺牲精神，把个人的理想与奋斗融入广大人民的共同理想和奋斗之中去。"五爱"作为公民道德建设的基本要求，不仅为我国全体公民确立了鲜明的道德目标和价值取向，而且为全社会树立了评价行为的道德标准，有利于培养良好的道德修养，做一个文明高尚的人。社会主义的道德核心、原则和五个基本要求要在实际生活中规范人们的行为，就必须在社会公德、职业道德、家庭美德三大领域中发挥作用。

3. 二者的联系

法治教育的内容偏重于理论性和知识性，体现了权利与义务的平衡；道德教育的内容偏重于思想性，强调主体的责任与义务。法治教育的内容具有鲜明的阶级性和现实性，而道德教育的内容具有典型的人文性和理想性。虽然法治教育与道德教育的内容具有各自不同的特征，但它们同属于社会意识形态的内容，具有紧密的结合性。从辩证的视角看，二者的内容相互影响、部分相互融合，都具相对稳定性、发展性与开放性。作为意识形态的教育，二者在内容上都受到一定社会的政治观念的影响。道德的教化与法治的灌输在当今社会往往是同步进行的，其内容往往又交叉在一起。

（三）教育方法的比较

1. 法治教育的方法

对大学生进行法治教育，要坚持理论与实践相结合，融知识性与趣味性于一体，形成以课程教学为主渠道，课内与课外、校内与校外紧密结合的学校法治教育的网络体系。

高校法治教育经常采取的方法有以下几种。

（1）理论教育法

这是一种向大学生传授法律基础理论、法律基本知识和民主法治观念等的方法，帮助大学生掌握法律知识、增强法律意识、增强民主法治观念的教育方法。理论教育法以课堂教学为主渠道，常采用灌输法、案例法、讨论法、双向互动法等，它要求教师鼓励和引导学生主动思考法律思想、法治观念等方面的问题。

（2）实践教育法

法治教育要充分利用第二课堂和社会实践活动，鼓励学生积极参与生动活泼、主题鲜明、直观的法治教育活动，延伸和深化法治教育的理论学习。常采用的方式有举办法律知识竞赛和辩论赛，组织"模拟法庭"，开展法律咨询与服务活动，进行社会调查，法治教育宣传，参观监狱，旁听有关刑事、民事、经济、行政案件审判活动等。

（3）心理咨询法

通过心理咨询、心理治疗以及心理健康教育等形式引导大学生树立积极向上的健康心态，提高学生心理健康水平和心理素质，有助于帮助学生消除不良的情绪，预防和避免因心理问题引发的违法犯罪行为。

（4）网络教育法

利用互联网把社会教育、学校教育、家庭教育有机地结合起来，形成法治教育的网络，发挥整体教育的作用。

2. 道德教育的方法

道德教育必须遵循个体思想品德形成和发展的一般规律，即主体内在的知、情、意、信、行诸要素在发展方向上由不一致到一致，在发展水平上由不平衡到平衡的矛盾运动。

道德教育的具体方法有以下几种。

（1）道德意识提高法

这一方法主要是提高教育对象的道德认知水平和道德评价能力，增强其对社会道德规则的理解和认同，提高其遵守这些规则的自觉性。通过提高人们对道德的理性认识，增强其道德自觉性。道德意识提高法可通过理论与实践教育相结合的教育方法促进教育对象的道德意识由客观认知上升到主体意识和价值观的高度，使道德规范由外在的规则变成"内心的法则"，被人们自觉地遵守和维护。

（2）道德情感培养法

道德情感的培养必须与道德意识的提高结合起来。具体的道德形象能有效地激发人们的道德情感，因此，榜样示范法是道德情感培养的有效方法。通过树立道德榜样，比如雷锋、焦裕禄、孔繁森以及"井冈山精神""抗洪精神"等，把抽象的道德规范具体化、人格化，使受教育者从这些富于形象性、感染性和可信性的榜样中感受到现代道德规范的社会价值。

（3）道德习惯养成法

这种方法就是要有目的、有计划地对受教育者进行长期的教育和培养训练，使社会的道德规范转变成为人们经常性的行为方式和习惯方法。它包括强化道德意识、学习道德行为方式、练习道德行为、模仿道德榜样、克服不良习惯、回避不良诱因、创设道德环境、培养自律能力、锻炼自控意志、坚持道德实践等许多具体方法，道德习惯养成法就是这些具体方法的综合运用。

（4）自我教育法

这种方法指受教育者按照思想道德教育的目的和要求，通过自我学习、自我修养、自我反思等方式，主动接受科学理论、先进思想观念、社会生活规范，提高自身思想认识和道德水平的方法。自我教育分为个体自我教育和集体自我教育。个体自我教育主要指加强自我道德修养，进行自我行为管理，包括自学、反省、反思、自制和自律等具体形式。集体自我教育指集体成员间通过讨论会、演讲会、辩论会、班会等形式相互影响、相互激励、相互促进。

（5）实践锻炼法

实践锻炼法也就是实践教育。实践锻炼的过程就是受教育者把包括思想品德规范在内的理论付诸实践的过程。实践锻炼法的运用要求教育者遵循人类认识的发展规律，根据受教育者的年龄特点、思想实际和道德教育的目的、内容，选择具体的实践方式，比如开展公益劳动、勤工俭学、志愿者服务活动等。通过实践检验，受教育者从实践效果的反馈中，发现并纠正原来不正确的思想、习惯，加深情感体验，增强实践的信心和决心，从而提高觉悟，养成良好的品质。

3. 二者的关系

法治教育的方法具有警示性，即对受教育者起到一定的警示作用，告诫受教育者不得以身试法，否则将受到法律的制裁；而道德教育的方法具有感染性，无论是教育者的说理教育还是受教育者的道德实践，都十分关注受教育者的情感和体验。尽管法治教育与道德教育的方法有所差异，但在许多情况下，相互之间可以通用。

二、大学生法治教育与道德教育的内在一致性

（一）指导原则的一致性：以人为本

1. 以人为本是现代法治精神的核心

"现代法治的核心价值意义就在于确信法律提供可靠的手段来保障每个公民自由地合法地享用属于自己的权利，而免受他人专横意志的摆布，充分发挥社会主体的自主独立性和能动性。"人是法律价值的承载者，只有以人为核心来进行法治教育和开展法治的各项工作，依法维护和保障人的自由和权利，为满足人的各种需要提供制度基础和法律保障，才能形成人们对法律制度的自觉认同。法治教育是人的价值实现的重要途径，它以培养自

愿、自觉的守法精神和培植法律信仰为核心，倡导民主、平等、公平、正义、秩序、效率等现代法治理念，通过造就具有良好法律素质的现代公民来满足法治社会的需要。改革开放以来，我国大力发展社会主义市场经济，不断加强社会主义法治建设，这些都离不开人的自由发展，人的价值开始受到重视。维护公民的人格尊严，尊重和保障人权，满足人的多样性需求，促进人的全面发展也必然成为法律的价值取向。

2. 以人为本是道德教育的核心

道德是人生存的一种方式，从实现人的价值看，道德教育的价值就在于提高、扩展人的价值，改善人的道德生活，实现道德对人生的肯定、引导和提升。现代道德教育具有突出的人学特征，核心思想是促进人的现代化，实现人自身的和谐、全面发展。按照人的全面发展和以人为本的内在要求，高校道德教育要培养人的道德主体性。主体性是人的本质属性，道德主体性的形成与发展，是主客体在相互作用的过程中由主体自身建构的。它主要依赖于主体的学习、思考、体验、体悟、践履等活动，包括积极的外部物质性实践活动和内部的观念性活动，取决于主体自身的积极性、能动性与创造性的发挥。主体性的能动精神不仅使人获得道德知识、道德情感和道德判断力，而且落实在行为上，内化为自身内在的道德素质。高校道德教育坚持以人为本，就是坚持以学生为本，尊重学生的主体地位，调动学生的积极性与创造性，把代表学生的根本利益，促进学生的全面、和谐发展，作为道德教育的根本宗旨。以学生为中心，是以人为本理念的体现，符合受教育者全面发展的规律，目的是为全面提高学生的综合素质，培养学生的创新能力、实践能力和创业能力创造一个良好的环境。"无论从社会发展的要求，还是从道德的实践主体本质，或从教育培养能独立思维、有创新精神、有自主意识和自觉行为的个体来讲，以人为本，促进人的全面发展是新时代道德教育的核心思想。"

（二）社会价值的统一性：政治价值、经济价值、文化价值的统一

法治教育与道德教育都具有社会功能，二者在政治价值、经济价值、文化价值上具有一致性。

1. 法治教育和道德教育具有共同的政治价值

即通过培养具有特定思想政治素质的受教育者，维护社会政治稳定、推动政治发展。政治价值在法治教育与道德教育的社会价值中居于首要地位，起着主导作用。它的主要内容包括巩固政权、传播政治意识、引导政治行为、造就政治人才、调和政治关系等。高校

的法治教育与道德教育以马克思主义的意识形态为主导，通过传播占统治地位的政治思想、道德规范和法律规范，系统地对学生进行主旋律教育，其中包括共产主义理想教育，社会主义、爱国主义思想教育，集体主义教育以及社会主义法治观教育、道德观教育等，培养大学生坚定正确的政治方向，提高学生的政治判断力、鉴别力和选择力，促使学生发展政治参与的意识，形成较高的思想政治素质，从而更好地参与政治生活，形成和谐的政治关系。

2. 法治教育与道德教育的经济价值

指法治教育与道德教育具有调动受教育者的积极性，促使其主动参与经济建设，促进社会经济增长和发展的作用，即推动社会生产力发展的精神动力价值。法治教育与道德教育有助于大学生牢固树立建设中国特色社会主义的共同理想，提高社会主义觉悟，为其未来参与经济建设，坚持社会主义性质和方向提供可靠的保证。而且，法治教育与道德教育能够培养大学生的非智力因素，提高自身的思想道德素质、法律素质和心理素质，激发学生的主体意识，帮助他们树立自由竞争、优胜劣汰、平等互利、等价有偿、诚实守信等市场经济意识。法治与道德教育可以对大学生进行心理调适、情绪调控、人际关系调适和利益调节，教育学生树立正确的利益观念，正确处理国家、集体、个人三者之间的关系，引导大学生理性地追求个人利益，将来通过诚实劳动、合法经营、科技致富等途径获得物质利益，从而形成奋发向上、开拓进取、崇尚奉献的良好氛围，形成有利于经济发展的道德环境和社会心理环境，为经济主体提供精神动力和道德激励，从而推动经济发展和社会全面进步。

3. 法制教育与道德教育的文化价值

法治教育与道德教育作为社会意识形态的组成部分包含于文化之中，其价值体现在文化传播、文化选择和文化创造方面。作为人类特有的精神生产方式，法治教育与道德教育担负着更新人的思想观念、锻造人的精神品格、调节人的心理、激发人的创造潜能等重要使命。从某种意义上说，法治教育与道德教育的过程就是政治文化（包含法律文化）与伦理文化的传播过程，其目的就是要实现个体的政治、道德社会化。高校的法治教育与道德教育把培养学生的爱国主义情感、弘扬民族文化和民族精神放在首要位置，在经济全球化的时代背景下，旗帜鲜明地倡导中国特色的社会主义文化，充分发挥它们在思想政治教育方面的价值导向作用，引导舆论方向，净化精神领域。在文化交流日益频繁、意识形态渗透日益深入的背景下，法治教育与道德教育要发挥其文化选择的作用，帮助大学生树立正确的文化观，提高文化选择的自觉性，引导大学生在中西文化交流和冲突中正确进行文化选择和合理吸收。同时，法治教育与道德教育在传播政治文化、伦理文化的过程中，还要不断地对其进行整理、组合，并以最恰当的方式传递，充分发挥其文化创造的功能。

（三）教育目标的一致性：促进大学生全面发展

马克思主义人学把人的发展作为其理论的核心，认为社会的一切进步与发展离开人都无法实现，人的自由和全面发展是社会发展进步的标志。

1. 人的全面发展是法治教育的最高价值目标

法律是由人创造的，是人为自身制定的行为规则。从法律的起源看，它是人类社会发展到一定阶段的产物，是基于人类社会不断进步与发展的需要而产生的；从法律的历史演进过程来看，它以人权和人的全面发展为价值导向，匡扶正义、扶危济弱，确保和维护人的个性发展的自由空间，实现社会的安定有序发展。因此，法律必须承载着人类社会的基本价值。从根本意义上说，人是法律的目的，法律必须为人服务，以促进人的全面发展为最根本的价值指向。

2. 人的全面发展是道德教育的最终目标

道德是人类在改造自然和改造社会的实践活动中自觉需要的产物，是个体生存和发展的内在本质追求。道德本身不是目的，而是达到实践主体之目的的手段。马克思主义者认为，道德不是外在于人、强加于人的东西，而是内在于人，是人们自我肯定、自我发展、自我实现的一种社会形式。道德直接指向发展人的潜能、解放人的个性、创造人的生活，因而具有强烈的目的性，即服务于人的不同层次的需要，为了人的全面发展。

（四）性质相同：共同归属于思想政治教育

思想政治教育是社会或社会群体用一定的思想观念、政治观点、道德规范对其成员施加有目的、有计划、有组织的影响，使他们形成符合一定社会、一定阶级所需要的思想品德的社会实践活动。思想政治教育的根本目的是不断提高人们的思想政治素质，促进人的自由和全面发展。要达到这一目标，思想政治教育的内容应该包括以下五个方面：世界观教育、政治观教育、人生观教育、法治观教育、道德观教育。

社会主义法治观教育是对人们进行社会主义民主与法治教育，使人们正确认识社会主义民主，正确行使民主权利，自觉遵守国家法律和纪律，维护社会主义的法治秩序。教育部、司法部联合发布的《加强学校法治教育的意见》明确规定："学校法治教育是学校德育的重要内容。"《中国普通高等学校德育大纲》提出的德育目标之一是："树立社会主义民主法制观念，自觉维护和遵守中华人民共和国宪法和法律；正确行使法律所赋予的民主权利，自觉履行法律所规定的义务，知法、守法、用法，维护学校和社会稳定。"因此，法治教育是思想政治教育的重要内容，在思想政治教育中起着基础的作用。

道德观指人们对道德的根本看法，是个体理性、情感和实践的有机结合，具体包括道德认识、道德需要和道德行为三方面的内容。道德观教育就是通过传授道德知识，提高受教育者的道德认识、升华道德情感、增强道德信念、强化道德行为的一种活动。对大学生进行道德观教育，就要认真贯彻《公民道德建设实施纲要》，以为人民服务为核心、以集体主义为原则、以诚实守信为重点，广泛开展社会公德、职业道德和家庭美德教育，引导大学生自觉遵守爱国守法、明礼诚信、团结友善、勤俭自强、敬业奉献的基本道德规范，并引导大学生从身边的事情做起，从具体的事情做起，着力培养良好的道德品质和文明行为。而共产主义道德教育、社会公德教育、职业道德教育、恋爱婚姻家庭道德教育，一直是思想政治教育的重要内容。因此，道德教育是思想政治教育必不可少的一个重要组成部分。

在社会上层建筑体系中，道德观和法治观都属于思想道德体系，而非法律体系；在现代化建设中，两者都属于精神文明建设，而非政治文明建设。两者都是为了培养人们的责任意识、规则意识。对大学生进行的马克思主义法治教育与道德教育都是马克思主义理论的重要组成部分，有助于大学生养成自觉遵守道德要求、自觉遵纪守法的意识。二者共同归属于思想政治教育。

第三节　法治教育与道德教育相结合的原则与机制

一、树立德法结合并重的教育观

道德和法律是人类社会关系的两种重要调控方式。道德对于人的良好品格和价值观的形成起着重要的塑造作用；法律为社会的发展提供了一种更强有力的社会规范调控体系，对人的权利的实现、道德义务的履行起着重要的保障作用。道德的内化机制和法律的外化作用共同促进了人的全面发展和社会的稳定，推动了人类文明的历史进程。纵观东西方法律与道德文化发展的历程，我们可以看出，中国传统上重德轻法，重义务轻权利，一直强调道德对人的发展的重要作用，甚至以道德代替法律来调控社会，导致人们普遍法治观念淡薄、法律意识模糊；与之相反，西方国家重法轻德，重权利轻义务，一贯以法律作为调节人的行为的主要准则，不可避免地造成了当前西方道德的普遍危机。这表明，人类社会的健康发展在一定程度上有赖于道德与法律的共生互动而构成的复杂系统和完善的脉络体系。道德与法律的结合可以使道德的内化作用与法律的外在制约作用互补整合，为整个社会营造一个良好的道德法律环境，更好地实现人的全面发展。

"依法治国"与"以德治国"的并重、结合体现了社会发展对道德和法律的双重渴求，以及公民对道德与法律的双重需要。坚持"依法治国"和"以德治国"相结合，要求高校必须加强法治教育和道德教育，把思想道德素质和法律素质的提高共同融入思想政治教育中：通过加强对大学生人生观、价值观、道德观的教育，使其在遵循基本的道德义务的基础上追求更高层次的道德境界，成为一个道德高尚的人，成为社会主义事业的合格建设者和可靠接班人；通过加强对大学生民主法治的教育，使其从理论和实践上搞清民主与法治、民主与集中、自由与纪律、权利与义务的关系，增强民主意识、公民意识和国家主人翁意识，牢固树立法治观念，以实际行动自觉维护国家的长治久安。

二、确立法治教育与道德教育有机结合的原则

法治教育与道德教育是思想政治教育的重要组成部分，当然应该遵循思想政治教育的基本原则。但是，将法治教育与道德教育相结合的思想引入思想政治教育，就要对这些基本原则进一步完善和发展；同时，法治教育与道德教育都有各自特定的教育内容，二者的结合必须确立与之相适应的原则。

（一）教育性与管理性相结合的原则

教育性指教育者通过理论灌输、思想引导、榜样示范等教育手段使受教育者形成社会所期望的思想政治观念。管理性指教育者借助法律法规、行政命令、规章制度、校规校纪等管理手段来规范受教育者的行为。教育性与管理性相结合的原则，指在高校思想政治教育中，既要采取说服教育的手段对受教育者晓之以理、动之以情，又要采取强制性的手段对受教育者的行为进行规范，二者并用，相互结合，相互促进，以更好地取得思想政治教育的实效。

（二）先进性与广泛性相结合的原则

先进性指高校在进行思想政治教育工作时，一定要把代表中国先进文化前进方向的思想、政治、道德、法律观念传达给受教育，引导其思想向着高层次的理想追求。广泛性指受教育者在思想、政治、道德、法律的实践要求上，要充分考虑社会发展现阶段大多数人所能达到的水平，确立现阶段应守持住的底线。先进性与广泛性相结合的原则，是以德治国与依法治国相结合的思想在高校思想政治教育中的具体体现，是法治教育与道德教育相结合所必须坚持的原则。

德治与法治相结合体现出规范人们行为的层次性，这就要求高校在进行思想政治教育的过程中，坚持先进性与广泛性相结合的原则，把道德教育的先进性要求与法治教育的广泛性要求相结合。一方面，以先进性为引导，把共产主义的理想、公而忘私的崇高精神、舍己为人的崇高品格等代表中国文化前进方向的思想传递给学生，以高尚的精神塑造其理想的人格；另一方面，以广泛性为基础，把社会主义的共同理想、为人民服务的思想、集体主义的原则，以及爱国守法、诚实守信、团结合作、敬业奉献等适应现阶段社会主义市场经济发展且大多数人都能达到的思想道德准则，作为对大学生的基本要求。坚持广泛性，才能守住基本的思想道德底线；坚持先进性，才能有更高的理想和追求。只有坚持先进性与广泛性相结合的原则，才能脚踏实地、循序渐进、立意高远，培养出建设中国特色社会主义所需要的有理想、有道德、有文化、有纪律的"四有"新人。

（三）他律性与自律性相结合的原则

他律性是法律的突出特征。法律是由国家制定与认可的，主要调整人们的外部关系，要求人们的行为绝对服从它的规则与命令。法律要产生社会功效，必须借助国家意志的"他律"。而自律性是道德的重要特点。柏拉图曾说："德性是心灵的秩序。"也就是说，道德主要支配人们的内心活动，人心灵中的道德观念是人生的指南针，决定着一个人的价值目标、价值取向、生活方式、行为方式等。因此，法律可以称为他律的规则，道德可以称为自律的规范。从一般意义上讲，属于"他律"的法律与"自律"的道德要得到实现，公民都不可能自发做到，必须依靠公民道德教育与法治教育的结合。长期的法治教育可以使受教育者具有较高的法律素质、清醒的法律意识、坚定的法律信仰，对法律产生一种深刻的道德认同感，认为法律必须遵守并养成遵守法律法规的习惯。这时法律的外在强制的

"他律"就转化成为遵守法律的"自律"。

道德自律指道德主体依靠自身内在的约束力，自觉地按照道德原则的要求对自己的行为习惯进行自我调控、自我约束，或者把外在的道德规范转化为自身的道德行为。道德的"自律"主要依靠道德主体自身的内在动力、主观能动性、自觉性、主体性。道德教育使道德主体形成内在的道德良知、道德判断力和道德意志力，并最后表现为主体的自觉的道德行为。因此，只有通过法治教育把法律规范内化为个体的守法行为习惯，才能实现对个体行为的外在强制的"他律"；只有通过道德教育，把社会道德统一内化为公民的个体道德，才能实现个体的"自律"。法治教育与道德教育的结合，能够实现教育在功能上的强制与自觉、有形与无形、他律与自律的结合，更好地达到思想政治教育的育人效果。

由此可见，他律性是实现自律性的必要条件和必经环节，自律性是他律性所追求的必然结果，他律性与自律性是对立统一的，二者相辅相成，相互转化。要实现法治教育与道德教育的有机结合，必须坚持他律性与自律性相结合的原则。

（四）主导性与主体性相统一的原则

主导性和学生主体性相结合是思想政治教育应遵循的一个原则。在思想政治教育中，教育者与受教育者都是具有主动性、能动性和个性化的人，都具有教育的主体性。二者之间不是主体与客体的关系，而是主体与主体之间的关系。即从"教"的角度看，教育者是对受教育者施加影响的主体；从"学"的角度看，受教育者是参与教学的主体，是自我教育和自我发展的主体。因此，思想政治教育的过程就是教育者与受教育者双主体之间双向互动的过程。虽然教育者和受教育者都处于主体地位，但二者发挥的作用并不相同。在思想政治教育过程中，教育者处于支配地位，起着主导作用，设计并控制着思想政治教育的全过程，组织和引领教育对象参加教育活动，使其形成特定社会和阶级所要求的思想品德。因此，主导性是教育者的主体地位在教育活动中的体现。同时，教育者必须把受教育者视为主体，把他们看作有自我意识、有能动作用、有人格个性的独立主体，充分发挥受教育者的能动性、自主性、创造性，不断发展和提高受教育者的思想道德水平。主导性与主体性相统一的原则体现了思想政治教育中对教育者引导责任的强调和对受教育者主体地位的尊重。

三、创新法治教育与道德教育有机结合的机制

（一）领导调控机制

领导调控机制是高校思想政治教育运行机制创新的第一个环节。为了适应新形势，高校要按照中共中央、国务院《关于进一步加强和改进大学生思想政治教育的意见》的要求，把大学生思想政治教育摆在学校各项工作的首位，将法治教育与道德教育纳入学生的整体培养的目标，贯穿于教育教学的全过程，认真落实党委领导下的校长负责制，建立和完善党委统一领导、党政分工合作、各部门相互配合的领导体制和工作运行机制。法治教育与道德教育的结合，需要我们把依法治校和以德治校的思想渗透到领导机制的创新研究中。

第一，高校要按照依法治校和以德治校的要求，根据《教育法》和《高等教育法》等有关法律的规定，以学校章程为基础，建立健全高校党委领导下的学校行政全面负责的思想政治教育工作领导管理体制，形成学校党委统一领导、党委和行政共同决策、学校行政全面负责组织实施与管理的工作体系，为法治教育和道德教育的进行提供强有力的组织保障和制度保障。

第二，加强规章制度建设，建立和落实层级责任制。学校各院系和部门要系统制定相关的规章制度，明确各自责任，密切协作，形成教书育人、管理育人、服务育人的良好氛围和工作格局；学校基层党团组织都要根据学校党委的部署安排，认真履行对大学生进行法治教育与道德教育的职责，把管理的各个环节具体规划并加以分解，具体落实到每一个基层组织，做到管理权力、投入、利益、效果责任到人。

第三，高校党委要发挥在依法治校中的领导作用，坚持依法治校；学校各级行政单位要严格依法办事，并建立健全各部门联合协调机制；注意培养各级领导干部的依法办事能力，把法律素养作为推荐、选拔领导干部和晋级的条件；积极支持校内老师、学生的依法维权活动。

第四，党政领导干部要以"德"行政。身教重于言教，各级领导干部更要学习马克思主义理论和践行社会主义荣辱观，不断加强自身道德修养，在领导和组织教育教学的各项活动中以德服人，做以德治教的表率。良好的道德修养是领导干部依法办事应具备的素质，有利于依法治校。

（二）监测预警机制

监测预警机制指高校要依托思想政治教育网络系统，建立监测机制，密切关注并不同层次、不同年级、不同专业大学生的思想动态，及时跟踪变化情况，重视对大学生的思想预测，通过各种信息的收集、整理和分析，从现象中挖掘问题，从苗头中发现问题，使不正确的认识和思想及时得到纠正。同时，建立党委统一指挥、功能齐全、反应灵敏、运转高效的应急机制，以提高保障大学生公共安全和快速处置突发事件的能力。建立大学生思想动态监测预警机制，有利于及时了解和把握大学生的思想状况，使问题早发现、早干预、早解决，以避免事态的发展。

首先，要构建系统的大学生思想动态监测网络。建立监测预警机制最重要的问题是从机制上做到信息畅通。应该建立学校、学院、辅导员（班主任）和宿舍四位一体的完整的监测网络，把思想动态网络覆盖到学校的各个方位，从而保障信息渠道畅通，有利于学校和教师及时掌握学生的思想动态，使得到的信息准确、及时，反馈迅速，使发现的问题及时解决。

其次，建立学生思想动态监测机制。要建立学生信息员队伍，掌握学生思想动态。各级思想政治教育工作者要重视思想监测，深入学生中间，充当其父母的陪读角色，充当其朋友的参谋角色，充当其教师的指导角色。思想政治教育管理者只有融入学生，才能获得准确信息，真正了解学生的思想、情绪、道德风尚与法治意识状况等，实时监测其思想动态。依托学校、学院两级党团组织和学生组织，充分发挥广大学生干部的骨干作用和学生自治组织的主体作用，随时掌握学生的思想动态，及时发现大学生中存在的不正确的、片面的思想认识和一些可能冲击主流价值体系的有害的社会思潮、潜在的违法犯罪意识等，并定期及时向学校汇报，以做到从苗头中发现问题，从现象中挖掘问题，见微知著，将问题处理在萌芽状态。

再次，建立思想动态预警机制。建立起反应敏捷、运转高效的预警机制，及时掌握学生的思想动态，增强工作的预见性、超前性、主动性以及对突发事件的反应敏锐性。要建立大学生在校的思想表现、学习表现、参与团体活动及社会活动情况、违法违纪情况等方面的动态跟踪数据库，将每一个学生的校内校外表现情况都详细记录在案，并进行动态更新，便于思想政治工作者有选择地重点跟踪需要帮助的学生。学校各级党团组织、学工处、辅导员、班委会、学生宿舍，要形成沟通顺畅、运转高效、相互联动、有机结合的思想政治教育合力，把听学生骨干汇报、找学生谈话、定期或不定期走访学生宿舍等作为经常的工作方式，使思想动态监测预警系统真正发挥作用，能对突发事件迅速做出反应，对一些可能发生的不利事件要在发生前就及时制止。

最后，建立思想动态定期报告制度，及时发现并解决问题。思想政治教育者要充分发挥网络监测的作用，对大学生思想动态变化及时监测，及时汇报；通过对各种信息的收集、整理和分析，及时发现学生思想道德上存在的问题，并把解决思想问题与解决实际问题结合起来，如果发现学生在学习上有困扰、家庭有困难，或因失恋而苦恼、为就业而忧心等问题，就及时通过教育引导，解疑释惑，解决学生思想上的问题，同时又排忧解难，帮助学生解决学习成才、健康生活、择业交友、树立正确的就业观等具体实际的问题。一旦大学生对一些热点的政治社会问题看法偏激，或者有可能出现过激行为，或者受西方资产阶级颠覆中国并诽谤社会主义的思潮等影响而一时盲从，甚至发现危害他人安全等行为，就可启动相应的解决预案，将问题解决于萌芽状态。

（三）动力激励机制

激励，作为心理学的术语，指持续激发人的动机的心理过程，具有不断激发、鼓励、推动人的行为，充分调动人的积极性之意。在内容上，激励既包括物质激励也包括精神激励；在形式上，既包括正激励也包括负激励。在思想政治教育中，正激励是对人们先进的思想品德、高尚的道德行为、依法办事的态度等予以肯定，使学生感到他所做的是对自己或集体有利的或能满足自己需要的，从而使这种思想和行为得到保持和发扬光大；负激励，实际上是对人们不正确的思想、不道德和不合法的行为的否定。激励机制的建立可以使思想政治教育者运用多种方法和手段，对受教育的法律和道德行为及其动机进行调节，提高受教育者的自觉性和积极性，使其形成良好的思想道德品质和法律素养。

建立动力激励机制，需要我们坚持以下的原则：

第一，坚持奖惩结合、奖罚分明的激励原则。奖惩激励就是运用奖励和惩罚的手段来调动大学生的积极性或限制其错误行为，发挥激励作用的一种手段。要想使大学生普遍具有高尚的道德和守法意识，教育者必须采用奖优惩劣的机制，使守德者受到褒奖且得利，无德者受到谴责且亏利，即凭借法律及管理规章规定的明示和利益的奖惩机制，促使大学生趋利避害、择善而为。

在法治教育和道德教育的过程中，要发挥奖惩的激励作用，必须做到以下几点：①实事求是，奖惩得当。奖罚要建立在事实的基础上，该奖必奖，该罚必罚，防止乱表扬或乱批评；同时，要设置适度的奖惩标准，量化奖惩的规格，尽可能使奖惩的力度与其行为相符合；要及时抓住奖惩时机，并注意选择适当的奖惩场所。②公平公正，奖惩分明。无论是奖励还是惩罚，都要从学校、院系和广大师生的利益出发，而不是从个人私利、个人私情和个人恩怨出发，做到奖惩分明。③以人为本，奖惩一致。高校奖优惩劣的机制还应本着"以人为本"的原则，对受奖者要提出新的要求，使其戒骄戒躁，不断前进；对受罚者要热忱关心、耐心说服教育，引导其吸取教训，帮助其改过自新。无论是对先进行为的肯定赞扬，还是对违纪行为的否定、处罚，其目的都是为了激励大学生形成正确的思维意识，从而达到全面育人的效果。在进行法治教育和道德教育时，应该通过正激励使教育对象形成良好的道德行为习惯，通过负激励使教育对象遵守法律的规定，正负激励相结合，形成道德教育和法治教育的协调同步发展。

第二，坚持物质激励和精神激励相结合的原则。激励包括物质激励和精神激励，物质激励能够满足学生在一定的生理和物质方面的需求，进而调动学生的积极性，精神激励能满足学生精神上的需要并激发他们的进取精神，二者能满足学生的不同方面的需求。物质激励中包含着精神激励的因素，它在一定程度上是对人们精神世界的一种肯定或否定，是一种价值判断标准。精神激励除了有满足人们的精神需要的作用外，也要以物质利益为基础，才能有效调整人们对物质激励的主观满足程度。因此，在对大学生进行法治教育与道德教育时，要坚持物质激励和精神激励相结合。

第三，坚持个体激励和集体激励相统一的原则。法治教育与道德教育坚持"以人为本"的指导原则，以人为本是以学生个体的发展为目标，这就要求我们在运用激励机制时，针对大学生个体需要的差异性，开展个体激励，以满足个体合理的特殊需求和社会对多样性人才的需求。但是，大学生的需求从整体上看呈现出一致性的特点，且交往、尊重自我的需要占大学生需要的比重较大，因此还应坚持集体激励的方式，并使集体激励的导向与学校育人目标一致，与学生自我发展的目标一致。无论是坚持奖励激励和惩罚激励的结合，还是坚持物质激励和精神激励相结合，都要注意个体激励和集体激励相统一。这样做既有利于调动个人积极性，又有利于增强集体的向心力和凝聚力，还应防止对那些多次受惩罚的人产生偏见。

（四）信息反馈机制

反馈是控制论中的一个基本概念，指"控制系统输出的控制信息作用于被控系统之后，把产生的结果再输送回来，与给定信息进行比较、判断，确定它与预期目标的差距，然后按照此差距采取相应措施进行调节，以消除或减少差距，实现系统预定目标的过程"。信息反馈作为系统调节控制的基本方式，对思想政治教育的系统调节起着决定性的作用。信息反馈机制，指高校思想政治教育的决策机关发出信息，下属各级单位把信息传输到院系、班级、学生，并根据学生思想动态及其行为的变化，及时有效地收集信息，再把收集到的信息返回给决策机关，以便其对思想政治教育决策进行修正和调整。建立有效的信息反馈机制，能够在教育者与受教育者之间建立相互信任、良性互动的关系，使法治教育与道德教育的相关信息在思想政治教育系统中及时、准确、快速传递与双向流动，有利于及时掌握学生思想动态，为思想政治教育的决策者提供依据。

总之，思想政治教育是一个系统的工程，良好的法治教育与道德教育相结合的机制，主要是解决思想政治教育过程中的教育组织、管理内容、管理方法和管理环境等方面的问题。它反映出法治教育与道德教育过程中，思想政治教育系统各侧面、各层次的整体功能及其运行规律，是实现思想政治教育最终目的的中介和桥梁。

第四节　大学生法治教育和道德教育相结合的路径

大学生德、智、体全面发展，既要强调法治教育又要加强道德教育，二者要互相补充，有机结合。大学生法治教育和道德教育相结合是我国高校思想道德教育的本质要求，也是大学生全面发展的必由之路。

一、确立指导思想和基本原则

（一）确立指导思想

依法治国与以德治国是我国的基本国策，大学生法治教育和道德教育是其中一个重要的组成部分，要坚持以依法治国与以德治国为基本指导思想，在具体的高校教育中实现两者有机结合。

我国正处于社会主义初级阶段，依法治国与以德治国的宗旨是为人民服务。依法治国就是依照我国现行法律制度治理国家，一切按照法律规定办事。以德治国的主要内容体现在我国颁布的《公民道德建设实施纲要》中，德治的首要目标是建立起既与我国市场经济相协调，又与我国法律体系相匹配的道德体系。法治与德治是调整社会行为规范的两种主要方式，犹如法律和道德的关系一般，二者既有区别又有联系，这也是法治与德治相结合的可能性与必要性所在。

当代大学生是社会主义建设者和接班人，更是实现和建设社会主义法治国家的中坚力量，要认真学习依法治国与以德治国相结合的指导思想，并应用于日常的学习生活中，将两者有机结合起来，全面提高自身法律意识和道德素养。高校作为培养大学生法治思想和道德修养的重要教育阵地，要认真贯彻执行依法治国与以德治国相结合基本国策，并以此为指导思想制定相关的规章制度、教学内容及教学方法，实现"依法治国与以德治国""依法治校与以德治校"相结合的教育理念。

（二）确立基本原则

法治教育和道德教育是高校思想政治教育的重要组成部分，用思想政治教育的相关原则和方法以及符合两者各自特点的原则和机制指导大学生法治教育和道德教育有机结合，具有理论和实践的双重作用与意义。

第一，广泛性与先进性相结合的基本原则。通过之前分析法律和道德的相互关系可以得知，法律和道德在规范人的行为方面是有层次差别的。法律是人们必须遵守的最低层次的行为规范，要依靠国家机器的强制力来执行；道德则是更深层的要求，主要依靠社会舆论和监督来实施，不具有强制性。换句话说，法律是最低层次的道德，法治教育是底线的公民教育，具有平等性和广泛性。对公民进行思想道德教育，首先要坚持把先进性同广泛性要求结合起来，一切从实际情况出发，着眼多数，鼓励先进，循序渐进。其次要积极鼓励有利于国家统一、民族团结、经济发展和社会进步的思想道德，大力倡导共产党员和各级干部带头实践社会主义、共产主义道德，引导人们在遵守基本道德规范的基础上，不断追求更高层次的目标。最后，对道德教育的先进性追求，要使受教育者在生产与生活中按照道德的要求进行价值定位，从以生命价值、物质利益为主升华为以精神价值为主，从而实现道德教育的最终追求。

第二，自律与他律相结合的基本原则。法律是由国家制定并认可的，调整和制约人们的行为规范。法律要产生社会效力，必须借助国家意志的"他律"才能实现。道德的重要特点是自律性，道德主要支配人们的内心活动，道德观念决定着一个人的人生观、价值观、行为方式等。法律可以称为他律的规则，道德可以称为自律的规范。在现实生活中，属于"他律"的法律与"自律"的道德要得到实现，只依靠自觉性是不够的，只有将法治教育和道德教育相结合，使受教育者具有较高的法律素质、坚定的法律信仰，同时对法律产生一种内在的道德认同感，认为法律是必须遵守的，且养成了遵守法律法规的行为习惯，这样法律的外在强制的"他律"就逐渐转化为自觉遵守法律的道德的"自律"。

第三，用思想政治教育相关原则和方法指导法治教育和道德教育相结合。首先，实行"疏"与"导"相结合，建立"学校—家庭—社会—个人"四位一体的教育体制。疏与导的原则即疏通渠道和引导方向，具体指通过讲道理和摆事实等方式说服行为人，把人们的思想指引到正确的方向，以求得思想认识统一和行动相协调。疏通是引导的前提和基础，引导是疏通的目的和归宿。两者相互联系，相互作用。在高校思想政治教育中，疏导方法是大学生自我教育、自我解放的理论在高校教育中的具体运用。其方法尊重人性的思想特点，反映了思想政治教育的自律性，是高校思想政治教育的基本原则。思想政治教育中的疏与导相结合的原则同样适用于大学生法治教育和道德教育。例如，高校可以通过日常开办法律知识讲座或者道德教育讲座，通过广播电视、报纸网络、校园广播等多种媒体手段，形象生动地告诉大学生现实生活中可能遇到的法律纠纷和矛盾，并向大学生提供有效快速的解决办法。这种"疏导结合"的方法有利于大学生对相关法律知识和道德规范的理解，从而更加有效地运用在日常学习生活中。此外，要把家庭教育、学校教育、社会教育和自我教育紧密结合起来，形成"四位一体"教育模式。家庭的关爱、学校的引导、社会的积极关注以及自我调节，这种全过程的管理、变堵为通的疏导方式，才能使大学生的消极情绪和心理问题得以及时且正确地宣泄和释放，从而大大提高大学生法治教育和道德教育的成效。

高校要利用环境熏陶，构建良好的隐性教育环境，增强法治和道德教育相结合的效果。高校可以利用正确的校园舆论氛围、进步的法律或道德知识、和谐的人际交往关系以及积极有效的心理暗示等"隐性因素"，来向高校大学生传授法治教育和道德教育的课程，并且强化两者的结合。高校要为广大师生创造良好的教育内化环境，增强大学生对法律和道德的归属感、认同感以及尊重，增强大学生的自我调控力和约束力，"从内而外"地建立科学有效的大学生法治教育和道德教育相结合机制。

二、加强高校思想政治建设

（一）贯彻"依法治校，以德治校"的方针

首先，高校党委组织部要充分发挥"依法治校、以德治校"的领导作用。高校党委对高校重大事项负有领导职责，脱离了高校党委组织的"依法治校、以德治校"是不合理的。高校党委在组织和领导依法治校与以德治校相结合的过程中要注意把握好以下几点：依法领导，包括思想领导、政治领导和组织领导；尊重学校行政各个部门的相对独立地位，不虚化和替代行政；为高校做好思想政治引导工作，营造良好的校园文化氛围；注重培养教师和学生干部的依法办事能力并提高其思想道德水平；加强校园法治文化管理，积极引导老师和学生的依法维权行动。

其次，要制定切实可行的学校规章制度，规范校园管理机制。学校规章制度是学校自主发展管理以及约束的基本依据，也是学校接受国家和社会依法监督和审查的重要依据。但是在现实生活中，很多高校的规章制度并不完善，相当一部分学校没有制定相应的规章制度。依法治定规章制度是学校实现科学化和规范化管理的重要环节。如果缺乏具有法治精神和道德约束的科学规范化解决机制，那么当学校的日常管理出现问题时就难以有效解决，这样会影响高校的和谐稳定发展。因此，必须从校园建制入手，实行科学制度化的规范管理，有针对性地解决学生教育过程中存在的问题。如各高校可以针对学生和教师的道德情操和行为习惯养成，建立学生日常管理守则、军训制度以及师德公约等。此外，学校还可以利用网络电子平台建立网络信息平台和网络管理办法。各高校要通过制定一系列科学化、具体化、合法化的规章制度，形成良好、成熟的教育管理机制，保障校园秩序和管理运作。总之，高校管理要认真落实"依法治校"和"以德治校"方针，建立完善的校园规章管理制度，使高校管理逐渐规范化、法律化、科学化。

最后，要依法管理，以德立制。各高校要依据国家法律及学校自身管理制度和体制开展管理工作，同时还要及时吸纳公民道德规范、师德规范以及相关的职业道德要求。各高校要积极开展精神文明建设，将遵纪守法、明礼诚信作为师生应共同遵守的道德规范，让"法治"和"德治"在日常的校园管理中相互融合，相互作用，共同提高高校大学生和教师的法律意识和道德素养，让法治和德治相结合的思想逐渐成为广大师生共同遵守的自觉意识和行为习惯，全面促进高等院校素质教育的和谐发展。

（二）要实现三个"结合"

第一，"德法兼济，寓法于教"，校园"法治"和"德治"相结合。高校对大学生进行法治和道德教育的前提是要正确处理两者之间的关系。大学生的法治教育与道德教育在人才培养中具有举足轻重的地位和作用，必须将两者放在同等重要的位置上，树立两者齐头并进的教育理念。一方面，高等院校要加强对大学生进行法治教育的力度，充分发挥法律对大学生行为的约束力和强制力，使大学生的行为逐渐规范并能从内心接受法律，自觉遵守国家法律法规；另一方面，要加强大学生道德教育，加强道德规范对大学生思想和行为的指导和感化功能，逐渐提高大学生道德素养和道德情操。

第二，高校"第一课堂"和"第二课堂"相结合。这里的"第一课堂"指的是认知教育，即学校按照教学大纲或教育局下发的其他要求对学生进行教学内容的传授，通常指课堂讲学。"第二课堂"指的是实践活动，即学校和教师根据学生不同的个性和特点，通过一系列丰富多彩的课外活动和实践活动，让学生在"主动学习"中增强法律意识和道德素养。各高校在实际的教学活动中要将"两个课堂"相互结合，使二者共同发挥作用。这是由它们的性质决定的。"第一课堂"具有稳定性和系统性，是"第二课堂"顺利进行的基础和保障；"第二课堂"具有灵活性和生动性，是"第一课堂"的升华和补充，是理论走向实践的具体应用。因此要将"第一课堂"和"第二课堂"紧密结合，互为补充、相得益彰。

第三，大学生法治教育、道德教育和心理教育相互结合。对大学生进行法治教育和道德教育离不开对大学生的心理辅导和疏通。近年来，随着社会经济的飞速发展、社会生活节奏的逐渐加快，大学生就业压力大、心理负担重已经成为学校、家庭和社会共同关注的问题。教育部、卫生部和共青团共同发布了《关于进一步加强和改进大学生心理健康教育的意见》，要求高校遵循思想政治教育和大学生心理发展规律，开展心理健康教育，做好心理咨询工作，提高心理调节能力，培养良好心理品质，促进大学生思想道德素质、科学文化素质和身心健康协调发展。通过近年来对大学生犯罪行为的调查和分析可以看出，高校对大学生教育的缺失已经不仅仅是法治和道德教育，还缺乏对大学生心理的及时疏通和辅导。目前在校大学生多数为18~24岁的年轻人，他们正值心理活动的发育期，具有冲动性和不稳定性。加强对大学生正确的心理辅导和治疗，可以有效减少校园犯罪率。更好地让大学生接受法治和道德教育，更有利于校园的和谐与稳定。因此，各高校应建立校园心理辅导机制，设立专业的心理辅导咨询室，定期给学生进行心理健康测试，及时发现和解决学生在学习生活中的心理问题。同时学生也要重视自己的心理健康，遇到困难和挫折时，要对自己进行积极的心理暗示，也可以找信任的老师和同学沟通，及时有效地消除自己的心理障碍。总之，高校要积极建立法治教育、道德教育、心理辅导三者相结合的教育机制，保证学生得到法律知识教育、高尚道德引导以及健康心理辅导的"三重保障"，真正实现大学生健康、快乐、全面的发展。

三、加强社会环境建设

历史经验和现实情况告诉我们，提高大学生法律意识和道德素质需要全体社会成员的共同努力和合作。创造良好的法治环境和建立高尚的社会道德规范对提高大学生法律和道德修养至关重要。

（一）完善家庭教育、提高家长素质

家庭是社会的细胞，是孩子的第一个学校，家长是孩子的第一任老师，家长的言行举止和道德修养对孩子性格和习惯的养成会产生深刻的影响。良好的家庭教育和环境是孩子健康成长的重要保障，不好的家庭教育环境会对孩子的成长产生负面影响。首先，要提高和加强家长的法治观念和道德品质。许多家长由于受到社会不良风气的影响，在对待事物和处理事情时不能抱有正确积极的态度。例如，有些家长可能会不择手段追求金钱，甚至利用金钱或职务便利等条件为子女获取不法利益。这些不道德的行为影响到身边的孩子，久而久之就会使孩子形成贪图享乐、不思进取、自私自利的思想品质。这对孩子的成长成才都是极为不利的，甚至会使孩子走向犯罪的道路。其次，家长要重视子女法律意识和道德素养的培养。虽然我国的教育体制还是以应试教育为主，但我们不能忽视对下一代人综合素养尤其是法律和道德素质的培养。毕竟在"德、智、体、美、劳"全面发展中，道德排在最重要的位置。家长在日常生活中要加强自身的道德修养，遵纪守法，用榜样的力量去感染孩子和影响孩子，潜移默化地培养孩子的法律意识和道德素质。家长要明白，留给下一代最好的礼物并不是金钱和地位，而是健全的人格和健康的身心。

（二）树立良好的信用道德和社会风气

良好的社会主义市场经济环境应该是规范有序、诚实守信、公平竞争。经济基础决定上层建筑，只有建立合理合法的经济秩序才能树立良好、公正的社会风气。良好的社会风气是大学生成长成才关键的外部因素，对大学生心理和性格的培养至关重要。首先要大力引导和推进市场信用建设，无论是集体、企业还是个人，都要走诚信正义的道路。同时要加强法律手段惩治违法、违反社会公德的个人或单位，树立社会"正气"，加强大学生对社会主义法治建设的信心。要积极开展社会公德教育，包括遵纪守法、爱护公物、助人为乐、保护环境、诚实守信等。此外，要利用好现代媒体和网络，引导正确积极的社会舆论。大学生学习和生活离不开互联网和电视等媒体，他们每天都要从这些现代媒体中获取大量的知识和信息。网络文化以其自身特有的方式影响和改变着大学生的道德情感和法治观念。净化网络环境也是加强大学生法治和道德建设的重要方式，具体措施有加强法律监督机制、学校规章管理制度和大学生自我约束等。例如《全国青少年网络文明公约》中明确提出"五个不"要求："不浏览不良信息、不侮辱欺诈他人、不随意约会网友、不破坏网络秩序、不沉溺虚拟时空。"国家机关和社会团体通过制定各种法律法规和道德规范，增强学生的法律意识、道德意识、安全意识，从而树立良好的社会道德和风气，对大学生树立正确的法律道德观起到积极作用。

四、强化大学生自我完善

（一）从思想上重视法治教育和道德教育相结合

大学生要从自身角度提高法律和道德素养，首先就要从思想上重视。在平日的学习和生活中，除了要学习好专业知识和专业技能外，也要注重对法律基础知识和道德规范的学习和理解。除在课堂上学习好基本知识之外，还要将理论和实践相结合，将自己学习到的知识运用到实际的学习生活中。例如，可以参加法律知识讲座、辩论赛等，也可以运用学习到的法律知识帮助需要帮助的人，比如，参加"法律下乡"、宣传"普法教育"活动等。同时在日常生活中要严格遵守学校规章制度，遵守社会公德，团结友爱、尊重师长、乐于助人，时刻提醒和严格要求自己，真正做到"德、智、体、美、劳"全面发展。对大学生来说，不仅要认真学习国家各项法律法规和学校规章制度，努力做到知法、守法、护法、尊法，还要探索各项法律法规背后所要体现和表达的法律精神和道德精神。总之，大学生在日常学习生活中要将法律文化与道德文化相结合，内外兼修、全面发展，积极提高自身的法律意识和道德素养。

（二）严格要求自己，增强主观能动性

首先，自觉学习法律知识和道德规范。要想全面认知法律和道德规范，就要提高学习的自主性和自觉性，而不是像以往那样在课堂上被动学习。同时要懂得如何在矛盾发生时或者危险来临时，正确而又有效地化解矛盾和危险，这就要求大学生在日常的学习中注重思考、举一反三、活学活用。同时大学生要注重自己人格的完善和培养，提高自己的道德品格，将遵守法律法规和道德规范逐渐变成自己的良好的行为习惯和高尚的道德品质。

其次，大学生要强化道德自律。责任是产生行动力的源泉，目标是引发行动最直接的动力。大学生要明确自己的责任并确定自己的奋斗目标。当代大学生肩负着建设社会主义现代化国家的历史重任，成为道德和智力全面发展的综合型人才是社会对大学生的总体要求。因此，大学生要强化"自我培养"，有目的、有意识地对自己的思想和行为进行调整和控制，增强自己的道德自律。平日也要注意锻炼自己的自律能力，控制自己容易冲动的想法和行为，在法律规范的调控和道德自律的约束下，知道什么该为，什么不该为。总之，大学生要树立注重自我教育、自我要求、自我约束、自我服务的思想意识，并在潜移默化中养成自律的行为习惯。

（三）发扬优秀法治文化和传统美德

中华民族是世界四大文明古国之一，有着悠久的文化和传统美德，其中包含中华民族的思想道德观念、法律观念、思维方式以及价值取向等重要内涵。这些优秀的传统文化不仅是中华民族的灵魂和瑰宝，更是当代大学生提高自己思想道德修养的重要宝库。大学生要加强学习我国的优秀传统文化和美德，全面提高自己的法律素质和道德修养。中国优秀传统文化内容丰富、博大精深，大学生必须继承和发扬这些优秀文化和传统美德，全面提高自己的法律素质和道德修养，为建设社会主义现代化贡献力量。

第四章　以社会主义核心价值观推进高校法治文化建设

第一节　社会主义核心价值观与高校法治文化建设

一、准确把握社会主义核心价值观的时代命题

社会主义核心价值观这一概念包括4个递进的逻辑序列，即价值—价值观—核心价值观—社会主义核心价值观。4个概念的外延逐步收缩，内涵却逐步丰富。价值是一个标示着主客体关系的范畴，指在具体的社会历史实践中客体对于主体的积极意义，这种意义既可以是物质层面的有用性，即"功利价值"，也可以是"超功利的道德、审美"等。价值观是人对价值的本质性认识及对人和事的价值评价，涉及评价的原则、标准和方法等，它同世界观和历史观是一致的，对人的行为起着规范和导向作用。核心价值观是某个时代占统治地位的价值观，在阶级社会，"统治阶级的思想在每一时代都是占统治地位的思想"，同样，核心价值观也是某个时代的统治阶级的价值观，但统治阶级会动用各种途径将其转化为整个社会的价值观，故而它也就成为"一个社会最根本、最必不可少的，也是最集中反映该社会价值取向的价值观"，具有时代性、根本性、相对稳定性、普遍性、系统化和理论化等特征，"是一个民族赖以维系的精神纽带，是一个国家共同的思想道德基础"，是其"最持久、最深层的力量"。

社会主义核心价值观是社会主义在价值上的自我规定，在当代中国则是对中国特色社会主义道路、制度和理论的价值表达，"是对什么是社会主义、为什么选择社会主义、建设什么样的社会主义、怎样建设社会主义等根本问题在价值论层次上的本质反映"。它同建立在封建私有制和皇权本位基础上、以儒家"忠孝仁爱礼义廉耻"为纲目的中国封建主义核心价值观，建立在资本主义私有制和个人本位基础上、以"人权、自由、民主、平等、博爱"等为主干的资本主义核心价值观存在原则性差别，这种差别源自社会形态上的

根本异质性。在此意义上，社会主义核心价值观也就是"社会主义主流意识形态的本质和核心"，"由具有鲜明社会主义特色的价值信念、价值信仰、价值目标、价值观念、价值规范等维度组成并发挥正向性行为导向的多维度多层次的心理倾向系统"。

中国共产党历来重视核心价值观建设。从新民主主义时期的建立"独立、自由、民主、统一、富强"的新国家理想，到1949年后提倡的以集体主义、爱国主义和社会主义为主题的价值观培育及"五讲四美三热爱"的道德实践，从改革开放后确立的"富强、民主、文明"的社会主义现代国家目标和"两手抓、两手硬"方针，到第三代中央领导集体出台《公民道德建设实施纲要》、提出以社会主义思想道德体系为核心的"以德治国"方略，都充分见证了中国共产党在革命、建设时期建设和引领核心价值观的重大努力。在党的历史上，十六届六中全会首次提出建立社会主义核心价值体系，并将社会主义核心价值观作为其内核。

经过广泛征集意见和建议，党的十八大确立了"三个倡导"的核心价值观：倡导富强、民主、文明、和谐，倡导自由、平等、公正、法治，倡导爱国、敬业、诚信、友善。它集中表达了当代中国的价值诉求，精确"回答了我们要建设什么样的国家、建设什么样的社会、培育什么样的公民的重大问题"，"把涉及国家、社会、公民的价值要求融为一体，既体现了社会主义本质要求，继承了中华优秀传统文化，也吸收了世界文明有益成果，体现了时代精神"。

社会主义核心价值体系和社会主义核心价值观既有联系又有区别。联系首先表现在两者本质的一致性，都体现了社会主义意识形态的本质要求，是"对同一问题——社会主义核心价值问题的两种不同概括"。其次是两者逻辑的递进性，前者在指导思想、奋斗目标、道德基础等方面为后者提供基础，后者则是对前者的凝练和升华，构成其精髓和灵魂。区别在于，前者的外延更大，是一个包括一般价值、基本价值、最高价值和核心价值在内的多级价值体系，具有原则性和指导性，后者外延较小，仅指价值体系的核心部分，与前者相比，它"更加突出核心要素、更加注重凝练表达、更加强化实践导向"。

还须指出，24字核心价值观实质是中国特色社会主义的核心价值观，它是社会主义一般价值观同当代中国实践的特殊价值需要相结合的产物，反映的是我国在社会主义初级阶段的核心价值追求，而不能将其泛化为或直接等同于整个社会主义社会的核心价值观，因为每个时代的核心价值观都具有时代特征。

在国家治理现代化语境中，社会主义核心价值观的内涵主要有三方面的延展。

首先，它被进一步赋予了手段意义，从而实现了目的意义和手段意义的统一。社会主义核心价值观作为价值理想和追求，本身是一种目的性存在，为国家治理的各项工作提供价值遵循、共识和资源，但同时，由于价值治理是"国家治理的重要领域和国家治理能力的重要构成"，所以作为价值治理重要方面的核心价值观便具有了手段意义。正是在其双重意义上，习近平总书记一方面要求"推进国家治理体系和治理能力现代化，要大力培育和弘扬社会主义核心价值体系和核心价值观"，另一方面又强调"培育和弘扬核心价值观，是国家治理体系与治理能力的重要方面"。

其次，社会主义核心价值观作为国家治理的重要内容和形式，取得了理论形态和实践形态的统一。核心价值观"是系统化、理论化、成体系，并且是深刻而凝练的"。但要真正发挥作用，它就不能只是作为理论和话语形态存在，而必须融入社会生活，化为人的自觉行动。事实上，任何时代的核心价值观都是理论和实践的统一，如封建社会的"孝"就不单是道德说教，而是通过各种仪式和礼制转化为实践。社会主义核心价值观的实践形态在国家治理现代化条件下具有当代中国的特殊规定性。所以 24 字核心价值观提出之后，不能仅仅说在嘴上、写在纸上、画在墙上、挂在路上，更要与"日常生活联系起来"，通过各种方式和途径去"培育和践行"，"让人们在实践中感知它、领悟它"，使之"落细、落小、落实"。

最后，在上述基础上，社会主义核心价值观的内涵获得了静态维度和动态维度的统一。既然价值治理是国家治理的重点领域和重要方式，那么就不能仅从内涵、外延、特征等静态维度理解社会主义核心价值观，更要从价值治理的动态维度把握其在具体现实中的实际含义。因为它们不只是概念，而是"民族特色、时代内涵、制度属性和实践要求的有机统一"。例如，对于"公正"，就不能仅仅满足于用概念分析法给它一个逻辑周延的字面定义，更要追问"公正"在今日中国具体的政治经济生活情境中到底意味着什么，以何种制度设计、何种治理方式实现它。从习近平总书记关于"努力让人民群众在每一个司法案件中都感受到公平正义"的重要讲话中，我们能深切地感受到对公正的这种动态化理解。

二、充分发挥社会主义核心价值体系的引领作用

引领，指能够指引事物发展方向的个体或群体。既然能够起到引领的作用，那么作为引领者必须具备一定的超越性、包容性和可信性，才能够整合、吸引事物受其引导。社会

主义核心价值体系就是这样一个在当代中国具有主导价值观地位的思想体系，对我国当前经济基础条件下的每一位社会成员的价值目标、价值标准、道德品质等方面都提出了集中要求，以其强大的包容力、统摄力成为连接各民族、各阶层的精神纽带。社会主义核心价值观必须以社会主义核心价值体系为引领，并将其贯穿于每一位社会成员的价值观的形成、凝练和培育。

核心价值观培育的关键问题在于什么样的价值观是正确的、什么样的价值评判标准是科学有效的、什么样的价值目标才是有意义的，而社会主义核心价值体系回答了在当前的历史条件下，社会主义意识形态应该以何种精神面貌、遵循何种行为准则、朝着什么目标前进的重大问题，为全社会核心价值观的内容凝练提供了借鉴和要求。

社会主义核心价值体系引领功能的发挥场域主要是在精神层面，即主要引领社会精神生活，并通过精神生活的引领来促进人的发展和社会进步。引领人的精神发展，是社会主义核心价值体系引领功能在微观层面的体现。社会发展进步归根结底在于人的发展，而在人对社会发展的作用中，人的思想精神对社会发展的意义尤为重要。人的精神发展需要社会提供一整套观察世界、判断事物的基本标准，需要主流价值观念与先进文化的引领。社会主义核心价值体系作为社会主义制度的内在精神和生命之魂，是当前中国的主流意识形态。社会主义核心价值体系提供了社会和谐发展所需要的文化认同和价值追求，对国民的精神发展与建构有重大的引领作用。

在核心价值观的目标建构上，以马克思主义科学理论作为指导思想，在核心价值观的建构中起着方向性的引领作用；在核心价值观形成初期，社会主义核心价值体系起着熏陶引导作用；在核心价值观形成时期，社会主义核心价值体系起着教育引领作用；在核心价值观已基本形成时，社会主义核心价值体系起着精神归属作用。马克思主义理论、爱国主义和时代精神、社会主义理想和社会主义荣辱观，一直以来都是社会思想的主流，已经深入人心，社会主义核心价值体系将这些内容核心加以提炼，在科学而有力的舆论氛围、文化辐射、政策激励和制度安排下，既能引领民众的思想又能服务群众，具有强大的向心力和凝聚力。因此，在这种氛围下，人们价值观形成初期就会受到社会主义核心价值体系潜移默化的影响，在为人处事上不自觉地就会存有主流价值观的痕迹。

每一个个体、群体都有自己的价值观，有的与社会主义核心价值体系保持一致，也有的与核心价值体系不相容，甚至相背离。

因此，在新时代，我国迫切需要社会主义核心价值体系来提升人民大众的价值判断和道德水准，促进健康价值观的树立。"价值观是关于价值的一定信念、倾向、主张和态度的系统观点。起着行为取向、评价标准、评价原则和尺度的作用。"价值观直接决定人的价值追求和选择。要发挥社会主义核心价值体系对核心价值观的引领作用，就要帮助大众确立积极的价值取向。具体可以分为四个方面：

首先，以马克思主义指导思想引领正确的政治价值观。在多元化背景下，引导高校学子运用马克思主义指导思想来认识复杂的社会现象，坚持马克思主义基本原理同中国的具体实际相结合，正确认识和把握社会发展规律，增强马克思主义的价值认同，坚定中国特色社会主义信念。

其次，以中国特色社会主义共同理想引领明确的人生价值观。建设中国特色社会主义是当今社会的共同理想，是当代中国发展进步的伟大旗帜。加强中国特色社会主义共同理想教育，帮助人们特别是大学生正确分析和认识当前社会发展过程中的矛盾和冲突，使他们把个人理想与社会理想有机统一起来，激发建设中国特色社会主义的政治热情和精神力量，增强责任意识。

再次，以民族精神和时代精神引领丰富的精神生活。引导青年学生树立以爱国主义为核心的民族精神和以改革创新为核心的时代精神，以推动中华优秀传统文化的继承，使人们自觉树立责任感、承担历史使命，在多样化的思想观念和社会思潮面前坚持正确的价值取向，推动社会主义核心价值观的有效培育。

最后，以社会主义荣辱观引领高尚的道德价值观。爱国主义、集体主义和社会主义思想，集中反映了中华民族的传统美德，是不同社会群体最基本的价值取向和行为准则。社会主义荣辱观为社会成员判断行为得失、做出道德选择提供了标准，让人们学会分善恶、判美丑、知荣辱。

三、社会主义核心价值观融入高校法治文化建设的意义

2016年10月，中央全面深化改革领导小组第二十八次会议审议通过《关于进一步把社会主义核心价值观融入法治建设的指导意见》，强调"把社会主义核心价值观融入法治建设，是坚持依法治国和以德治国相结合的必然要求"，要将社会主义核心价值观融入法治国家、法治政府、法治社会建设全过程，融入科学立法、严格执法、公正司法、全民守法各环节，把社会主义核心价值观的要求体现到宪法法律、行政法规、部门规章和公共政策中，以法治体现道德理念，强化法律对道德建设的促进作用，推动社会主义核心价值观

更加深入人心。随后，中共中央和国务院办公厅印发该《意见》并要求各地区各部门认真贯彻落实。通过研究我们认为，中央精神不仅是让社会主义核心价值观融入法治建设，其"全过程""各环节"等关键词表明是"全面地融入"，这种全面融入是法治在社会主义制度中的价值净化和崇高化过程，体现了法治的社会主义属性。

核心价值观是一个社会的道德底线和价值基础，所以习近平总书记要求"把培育和弘扬社会主义核心价值观作为凝魂聚气、强基固本的基础工程"。该工程的基础意义对于当前中国法治建设更显突出。现代法治是建立在社会成员普遍的法律信仰之上的，而信仰的源泉是处于文化深层的价值观。我国法治建设虽已取得巨大成就，但也存在突出问题，特别是当落实到具体的立法、执法、司法、守法等实践环节时，效果欠佳乃至有时走样变形，其中一个重要原因是，我们的法治缺少法治文化的支撑和价值观的滋养。将社会主义核心价值全面融入法治建设，"有助于使法治成为一个'本土化''民族化'的精神符号，加强民众对法治的理解和接纳，最终使敬法、遵法、守法成为全社会的思想共识"。

社会主义核心价值观与高校法治文化建设是高校治理现代化的两大抓手，就实质而言，前者是"以德治国"逻辑的当代延续和创新，破解社会主义核心价值观与高校法治文化建设的关系问题，其实就是在当代历史格局和境遇中深化解决"以德治国"与"依法治国"的关系问题。尽管社会各界多年来一直在提"以德治国"与"依法治国"相结合，但实事求是地说，两者到底为什么结合、怎样结合，在理论上我们并未讲深、讲透，致使结合往往停留于口头上。如果说"结合"是使两种事物通过某种方式和中介建立外部联系但尚未实现真正的身心交融，那么今天提出的全面融入模式则是力图推进这一问题的解决。

"法律只有体现社会道德的要求，只有与全体社会成员共同追求的价值理念和目标取向相一致，才能具有持久的约束力和生命力。"高校法治文化建设的理想目标是实现校园和谐发展，培养高素质人才。这些都须通过价值观的引领来实现。良法之"良"，善法之"善"，既是一种以人文关怀为起点的应然期待，更是一种以秩序构建为落点的价值要求。党的十八大以来，中央不仅出台《关于培育和践行社会主义核心价值观的意见》《关于进一步把社会主义核心价值观融入法治建设的指导意见》，而且以习近平同志为核心的党中央也在多个场合密集发声，力推社会主义核心价值观走进当代中国的火热实践、融入人民群众的多彩生活、落到方方面面的工作中，所以，当前中央的意志和决策为社会主义核心价值观全面融入高校法治文化建设的可行性奠定了政治前提。

社会主义核心价值观融入高校法治文化建设有利于在高校中践行社会主义核心价值观。在高校中践行社会主义核心价值观能够促进大学生成才，也是实现中华民族伟大复兴中国梦的伟大支撑。以社会主义核心价值观推动高校法治文化建设，可以为高校进行培育和践行社会主义核心价值观提供一个广泛的参与平台，丰富和拓展社会主义核心价值观教育的实现方式。大学生所掌握的知识相对丰富，能够更好地理解和接受社会主义核心价值观的要求。国家的未来在于广大的青年学生，这要求我们在具体的实践过程中，不仅要积极加强对相关知识的学习，同时也要积极参与相关的社会实践活动，更好地推动社会主义核心价值观在具体生活中的运用。

社会主义核心价值观融入高校法治文化建设也有利于社会主义核心价值观的培育和弘扬。社会主义核心价值观的价值养成需要从小就养成这种思维习惯，覆盖到所有学校和受教育者，形成学校的课堂教学、社会的社会实践、校园文化多元融合的教育平台。要践行社会主义核心价值观，只有人们真正理解了社会主义核心价值观的要求，同时能够以社会主义核心价值观的要求来指导自己的生活，这样社会主义核心价值观才能够真正在社会中得到普及，核心价值观的认同与普及是整体工作的第一步。学校需要丰富的实践载体、广泛的参与路径，以此来丰富社会主义核心价值观的实现形式，扩大社会主义核心价值观的传播、促进社会主义核心价值体系宣传教育的实际效果。高校在整个社会群体中占有十分重要的地位，高校是人才与知识的聚集地，加强核心价值观在高校的普及与认同，在整个国家培育社会主义核心价值观的工作中占有重要地位。

社会主义核心价值观融入高校法治文化建设更有利于提升高校文化软实力。高校校园文化建设的重要部分之一是高校法治文化的建设，包括隐性的理念文化和显性的制度文化，主要是要提高广大师生的法治意识，为社会培育更优良的人才，它与学校的历史文化、社团文化、办学精神、人才培养目标等互为一体。高校法治文化融合于整个价值观普及与培育工作的各个方面，它与校园文化的建设相辅相成、殊途同归。在高校推进法治文化建设过程中，广大师生也在无形之中形成了平等、民主、法治的思想理念，懂得了要重视法律的作用，增强遇事找法、化解矛盾靠法的法治意识，也提升了高校各个领域的规范性。

年轻人尤其是青年大学生是党和国家的未来，是实现中国梦的中坚力量，是推进依法治国的主力军。全面推进依法治国需要全社会共同参与，需要全社会增强法治观念，必须在全社会弘扬社会主义法治精神，建设社会主义法治文化。高校是人才培养的主阵地。我们必须加强校园法治文化建设，使青年大学生在多种途径下形成和涵养自身的法治精神，知法守法。我们更需要在现实生活中自觉遵守价值观的要求，自觉参与到校园法治文化的建设与传播中去，夯实人才培养基础工程。

第二节　社会主义核心价值观与高校法治文化建设的融合发展

习近平总书记强调，社会主义核心价值观本质上是实践的，其根本生命力也在于其实践性。一种价值观要发挥其作用，必须融入生活，化内在为精神追求，外在为自觉行动。高校法治文化指由法治价值、精神、理念、思想、理论等组成的社会主义法治意识形态，以及与之相适应的制度和组织结构。在我国语境下，高校法治文化应当是特指中国特色社会主义高校法治文化。高校法治文化的建设与社会主义核心价值观的培育和践行密不可分，而加强高校法治文化建设也对社会主义核心价值观的培育和践行有着实质性的意义。社会主义核心价值观和高校法治文化是内在联系、有机统一的，应一体推进，两者有着很大的契合性。

一、高校法治文化与社会主义核心价值观的契合性

（一）高校法治文化与社会主义核心价值观内涵上的统一

法治是社会主义核心价值观的基本价值要素，高校法治文化的价值包含于社会主义核心价值观之中。我国所倡导的高校法治文化是包含着自由、平等、民主、正义、和谐、秩序等多方面丰富价值的，具有强烈价值取向特色的价值观念。这些价值观念又被社会主义核心价值观所包含。富强、民主、文明、和谐是社会主义高校法治文化的总体目标，自由、平等、公正、法治是社会主义高校法治文化的核心精神，爱国、敬业、诚信、友善又是培养社会主义高校法治文化的源头活水。习近平总书记2014年5月4日在北京大学师生座谈会上明确指出："我们提出的社会主义核心价值观，把涉及国家、社会、公民的价值融为一体，既体现了社会主义本质要求，继承了中华传统文化，也吸收了世界文明有益成果，体现了时代精神。"社会主义核心价值观是对社会主义本质要求的概括，与社会主义本质有着内在的统一性。高校法治文化作为一种先进文化，是社会主义文化建设一个不

可或缺的重要环节，也是社会生活的重要部分。它在集体主义价值观的指引下，突出和强化学生的地位，具有鲜明社会主义属性。高校法治文化以社会主义核心价值观为指导，体现了社会主义核心价值观，两者有着内涵上的统一性。

（二）高校法治文化与社会主义核心价值观建设功能的互助性

高校法治文化受到社会主义核心价值观的指导，高校法治文化建设是培育和践行社会主义核心核心价值观的重要平台，而完善高校法治文化建设又是培育和践行社会主义核心价值观的重要保障。受到社会主义核心价值观的指导，高校法治文化保持着社会主义属性的特征，使其不丧失根本属性。"要把社会主义核心价值观贯彻到依法治国、依法执政、依法行政实践当中，落实到立法、执法、司法、普法和依法治理各个方面。"培育和践行以"法治"为重要内容的社会主义核心价值观，能够促进良好高校法治文化环境的形成。

而高校法治文化建设的具体进程，是社会主义核心价值观由内在精神到外在行为的重要载体，由国家层面、社会层面、公民个人层面多层次的建设平台来推动社会主义核心观的培育和践行。

习近平总书记 2014 年 2 月 24 日在十八届中央政治局第十三次集体学习中提出："培育和践行社会主义核心价值观，不仅要靠思想教育、实践养成，而且还要用体制机制来保障。"高校法治文化具有自发性，社会主义核心价值观具有自觉性，二者有着具体功能上的差异。高校法治文化精神的引领和其行为的规范贯穿于体制机制中，国家机关、社会组织依法制定的法律规范，能够规范高校法治行为，对于引领社会风尚有着重要作用。高校法治文化制度化建设，将高校的价值理念转变为学生的内心追求，能增强青年学生利用法律维护自身权益的自觉性。随着青年一代主动地知法懂法用法，法律的权威和作用将扩大高校法治文化的影响，有助于社会主义核心价值观的培育和践行，提升其感染力和号召力。

二、高校法治文化对社会主义核心价值观的理论增进

现如今，在中国的法治化进程中，从依法治国的基本方略的提出到确立全面依法治国的总目标，建设法治国家已成为全社会的共识。高校法治文化对实现这个目标和践行社会主义核心价值观有着积极的推动意义，法治作为社会主义核心价值观的重要层面，对其理论内涵的丰富和发展也起着重要的支撑作用。2013 年 12 月，中共中央办公厅印发《关于

培育和践行社会主义核心价值观的意见》，明确提出了以"三个倡导"为基本内容的社会主义核心价值观，并且对社会主义核心价值观进行了国家、社会、公民三个层面的分类：富强、民主、文明、和谐是国家层面的价值目标；自由、平等、公正、法治，是社会层面的价值取向；爱国、敬业、诚信、友善，是公民个人层面的价值准则。

（一）高校法治文化对国家层面价值目标的支撑

富强、民主、文明、和谐是社会主义核心价值观国家层面的价值目标，是我国社会主义现代化国家建设的目标。在推进依法治国的进程中，"法治"成为社会主义核心价值观的重要组成部分。高校法治文化蕴含的社会主义法治意识形态，以及与之相适应的法律制度和组织结构是否能贯彻落实，与执政党和政府的行为息息相关。要实现国家的富强，就要求党和政府在国家与社会的发展中遵循法律，依法治国。党的十一届三中全会提出，"为了保障人民民主，必须加强社会主义法制，使民主制度化、法律化"，使这种制度和法律具有稳定性、连续性和极大的权威，做到有法可依，有法必依，执法必严，违法必究。党和政府全部依靠宪法、法律办事。而法律保障民主，民主离不开法治，只有从宪法层面确保了人民当家做主的地位，在立法和执法过程中维护了人民的根本利益，才会真正实现中国特色社会主义的民主。法治本身就是一个国家文明程度的重要标志，一个富强民主文明的国家，自然会走向社会和谐。富强、民主、文明、和谐，即国家层面的价值目标的实现和发展，无一不以法治作为基础和后盾支撑。

（二）高校法治文化对社会层面价值取向的丰富

自由、平等、公正、法治是社会主义核心价值观社会层面的价值取向，是社会主义核心价值观的重要组成部分，以此为基础，构建起衡量社会行为的基本价值评判尺度。高校法治文化本身就是包含着自由、平等、民主、正义、和谐、秩序等多方面丰富价值的内容，与社会层面的价值取向根本同源。我们所倡导的自由是相对的，离开了法律规制的自由不能称为自由。自由只有被纳入法治的框架内，才有存在和持续的可能，法治保障了人民主权，保障了自由。我国宪法明确规定："公民在法律面前一律平等。"高校法治文化为学生的平等追求提供了一个基层平台，人们平等地适用法律，平等地享有权利和履行义务。在宪法和法律的框架下，对弱势群体的相对倾斜将更体现出平等的真正内涵与社会主义本质属性。法治是促进公正实现的手段和工具，只有将公正建立在法律的基石上，才能切实保障人民主体的利益，实现对正当利益的维护，对不正当利益的剥夺与惩戒。法治理念作为高校法治文化的核心和社会主义核心价值观的重要价值取向，对两者的理论发展和实践推进有着重要作用。社会主义核心价值观的"三个倡导"之间是环环相扣的关系，而高校法治文化包括了社会主义核心价值观社会层面的价值取向，又丰富了其具体内涵，二者相辅相成，对自由、平等、公正、法治内涵的丰富，最终将有利于和谐社会的建设。

（三）高校法治文化对个人层面价值准则的推动

爱国、敬业、诚信、友善是社会主义核心价值观个人层面的价值准则，是公民的道德准则，是意识形态方面的思想引导。法治是实现秩序的工具、手段和途径，法律以追求道德的精神为最高理想，以秩序为追求目标。德是法的灵魂，德治又是法治前行的推动力。我国宪法规定公民的基本义务，其中就包括"维护国家统一和各民族团结，维护祖国的安全、荣誉和利益"等义务。法律将爱国细化到具体规范，将爱国上升到法律信仰的层次，加深民众对爱国的理解。爱国就必须守法，因为法律规定了爱国的基础和底线。法治是激发公民敬业精神的制度保障和动力支持，通过劳动者权益保护法及企业法等众多法律，给予公民职业上的法律保障。法治通过实现法律上的信用，对违反社会基本规则、伦理道德的行为进行规范，将诚信纳入法律信用的保护之中，成为诚信的有力支持，促进公民对诚信的进一步认知。同时，法治通过对恶行的规制和惩戒，起到扬善的作用。高校法治文化建设能够促进青年学生诚信友善，社会和谐，而社会主义核心价值观也倡导人们要诚信友善，以实现社会的公正和谐。自律有时只有靠他律的辅助才能实现，道德自律的形成离不开法律制度的保障，法律将道德规范转变为法律规范，把对社会有积极影响的道德标准规定为法律应遵循的准则。高校法治文化能够推动大学生对自我道德准则的理解和实行，为社会主义核心价值观个人层面的价值准则提供条理、秩序上的支撑。

第三节 社会主义核心价值观与高校法治文化建设融合发展的创新机制展

实践雄辩地证明，积极培育与践行社会主义核心价值观，推动核心价值观与高校法治文化建设的融合发展，是在新的历史时期巩固马克思主义意识形态的主导地位，凝聚思想共识，汇集全面小康社会建设的多元力量，实现中华民族伟大复兴中国梦的重要途径。这一判断不仅可以在理论上得以证成，而且也是核心价值观与高校法治文化建设融合发展的经验总结。然而，在坚持这一判断的同时，也必须清醒地认识到，社会主义核心价值观与高校法治文化建设的融合发展是一个不断发展的过程。在这一过程中，成就固然令人欣喜，但问题也需要认真对待。尤其是在当前社会转型发展的关键时期，各种观念的相互交织、碰撞，使得社会主义核心价值观与高校法治文化建设的融合发展仍面临种种复杂多变的困境。化解问题，突破困境，需要社会主义核心价值观与高校法治文化建设的持续探索，更需要立足于实践基础上的制度与机制创新。可以说，唯有持续不断地改革创新，才能为社会主义核心价值观与高校法治文化建设融合发展提供不竭动力。

一、坚持贯穿结合融入、落细落小落实的实践养成方法

（一）贯穿结合融入、落细落小落实是社会主义核心价值观与高校法治文化建设相互促进的基本方法

社会主义核心价值观与高校法治文化建设的融合发展是一个实践命题。这一命题的展开，生成于当代中国社会主义建设的时代背景之中，建构于二者特性差异与互补的逻辑基础之上，实现于具体细微的实践工作之中。正如《道德经》所言，"天下难事必作于易，天下大事必作于细"，这一道理对于社会主义核心价值观与高校法治文化建设的融合发展命题同样具有指导意义。在当前社会主义核心价值观与高校法治文化建设融合发展过程中，贯穿结合融入、落细落小落实无疑是社会主义核心价值观与高校法治文化建设相互促进的基本方法，其基本含义是将社会主义核心价值观与高校法治文化建设融会贯通、密切联系、渗透融入，在实践中找准社会主义核心价值观与高校法治文化建设的共鸣点、利益的交汇点，在具体细致的实际工作中将社会主义核心价值观与高校法治文化建设融入日常工作和生活中。

"贯穿结合融入"是社会主义核心价值观与高校法治文化建设融合发展的内在要求。社会主义核心价值观与法律制度都属于上层建筑。法律制度是上层建筑的重要组成部分，而社会主义核心价值观则是高校法治文化建设的灵魂。社会主义高校法治文化建设需要社会主义核心价值观提供价值与观念支撑，而社会主义核心价值观的培育与践行也需要法律制度与法治实践的强力保障。这为二者的贯穿结合融入提供了基础，并使其共同服务于中国特色的社会主义建设目标。如此来看，社会主义核心价值观与高校法治文化建设的贯穿

结合融入，实际深刻体现了价值需求与制度供给、价值观念与制度实践相统一的马克思主义原理，是社会主义核心价值观与高校法治文化建设融合发展的内在要求。

"落细落小落实"体现了社会主义核心价值观与高校法治文化建设融合发展的实际需要。社会主义核心价值观与高校法治文化建设融合发展实现于实践之中。社会主义核心价值观不是一朝一夕就能形成的，需要我们青年学生从生活中小处着手，落实思想作风，落实各项行动。具体而言，所谓"落细"即是要细化，要将社会主义核心价值观与高校法治文化建设的原则、理念、要求细化到人们的日常生活之中，与人们日常社会生活的具体情境结合在一起，从细处见精神，从微处显观念，从而将社会主义核心价值观与法治文化植入人们的头脑，沉淀于人们的内心。所谓"落小"，就是要从小事做起，从个体做起。要坚持积小善为大德，从青年学生的身边小事做起，从大学生中的个体寻榜样，努力在小事上践行社会主义核心价值观和高校法治文化建设，从而引导社会风气，形成有利于社会主义核心价值观与高校法治文化建设的良好社会氛围。所谓"落实"就是要见成效，要从具体行动和实践中培育践行社会主义核心价值观与高校法治文化建设，不走过场，摒除形式主义，讲求实际效果。

贯穿结合融入、落细落小落实，也是社会主义核心价值观和高校法治文化建设融入社会生活的实践经验。2017年4月21日，中宣部在四川成都召开了社会主义核心价值观融入社会生活现场经验交流会。会上，四川成都市锦江区、武侯区望江路街道，琪县县委宣传部，北京大碗茶文化发展有限公司，江苏省江阴市华西村，山东省青岛市崂山风景管理区，重庆市委宣传部分别介绍了把社会主义核心价值观融入社会生活的经验做法。这些做法虽各具特色，但"贯穿结合融入、落细落小落实"却是其共性所在。例如，成都市委宣传部会同有关部门，聚焦"普遍认同"向"共同践行"深化，着力推动社会主义核心价值观深度融入社会生活，在融入贯穿结合和落细落小落实方面做了一些探索实践，其基本做法包括：搭建有效平台，注重提高融入的深度，始终将载体建设作为重要途径，将社会主义核心价值观融入地方性法规、市民公约、村规民约、学生守则、行业规章、团体章程，全面推进法治政府、法治成都、平安成都建设；举办法治大讲堂，开展"崇德向善·厉行法治"主题教育，深化"法律七进"，专项整治道德领域突出问题，努力实现社会规范和价值导向有机统一，用法治手段和制度力量促进文明行为养成。这些做法推动了社会主义核心价值观时时可学、处处可学、人人可学，将社会主义核心价值观与法治文化建设紧密联系在一起。再如，青岛市崂山风景管理区为把社会主义核心价值观融入游客心灵，使之内化为精神追求，外化为自觉行动，坚持运用法治思维和法治方式，加强景区的管理服务工作。其措施包括：第一，加大普法执法力度。面向职工、居民、游客三个层面，组织了旅游法等法律法规的宣传教育。建立由景区行政执法局与公安、旅游、交通、工商等组成的联席会议制度和联合执法队伍，集中力量整治扰乱旅游秩序等违法违规问题，使依法治景成为景区管理服务工作新常态。第二，强化不文明行为监管。在游客集聚区设立文明监督岗，成立文明旅游劝导队，建立不文明旅游"黑名单"，并与游客信用记录挂钩，让不文明游客"受限制""长记性"。在景区干部职工中开展人人都是"监督员、宣传员、保洁员"活动，有效约束了旅游不文明行为。第三，注重推进文明立法。积极探索将社会主义核心价值观融入高校法治文化建设，协调推进高校规范制度建设。正是在实践中遵循了"贯穿结合融入、落细落小落实"的要求，这些地区或高校的社会主义核心价值观与高校法治文化建设才如火如荼，蓬勃发展，充分证明了"贯穿结合融入、落细落小落实"的重要意义。

当前，我国正进入全面建成小康社会、全面依法治国、全面深化改革和全面依法治党的关键时期。在未来几年中，我国高校法治文化建设将从形成规范体系转向实施和实效，从以立法为中心转向以培养学生法律信仰为重点，从经济 GDP 转向法治 GDP。在这一关键时期，进一步创新机制，贯彻"贯穿结合融入、落细落小落实"的要求，深入推进社会主义核心价值观与高校法治文化建设的融合，无疑正当其时，也极为必要。

（二）贯穿结合融入、落细落小落实实践创新的基本要求

第一，突出青年学生主体地位。青年学生是社会主义接班人，是社会变革的决定力量，是践行社会主义核心价值观和高校法治文化建设的主体。《关于培育和践行社会主义核心价值观的意见》指出："坚持以人为本，尊重群众主体地位，关注人们的利益诉求和价值愿望，促进人的全面发展。"《全面推进依法治国若干重大问题的决定》也指出："坚持人民主体地位。人民是依法治国的主体和力量源泉。"这些关于社会主义核心价值观和法治建设的纲领性意见均将人民放在突出地位，充分说明了在社会主义核心价值观与高校法治文化建设融合发展中坚持和突出青年学生主体地位的重要意义。以青年学生为主体，就要求充分体现以人为本的价值要求，将学生的利益冷暖放在心上，从实现好、维护好最广大人民的根本利益的角度推进社会主义核心价值观和高校法治文化建设的贯穿结合融入，加强对青年学生所关心问题的回应，从细微细小之处落实二者的融合发展。

第二，坚持从实际情况出发，积极鼓励区域探索。一切从实际出发，围绕核心价值观与高校法治文化建设的理论和实践问题，深入开展理论创新，切实展开实际行动。同时，鉴于我国幅员辽阔，各地自然地理、社会文化、生活习惯差异较大，在此背景下推进社会主义核心价值观与高校法治文化建设的融合发展也应坚持因地制宜，尊重区域差异，回应地区需要，在此基础上寻求切合本地区社会主义核心价值观与高校法治文化建设融合的进路，将二者的融合要求落细落小落实。如镇江市在高校法治文化建设中，即注意牢牢坚持"有特色、可操作"的基本原则，针对解决本地实际问题，突出镇江特色，增强高校法治文化的实施效果和生命力。如在师生权益保障、规范性文件制定、教授治学等方面进行了积极探索，创建起高校法治文化建设的新模式，其做法多次获得江苏省教育厅、共青团中央奖励。这种对于地方需求的关注与探索，是镇江市社会主义核心价值观与高校法治文化建设的融合发展彰显地方特色、获得青年学生认可的重要基础。

第三，注重多部门、多维度协同。在实践中推动社会主义核心价值观与高校法治文化建设贯穿结合融入、落细落小落实，离不开不同部门多维度的参与协作。在推进社会主义核心价值观与高校法治文化建设的工作中，要注意从二者融合的实践需要出发，切实推进不同部门、不同组织之间的协调配合。在社会主义核心价值观与高校法治文化建设融合发展中，要充分发挥党委和政府的作用，把社会主义核心价值观要求体现到高校法治文化建设各领域，体现到立法、执法、司法、守法等高校法治文化建设各环节，推动培育和践行社会主义核心价值观同高校法治文化建设工作融为一体、相互促进。同时，也要充分发挥高校学生组织团体在社会主义核心价值观与高校法治文化建设方面的作用，发挥志愿者组织、社会公益组织的作用，形成落细落小落实的工作合力。

第四，运用大众化语言和青年学生喜闻乐见的形式。社会主义核心价值观与高校法治文化建设贯穿结合融入、落细落小落实要尊重青年学生主体地位，就需要在实践中更贴近青年学生生活，其形式不仅要新颖，而且要青年学生乐于接受。这一点也是实践经验的结晶。要取材于青年学生身边的鲜活故事，量身定制一批适合传播、体现时代精神的文化作品，通过传统艺术形式，对社会主义核心价值观进行形象化解读、故事化表达等，实现场景重构，推动社会主义核心价值观润物无声，实现传统文化的柔性植入，推动社会主义核心价值观的实践养成。

（三）贯穿结合融入、落细落小落实的实践创新机制

贯穿结合融入、落细落小落实是推进社会主义核心价值观与高校法治文化建设的融合

发展的基本要求。然而，社会主义核心价值观与高校法治文化建设的融合发展是一个复杂的过程，社会、家庭、个人等因素均会对这一过程产生影响。随着社会经济发展的加速，上述因素也在不停地发生变化，这进一步增加了推进二者融合发展工作的复杂性。因此，在坚持贯穿结合融入、落细落小落实的工作要求时，必须不断探索新的实践机制，为推进社会主义核心价值观与高校法治文化建设的融合发展保驾护航。

其一，贯穿结合融入、落细落小落实实践的领导机制。正如前文所述，贯穿结合融入、落细落小落实需要注重多部门、多维度协同，而在多部门协同过程中，坚持党的领导是保障多部门协同效果不可或缺的重要方面。党的领导是中国特色社会主义最本质的特征，是中国特色社会主义法治建设最根本的保证。把党的领导贯彻到依法治国全过程和各方面，是我国社会主义高校法治文化建设的一条基本经验。从历史的角度来看，中国共产党从其诞生之日起，就将马克思列宁主义的普遍真理同中国革命和建设的具体实践结合起来，领导中国人民进行了艰苦卓绝而富有成效的斗争。中国共产党作为中国革命和建设事业的领导核心，其地位是在中国革命和建设的历史过程中形成的，中国人民选择中国共产党的领导，选择走社会主义道路，也是在长期艰苦的斗争中得到的共同认识，是历史发展的必然结果。邓小平同志对此深刻地指出："在中国这样的大国，要把几亿人口的思想和力量统一起来建设社会主义，没有一个由具有高度觉悟性、纪律性和自我牺牲精神的党员组成的能够真正代表和团结人民群众的党，没有这样一个党的统一领导，是不可能设想的，那就只会四分五裂，一事无成。这是全国各族人民在长期的奋斗实践中深刻认识到的真理。我们人民的团结，社会的安定，民主的发展，国家的统一，都要靠党的领导。"而在当前我国社会主义核心价值观与高校法治文化建设融合进程中，没有党的领导、组织，人民管理国家、社会、经济、文化等各项事务同样难以有效地展开，社会主义核心价值观的要求也就难以转化为现实。从国情角度来看，在一个人口众多、基础薄弱的发展中国家建设社会主义，需要有一个能够代表最广大人民根本利益的坚强领导核心，将亿万人民的力量凝聚起来，在实践中推进社会主义核心价值观与高校法治文化建设的贯穿结合融入，从而培育践行社会主义核心价值观，发展社会主义法治，推进社会主义事业的发展。而在当前我国进入全面建成小康社会的决定性阶段的社会背景下，社会矛盾的增多、利益分歧的加剧，使社会主义核心价值观与高校法治文化建设的发展面临着更大的挑战。消解当前复杂的利益矛盾，建设立场正确、特色鲜明的高校校园法治文化，更需要在党的坚强领导下进行。

其二，贯穿结合融入、落细落小落实实践的统筹协调机制。以贯穿结合融入、落细落小落实的要求推进社会主义核心价值观与高校法治文化建设的融合发展需要对二者的理论与实践活动进行统筹协调。"统筹兼顾既是一种解决问题化解矛盾的工作方法，也是一种认识事物、分析和思考问题的思维方式和方法。作为思维方式和方法，要求具有立体化、复合性的战略思维。"这就要求我们在推进社会主义核心价值观与高校法治文化建设融合的发展过程中，从顶层设计的战略大局出发，在落细落小落实上着力，将顶层设计与落细落小落实的工作要求融入系统的、立体的、复合的战略格局中。"作为工作方法，要求我们在认识、处理影响共同发展、和谐发展的重大矛盾时，依据公平正义原则，全面系统地观察分析矛盾，统筹兼顾矛盾的两个方面和矛盾的各种影响因素，在一系列复杂的矛盾中，找到主要矛盾、矛盾的主要方面和引起矛盾的关节点与关键点，在明确阶段性质的基础上，综合运用各种有效方法和手段，积极应对，合理疏导引导。"具体到社会主义核心价值观与高校法治文化建设的贯穿结合融入、落细落小落实，就需要高校各单位各部门在实践中既要注意组织内部在二者融合实践中的协调，也要注意组织外部的工作关系；既要强调社会主义核心价值观与高校法治文化建设融合发展的总体要求与目标，也要强调融合发展过程中人的因素，从而形成全社会关心和支持社会主义核心价值观与高校法治文化建设融合发展工作的整体合力，为二者的贯穿结合融入、落细落小落实的工作实践奠定基础。

其三，贯穿结合融入、落细落小落实实践的多元化激励奖惩机制。贯穿结合融入、落细落小落实工作要求的落实应注意建立激励机制。"在管理学中，激励指激发员工的工作动机，也就是说用各种有效的方法去调动员工的积极性和创造性，使员工努力去完成组织的任务，实现组织的目标。有效的激励会点燃员工的激情，使其工作动机更加强烈，让他们产生超越自我和他人的欲望，将潜在的巨大的内驱力释放出来，并积极行动，付出更多的时间和精力，以实现激励主体所期望的目标或表现符合组织要求的行为。"其实，不仅企业管理需要激励，社会主义核心价值观与高校法治文化建设的贯穿结合与落细落小落实也需要激励。激励可以是物质方面的激励，也可以是精神方面的激励，可以是正向的激励，也可以是负向的，其具体形式可以多样化。在社会主义核心价值观与高校法治文化建设融合实践中，应结合具体情况，综合运用利益激励、物质激励、榜样激励、情感激励等多种手段，对在贯穿结合融入、落细落小落实的工作实践中成绩突出的个人和组织及时进行正向激励，引导社会行为趋向，对不符合社会主义核心价值观要求的行为也要进行适当的批评和惩罚，以弱化不良行为的产生。具体实践中，有些地方针对社会主义核心价值观与高校法治文化建设的融合制定细致的考评标准，如将法治要求细化到文明系列先进单位评选、窗口单位优质服务竞赛、学雷锋志愿服务示范岗、诚信标兵、诚信之星、师德标兵、学习之星等评选标准之中，并作为评先评优的先决条件，在考评细则中加大对培育和践行社会主义核心价值观、遵纪守法等内容的考评分值，引导单位自觉践行法治精神。这一做法值得肯定和借鉴。

二、坚持公众参与、增强行为自觉的教育引导方式

社会主义核心价值观与高校法治文化建设的融合发展离不开教育引导。尤其是在当今社会主体多元、利益分化、思潮多变的情境下，青年学生对于价值观念的选择与接收也存在多样的选择。主流意识形态的培育与高校法治文化建设的推进若离开了教育引导，价值观念与高校法治文化建设的主阵地就会丢失，遑论二者的融合发展。因此，推进社会主义核心价值观与高校法治文化建设的融合发展必须高度重视教育引导工作。而在新的时代背景下，尊重价值观念的教育规律，以公众参与、增强行为自觉为中心创新工作方式，形成有利于社会主义核心价值观与高校法治文化建设融合发展的社会文化，已成为当务之急。

（一）坚持公众参与、增强行为自觉的实践意义

公众参与是近年来我国政治社会生活中的热点词汇和重要现象。对于公众参与，传统的研究较为注重其政治意义，强调的是公民对于政治过程尤其是政治选举的场域。20 世纪 60 年代以后，随着新公共行政理论的兴起，公众参与逐步进入公共治理问题领域，公众参与成为实现社会公平、提升公共管理效能的重要措施，获得人们普遍的重视。在我国，公众参与是近些年来才逐步兴起的。有学者称 2007 年是中国公众参与元年。当年党的第十七次全国代表大会明确指出："坚持国家一切权力属于人民，从各个层次、各个领域扩大公民有序政治参与，最广泛地动员和组织人民依法管理国家事务和社会事务、管理经济和文化事业。""推进决策科学化、民主化，完善决策信息和智力支持系统，增强决策透明度和公众参与度。"党的十八届四中全会《中共中央关于全面推进依法治国若干重大问题的决定》更是明确提出，"拓宽公民有序参与立法途径，健全法律法规规章草案公开征求意见和公众意见采纳情况反馈机制，广泛凝聚共识"，强调"必须保证人民在党的领导下，依照法律规定，通过各种途径和形式管理国家事务，管理经济文化事业，管理社会事务。必须使人民认识到法

律既是保障自身权利的有力武器，也是必须遵守的行为规范，增强全社会学法尊法守法用法意识，使法律为人民所掌握、所遵守、所运用"。上述宣示，不仅深刻体现了党和政府对日益崛起的公民社会的肯定，而且也为中国公众参与事业的蓬勃发展提供了坚实的政治基础。

公众参与不仅具有深刻的政治意义，而且也是社会公众形成公民意识进而展开公民自觉行动的重要途径。从公众参与角度来看，公民意识意味着"有序参与的自觉"，其表现为参与者的主人意识、权益意识和法治意识。这种意识无疑将促使参与者端正参与态度，摒弃对抗策略，迈向依照规则处理公共事务，依法维护自身合法权益的途径，进而有助于形成最为广泛的利益认同，形成最为广泛的社会共识。尤其是在行政法领域中，公众参与的价值更是获得了人们的认可。相对人的参与不仅彰显了自身相对于行政主体的平等法律地位，更提供了相对人在行政程序中对抗或抑制行政主体专横、武断的权利基础。而从程序性权利体系的角度来看，参与权本身内在地要求着行政行为的公开和透明，同时也构成了相对人知情权和抗辩权的"母体"，成为程序性权利体系的逻辑起点。不难看出，公众参与的实践，其伴随的必然是公民身份的觉醒。而公民身份的觉醒及围绕着社会公共生活的场域实践，也将是形成公民自觉行动而不是被动依附的社会关系的基本途径。

社会主义核心价值观和高校法治文化建设的融合发展同样离不开社会公众的广泛参与，离不开广大教师与青年学生切切实实的自觉行动。《关于培育和践行社会主义核心价值观的意见》指出："坚持改进创新，善于运用群众喜闻乐见的方式，搭建群众便于参与的平台，开辟群众乐于参与的渠道，积极推进理念创新、手段创新和基层工作创新，增强工作的吸引力感染力。"在组织领导方面，要"坚持全党动手、全社会参与，把培育和践行社会主义核心价值观同各领域的行政管理、行业管理和社会管理结合起来，形成齐抓共管的工作格局"。公众参与的作用在这一意见中得到了充分的重视。公众参与之所以得到重视，其原因不仅在于前述公众参与的一般价值，更在于其对于社会主义核心价值观与高校法治文化建设所具有的积极作用。社会主义核心价值观由国家、社会、个人三个层面的价值范畴构成。"建设现代国家、培育现代社会，必须以建设现代化的'现实的个人'为前提。日常生活中的共同习惯与自觉行为是'爱国、敬业、诚信、友善'的外化，每一个人之所以能在潜移默化中得以健康成长与全面发展，是因为他们在实践过程中相互影响。"也就是说，只有让社会公众广泛地参与到社会主义核心价值观与高校法治文化建设的过程中，个人爱国、敬业、诚信、友善的价值观念才能得到培育，自由、平等、公正、法治的价值观念才能得到发展，富强、民主、文明、和谐的现代国家价值目标才能最终实现。

公众参与、行为自觉对社会主义核心价值观与高校法治文化建设具有重要意义。然而，青年学生参与的实现却要受到多种条件的限制。除了制度供给等因素以外，大学生参与的有效性与参与主体自身的能力密切相关。在政治领域，美国学者阿尔蒙德曾将主体的参与能力区分为主观能力和客观能力两个方面。主观能力指公民对自己影响和参与政府决策的认知、情感和态度，客观能力则指公民影响和参与政府决策的实际能力。主观能力和客观能力相辅相成，主观能力是客观能力的基础和前提，客观能力是实现主观能力和提高参与效果的支撑和保障。如果对公民参与的这两种能力进一步加以细分，又可以区分出知识因素、心理因素及行为因素等基本的构成要素。由于受到经济、政治及社会文化等多方面因素的影响，现实中大学生参与在主观能力和客观能力方面都存在着一定的不足。如在主观能力方面，由于长久以来行政权威的影响，社会主体通常习惯依附于政府，不能够充分认识到自身的主体地位和享有的权利内容，也尚未完全习惯充分利用自己群体内的合作，以及与其他社会组织的合作以实现自身利益；而在有了一定的意识进行参与时，则又往往因法治意识较弱而忽视了权利行使的范围与边界，这或者导致公众参与的低程度，或者容易演化为暴力抗争的非制度、非理性行为。面对此种境况，以公众参与增强行为自觉就亟须通过教育引导的方式来进行，以便通过广泛的宣传教育和文化熏陶，激发并引导公众有序、理性、合法参与，增进社会主义核心价值观与高校法治文化建设的融合发展。

（二）坚持公众参与、行为自觉的宣传教育方式

在人类社会生活中，教育的重要性毋庸多言。法国哲学家狄德罗针对教育曾指出：对于民族来说，一个民族重视学习新知识，注重通过教育来增长知识总量，那么这个民族便会逐步强大，最终走向文明、繁荣、富强；如果一个国家或民族不注重发展教育，那么这个国家或民族迟早要走向衰败。对于个人而言，教育则是使个人摆脱愚昧，弘扬理性，拥有尊严的最佳手段。社会主义核心价值观与高校法治文化建设的融合发展离不开广泛深入的教育。

第一，在学校教育中推进公众参与、行为自觉的宣传教育。

学校教育是社会主义核心价值观与高校法治文化建设的主阵地，青少年是社会主义核心价值观与高校法治文化建设的主力军。在学校教育中，坚持以邓小平理论和"三个代表"重要思想为指导，以科学发展观为统领，培养有理想、有道德、有文化、有纪律的德智体美劳全面发展的社会主义建设者和接班人，是新时期学校教育的重要任务，是培养具有参与精神和行为自觉的未来接班人的必由之路。

在学校教育中推进公众参与、行为自觉的宣传教育应注重道德与法治教育的融合。德育的根本在于以德树人、以德立人，即注重教育对象的道德品质、道德能力，以及理想信念、人生观、价值观、世界观的塑造。在德育过程中，社会主义核心价值观以其丰富的内涵将国家、社会、个人的价值目标融合在一起，是学校教育以德树人、以德立人的价值根据和标准。在学校德育过程中，加强社会主义核心价值观教育应以适应青少年身心特点为前提，符合青少年的成长规律。同时，在学校教育过程中，也应注重法治精神的引入，培养具有法治意识的现代公民。

在学校教育中推进公众参与、行为自觉的宣传教育应注重现实，关注学生品行的实践养成。这就需要在社会主义核心价值观与高校法治文化建设的学校教育中，借助历史与现实的丰富事例讲清楚二者之间的内在关联机理，通过视频、照片等可视性、体验性、互动性方式推动社会主义核心价值观与高校法治文化建设进课堂、进教材、进头脑，引导学生了解社会主义核心价值观与高校法治文化建设融合发展的要义，引导学生理解社会主义核心价值观与高校法治文化建设融合发展的实质，帮助学生将其内化为自己的主观需要，转化为行动指南。在学校教育中推进公众参与、行为自觉的宣传教育还应充分注意发挥师德风尚的引领示范作用。师德是学校教育的灵魂，教师的师德师风对学生有着潜移默化的影响。教师在实践中坚持践行社会主义核心价值观，坚持用法治思维和法治方式处理教育事务，对于学生主动参与精神的养成和学生自觉精神的塑造均具有不可忽视的作用。这就需要教师在教育过程中坚定理想信念，坚守职业道德，发挥优良传统，坚持为人师表，通过自身教学工作中将社会主义核心价值观与高校法治文化建设融合的具体实践，引导学生接受认同社会主义核心价值观，增强行为自觉性。

第二，在家庭教育中推进公众参与、行为自觉的宣传教育。

家庭是社会的细胞，家庭教育是除学校教育之外最为重要的个人教育场。这决定了家庭教育在推进社会主义核心价值观与高校法治文化建设融合发展方面具有不可替代的作用。具体而言，家庭教育相较于学校教育，具有连续性、全面性、权威性等特征。家庭教育的连续性表现为其几乎贯穿了个人的成长过程，特别是由于个体的早期成长主要依赖于家庭，家庭的教育发挥着奠基性作用。家庭教育的全面性表现为家庭教育的内容广泛，渗透深远。家庭的文化氛围、生活习俗甚至家庭个体的个人爱好，均会对家庭成员尤其是青少年产生深刻影响。家庭教育的权威性表现为父母子女等的亲情伦理所带来的人格权威，这种人格权威具有学校教育所不具备的力量。

正是由于家庭教育具有不可或缺的作用，在社会主义核心价值观与高校法治文化建设融合发展过程中坚持公众参与、增强行为自觉的教育，就必须切实注重家庭的作用。应从社会主义核心价值观与高校法治文化建设融合发展的需要出发，在家庭层面大力推进文明、和谐的社会主义核心价值观教育，积极评选"最美家庭""慈孝之星"等优秀的家庭典型和模范个人，引导家庭成员和社会公众文明向善，形成积极主动的社会风气。

第三，在社会教育中推进公共参与、行为自觉的宣传教育。

社会教育有广义和狭义之分。"广义的社会教育，指社会环境对人的思想观念发生的作用；狭义的社会教育，指学校和家庭以外的社会文化机构以及有关的社会团体或组织，对社会成员所进行的教育。"社会教育与学校教育、家庭教育不同。社会教育本身并不设定教育目标，是基于社会文化、社会环境对个体的思想观念产生影响，而且，由于环境对人的影响是潜移默化的，因而社会教育的展开也就总是在个体未察觉的情况下进行。今天，由于社会交往媒介和方式的丰富，社会环境对个体的影响愈加深远。在社会主义核心价值观与高校法治文化建设融合发展的实践中，注重通过社会教育推进公众参与、行为自觉的宣传教育同样至关重要。

在社会教育中推进公众参与，形式，通过政治生活、生产劳动使社会主义核心价值观与高校法治文化建设的教育贯穿起来。这一点在前述社会主义核心价值观与高校法治文化建设的案例中已经有较为充分的体现。除此之外，考虑到现代社会网络化的特点，在社会教育中也应充分发挥新闻媒体包括新兴媒体的作用，在新闻宣传中牢牢把握正确舆论导向，着力传承价值观念，塑造价值主体，通过典型事例的行为魅力，引导公众理性合法参与公共事件的讨论，增强主体行为自觉习惯的养成。

（三）增强公众参与、行为自觉的文化熏陶方式

社会主义核心价值观与高校法治文化建设的融合发展需要教育引导，同时也离不开文化熏陶。文化是与自然相对而言的，"文化就是人化"，就是"依人的意义、向人的理想改变世界和人本身"。文化因而就是"以文化人"的过程。通过文化熏陶推进社会主义核心价值观与高校法治文化建设的融合发展，既要注意传统文化的积极作用，也要充分运用当代文化精品加以熏陶。

其一，积极继承传统文化，增强公众参与、行为自觉的文化熏陶。

优秀传统文化是社会主义核心价值观的重要来源之一。中华五千年文明的文化积累是现代社会条件下推进社会主义核心价值观与高校法治文化建设融合发展不竭的文化资源。对于中华传统核心文化，以往研究多有概括。如有研究者将其概括为"天人合一、民胞物与的世界观""刚健有为、自强不息的人生观""和而不同、贵和尚中的文化观""诚实守信、厚德载物的道德观""民为邦本、民贵君轻的政治观""协和万邦、天下大同的国际观"等；也有研究者将其概括为"以人为本""以德为本""以民为本""以合为本"，认为中华传统文化的特点在于其强调"责任先于自由""义务先于权利""群体高于个人""和谐高于冲突""不患寡而患不均，不患贫而患不安"。这些概括，其内容虽有所差异，但无疑均是中华传统文化主流价值观的体现。在当代中国推进社会主义核心价值观与高校法治文化建设，传统文化无疑是基础所在。对此，习近平总书记曾指出："培育和弘扬社会主义核心价值观必须立足中华优秀传统文化。牢固的核心价值观，都有其固有的根本。抛弃传统、丢掉根本，就等于割断了自己的精神命脉。"习总书记进一步概括了中华传统文化的六个方面，即"讲仁爱、重民本、守诚信、崇正义、尚和合、求大同"。这一概括将中华传统美德、政治理念、社会理想、民族精神方面的根本要素融合在一起，言简意赅地表明了中华优秀传统文化的核心内容。社会主义核心价值观与高校法治文化建设的融合发展，应以中华民族传统文化为基础、为根源，突出社会主义核心价值与高校法治文化建设和传统文化的关系，在传统文化的传承发扬中展开实践工作。

事实上，在社会主义核心价值观与高校法治文化建设融合发展的实践中，利用传统文化吸引青年学生参与、增强行为自觉已经得到了较为广泛的重视。如上海搭建寻找记忆的文化平台，使社会主义核心价值观广泛传播。奉贤区通过建造"贤园""贤文化博物馆""严子讲坛"等文化平台，积极倡导"敬奉贤人、见贤思齐"的传统"贤文化"理念，构建青年学生的精神家园，推进了社会主义核心价值观的本土化、具体化，促进社会主义核心价值体系在奉贤的落地和"全国文明城区"的建成。这种注重将传统文化与社会主义核心价值观和高校法治文化建设相结合的做法易为青年学生接受，能够很好地引导社会公众参与社会主义核心价值观与高校法治文化建设。在社会主义核心价值观与高校法治文化建设融合发展过程中，应进一步建立大教育格局，实现中华优秀传统文化的教育普及，大力开展青年学生精神文明创建活动，将蕴含优秀传统文化的事例发扬光大，深入推进社会文明建设，将传统文化"讲仁爱、重民本、守诚信、崇正义、尚和合、求大同"的精神融入社会文明建设之中。要积极开展形式多样、学生喜闻乐见的传统文化活动，满足青年对于传统文化的内在需求。通过社会主义核心价值观与法治教育，在全社会加大诚信建设，追求社会和谐。

其二，加强当代文化建设，增强公众参与、行为自觉的文化熏陶。

习近平总书记指出："不忘本来才能开辟未来，善于继承才能更好创新。对历史文化特别是先人传承下来的价值理念和道德规范，要坚持古为今用、推陈出新，有鉴别地加以对待，有扬弃地予以继承。"这一论述提醒我们，以文化熏陶推进社会主义核心价值观与高校法治文化建设的融合发展，不仅要积极继承优秀传统文化的精神内核，而且要在当代中国社会主义建设的环境下推陈出新。这就需要在新的时代背景下，进一步加强文化建设，大力弘扬以爱国主义为核心的民族精神和以改革创新为核心的时代精神，善于运用网络新型媒介，增强接受宣传教育和自觉践行的"内生动力"。

在新的时代背景下，加强当代文化建设，增强公众参与、行为自觉，需要明确文化繁荣对于中华民族复兴的重大意义。习近平总书记 2014 年 10 月 15 日在文艺工作座谈会上指出："没有中华文化繁荣兴盛，就没有中华民族伟大复兴。一个民族的复兴需要强大的物质力量，也需要强大的精神力量。没有先进文化的积极引领，没有人民精神世界的极大丰富，没有民族精神力量的不断增强，一个国家、一个民族不可能屹立于世界民族之林。"在实现"两个一百年"奋斗目标、实现中华民族伟大复兴的中国梦的进程中，更需要文化的繁荣兴盛。

在新的时代背景下，加强当代文化建设，增强公众参与、行为自觉，需要进一步创作适合时代需要的优秀作品。习近平总书记指出，衡量一个时代的文艺成就最终要看作品。推动文艺繁荣发展，最根本的是要创作生产出无愧于我们这个伟大民族、伟大时代的优秀作品。没有优秀作品，其他事情搞得再热闹、再花哨，那也只是表面文章，是不能真正深入人民精神世界的，是不能触及人的灵魂、引起年轻一代思想共鸣的。这就需要在当代文化建设中，根据社会主义核心价值观与高校法治文化建设融合的实践需要，进一步创作出代表青年的利益与心声，满足大学生审美需要，高价值标准，具有思想性、艺术性和观赏性的优秀文化作品，引导青年学生增强行为自觉，参与社会主义核心价值观培育践行的实践。

在新的时代背景下，加强当代文化建设，增强公众参与、行为自觉，需要进一步引导社会开展多种样式的文化活动，如文化节、读书节、百姓舞台、书画展览、才艺比赛等，让这些活动成为广受欢迎、人人乐于参与的文化品牌。要积极开展文化宣教，充分利用五

四、十一、抗战胜利纪念日、国家公祭日等政治性、纪念性节日，利用各种文化博物馆、爱国主义教育基地、图书馆等馆所场地，发挥革命遗址遗迹的教育功能，使社会主义核心价值观与高校法治文化建设的融合有丰富的文化载体，有活泼的文化形式，使价值观念与法治精神深入人心。

第五章　大学生在宪法与行政法方面的常见问题与解决对策

第一节　大学生在宪法方面的常见问题与解决对策

一、宪法概述

（一）宪法的概念

1. 宪法的定义

学习宪法，首先要明确什么是宪法，即宪法的定义。然而，各国宪法赖以生存和发展的文化背景差异较大，中外宪法学界对宪法的具体定义也就各不相同。因此，在明确宪法定义时就不必追求完全统一的模式和标准。

概括来说，中外学者对于宪法定义的认识主要分为三类。

（1）从宪法所规定的内容角度来定义

这种定义方法主要是立足宪法观或宪法性法律中一个或者几个方面的内容，提出对于宪法的认识，或者说以宪法调整的内容为根据确定宪法的内涵和外延。例如，法国《人权宣言》第十六条规定："凡权利无保障和分权未确立的社会，就没有宪法。"德国学者叶林涅克认为，宪法是"规定最高国家机关及其履行职能的程序，规定最高国家机关的相互关系和职权，以及个人对国家政权的原则地位和各种原则的总和。"

（2）从宪法的法律特征角度来定义

这主要是立足宪法典或者宪法性法律与其他法律不同的法律形式特征，提出对于宪法的认识。例如，《美国百科全书》认为，"宪法是治理国家的根本法和基本原则的总体"。现代韩国学界具有代表性的宪法定义是，宪法是规定国家统治体制与国民基本权利保障的国家的基本法。

（3）从宪法的阶级本质角度来定义

这主要是立足宪法典或者宪法性法律所反映的阶级意志，以及这种意志赖以存在的社会物质条件，提出对于宪法的认识。例如，许崇德教授认为，"宪法是统治阶级的重要工具，是国家根本法，具有一般法的本质特征，同时又具有不同于普通法律的实质上的特点和形式上的特点"。何华辉教授认为，"宪法是集中表现统治阶级意志的国家根本法"。

此外，如果我们从宪法的发展历史和条文内容等方面出发考察世界各国的宪法，就会发现，无论哪一部宪法都在实质上或者形式上与民主有关。也就是说，宪法内容上的本质属性就是以民主精神为指导，以民主事实为基础，集中表现了统治阶级建立民主制国家的意志和利益；同时，各国宪法规定的都是国家最根本、最重要的问题。在绝大多数国家，宪法一旦制定颁布，即具有最高的法律效力。所以，宪法形式上的本质属性就是它是国家的根本法。因此，我们可以将宪法定义为：宪法是集中表现统治阶级建立民主制国家的意志和利益的国家根本法。

2. 宪法的本质

宪法是什么？列宁指出："宪法就是一张写着人民权利的纸。"我们都知道，宪法是一个国家的根本大法，但又不仅仅是根本法。如果宪法仅仅与国家顶层政治活动有关，仅仅与国家主席、总理、全国人大常委会委员长有关，与百姓的日常生活无关，与其他社会关系无关，那么，就不会有国家宪法日，就不需要全面学习宣传宪法。所以，宪法除了规定国家的政治体制外，更重要的是它还规定了公民的基本权利和义务等根本性问题。

（1）宪法是生活日用的法

正如《庄子·知北游》中庄子所论述的，"所谓道，恶乎在？""无所不在"。宪法就像道一样，它是无所不在的，与每一个人的生活息息相关，弥漫于每个人的思维言行，出现在政府文件的字里行间，关系到普通人家的每一件财物，甚至覆盖于拆迁后的残垣瓦砾之中。宪法规定了公民在私人生活、政治生活、经济生活、社会生活各方面的权利，这些权利就像阳光、水和空气一样是须臾不可或缺的生活必需品。社会中的每个人，无论是普通百姓还是政府公务人员，其基本权利都平等地受宪法保护；无论是公检法还是政府机关，其权力都受宪法制约。由此可见，宪法不仅是根本法、政治法，更应该是在平常日用中的人民群众的生活法——"道"。

（2）宪法是民主事实的法律化

正如毛泽东同志说过的那样："世界上历来的宪政，不论是英国、法国、美国或者是苏联，都是在革命成功有了民主事实之后，颁布一个根本大法去承认它，这就是宪法。"当各国陆续从封建的枷锁下解放出来，人民主权和天赋人权理论，以及自由、平等、法治等理念必然要体现在国家治理的各个方面。为此，通过斗争获得的民主事实，必定要通过法律化和制度化的形式予以体现，作为国家根本法的宪法则当仁不让。由此可见，宪法与民主事实密不可分，民主是宪法的前提和基础，必须由宪法予以确认和保障。基于宪法在整个国家法律体系中的根本法地位，以及宪法确认的基本内容主要是国家权力的正确行使和公民权利的有效保障，可以说，宪法是民主事实法律化的基本形式。

（3）宪法是人权的保障书

宪法最主要、最核心的价值就在于，它是公民权利的保障书。世界历史上第一部宪法性文件是英国 1215 年《自由大宪章》。《自由大宪章》明文规定：国王不得任意征税；未经同等贵族审判，国王不得逮捕或关押任何人。其目的就是保障人身权和财产权。人类历史上第一部成文宪法，制定于独立后的美国，美国的独立同样是为了保障财产权。从各国现有宪法的基本内容来看，尽管其作为国家根本法，涉及国家生活的各个方面。但其基本内容仍然可以分为两大块，即国家权力的正确行使和公民权利的有效保障。然而，这两大块并非地位平行的两部分，就它们之间的相互关系来说，公民权利的有效保障居于支配地位。因此，在国家法律体系中，宪法不仅是系统全面规定公民的基本权利的法律部门，而且其基本出发点就在于保障公民的权利和自由。宪法保护公民的基本权利，国家和政府有保证其实现的责任。正因如此，宪法被称作人权的保障书。

（4）宪法是授权法

宪法是近代资产阶级革命的产物，是在一个国家出现了民主事实之后才产生的。民主国家条件下，一切权力来源于人民，人民通过宪法"授权"组织政府，授予一切国家机关以国家权力。在近现代民族国家，由于疆域广阔、人口众多，人民不可能每个人都亲自去管理公共事务，所以把手中的一部分权力授予国家机关和领导干部，由他们来管理国家的公共事务，而这个授权就是通过宪法来实现的。根据宪法的规定，人民先选举人民代表大会的代表，组成各级人民代表大会，这形成一次授权；各级人民代表大会再选举出同级人民政府、人民法院和人民检察院的官员，赋予他们管理公共事务的权力，这又形成一次授权。"权为民所赋"，所以我们说宪法是授权法。从这个意义上来说，宪法是现代国家方略及其领导人的权力来源法。

（5）宪法是控权法

如何控制庞大的公共权力呢？宪法的一个重要措施就是对公权力进行分解，它从制度层面对公权力的行使设置了各种控制措施，以免权力被滥用并侵犯公民的权利。宪法对于权力的分解主要从两方面进行，一个是横向分解，另一个是纵向分解。横向分解把公权力划分为立法权、行政权和司法权，不同的权力由不同的部门行使，各部门各司其职，并且互相监督。纵向分解是在中央和地方之间进行权力分解。由于不同国家的权力分解模式不一样，因而形成两种不同类型的国家，一种是单一制国家，另一种是联邦制国家。我国是单一制国家，地方政府接受中央政府的统一领导，地方政府的权力由中央政府授予；同时，地方政府也有自己的权限，省、自治区、直辖市以及省会城市、较大的市的人大及其常委会还有权制定地方性法规。这样就能在较大程度上避免因为权力集中而导致的权力失去控制的现象。因此，宪法作为控权法，只有通过对公权力进行限制——"法无授权不可为"，才能更好地实现公民的私权利。

（6）宪法是法治标准法

检验一个国家是否是法治国家的标准，不在于它是否拥有完备的法律，而在于它是否拥有切实发挥作用的宪法。"法律是治国之重器，良法是善治之前提。"法律是否良善，判断标准是宪法。只有以维护、扩大人民权利为目的的法才是良法，能够实实在在地充分发挥作用的国家，就是宪政国家，也就是法治国家。一方面，宪法以其最高法律效力，为促进其自身的充分实施提供了制度依据。宪法所确立的原则是其他法律的立法基础和立法依据；与法律相比，宪法在法律体系中具有最高的权威，法律、行政法规的内容和精神都不得与宪法的原则和规定相抵触、相违背，否则就会因违宪而无效；宪法是一切组织和个人的根本活动准则。另一方面，宪法尚需要具体实施，才能从"最高法"的神坛走下，步入社会生活，成为"活"的法，方能真正发挥其作为法治标准法的作用。

（二）宪法的特征

1. 宪法的内容与普通法律不同，具有根本性

普通法律规范国家生活和社会生活某一领域内的事项和问题，为人们的具体行为提供尺度和指导。如刑法规定犯罪与刑罚问题，民法则规定财产关系和人身关系，等等，它们都与公民的个人生活和个人行为直接联系。而宪法通常规定的是有关国家制度和社会制度的基本原则和主要问题，包括如何确认国家和公民的相互关系、国家阶级本质、政权组织

形式、公民基本权利和义务等内容，为国家生活和社会生活的总体运行提供规范和约束。因此，我们通常将宪法称作治国安邦的"总章程"或"根本法"，而普通法律的内容则是根据宪法创制出来的，是由宪法的相关规定派生出来的。

2. 宪法效力与普通法律不同，具有最高的法律效力

宪法在国家法律体系中居于最高地位，具有最高的法律效力。宪法的效力与普通法律不同，是由宪法内容的重要性和权威性所决定的。正因为宪法是国家的总章程和根本法，才必须赋予其最高的法律效力，使其取得一体遵行的效力，达到规范社会生活和国家生活运行的目的。

具体来讲，宪法的最高法律效力主要表现在以下几个方面。第一，宪法是普通法律的立法依据和基础。普通法律的制定要以宪法为依据，把有关宪法的规定具体化，以保证宪法从基本精神、基本原则到具体条文的贯彻落实。第二，普通法律不得和宪法相抵触，我国《宪法》第五条第三款规定："一切法律、行政法规和地方性法规都不得同宪法相抵触。"《立法法》第九十八条进一步明确："宪法具有最高的法律效力，一切法律、行政法规、地方性法规、自治条例和单行条例、规章都不得同宪法相抵触。"第三，宪法是一切国家机关、社会团体、公民等主体的根本活动准则。我国宪法序言中规定："全国各族人民，一切国家机关和武装力量、各政党和各社会团体、各企业事业组织，都必须以宪法为根本的活动准则，并且负有维护宪法尊严，保证宪法实施的职责。"

3. 宪法的制定和修改比普通法律严格

由于宪法是国家的根本法，需要有相对的连续性和稳定性，因此，制定宪法和修改宪法就必须特别慎重。宪法制定和修改比普通法律更为严格，这主要表现在对制定和修改的主体和程序要求方面。首先，宪法一般由专门的制宪机关制定。普通的立法机关之所以不能拥有制宪权，在于它的存在和职权本身源于宪法的设定和授予，它当然无权创制宪法。制宪权只能属于经过选举产生的专门机构，在绝大多数实行成文宪法的国家均不例外。其次，宪法的修改程序一般比普通法律的修改程序更为严格。这主要表现在两个方面。

一是修宪提案权主体有特别限制。普通法律的修改案的提出，依照立法机关的工作程序，由通常在议会拥有提案权的主体提出，而修宪提案的主体则完全不同。我国宪法规定，宪法修改案只能由全国人大常委会或者1/5以上的全国人大代表提出。二是宪法修改案的通过程序比普通法律严格，通常要求以立法机关绝对多数票或特定方式通过。我国现行宪法规定，宪法修改必须经全国人民代表大会以全体代表的2/3以上的多数通过。

（三）宪法的基本原则

1. 坚持中国共产党的领导原则

坚持中国共产党的领导作为宪法的基本原则，从根本上来说，是由宪法确立的我国的国体所决定的。中国共产党的领导是中国人民当家作主的根本保证。我国现行宪法集中体现了新时期党的主张和人民意志的高度统一，现行宪法序言中对中国共产党领导地位和执政地位都有明确规定，这既是对党领导人民进行革命、建设和改革历史经验的总结和胜利成果的确认，也是对我国国体和社会主义制度的确认。全国各族人民、一切国家机关和武装力量、各政党和各社会团体、各企业事业单位，都必须以宪法为根本活动准则，严格遵守和实施宪法，毫不动摇地坚持中国共产党的领导。

2. 人民主权原则

法国启蒙思想家卢梭创立了人民主权学说，成为资产阶级反对封建专制主义的思想武器，是资产阶级民主思想的核心。该原则最早于 1776 年的美国《独立宣言》和 1789 年法国的《人权和公民权宣言》中得到确认，后来随着资产阶级革命和近代民主政治制度的普及而传播于世界各国，最终成为资产阶级各国宪法的基本原则之一。在社会主义国家的宪法中，并没有像资本主义国家宪法那样在文本上明确规定人民主权原则，而是使用"一切权力属于人民"来表述这一原则，"一切权力属于人民"实质上也就是主权在民或人民主权。

人民主权原则，也称主权在民原则，具有以下含义：第一，一切权力属于人民，这是社会主义宪法人民主权原则的基石，也是社会主义国家制度的核心内容和根本准则；第二，人民行使主权的方式是实行人民代表大会制度，人民代表机关由人民选举，对人民负责，受人民监督，人民代表机关组织产生国家行政机关、审判机关和检察机关，它们都对人民代表机关负责，受人民代表监督。

3. 基本人权原则

该原则是以卢梭的"天赋人权"学说为理论基础的，按照这一学说，每个人都有与生俱来的自然权利；这种权利既不能被剥夺，亦不能被转让；人们达成契约成立国家，其目的就是保障自己的权利和自由，因此国家必须保障人的基本自然权利；一切人定的法则和一切政治活动都应该以保障人权为宗旨，应该是人权要求的具体化。人权是作为一个人所应该享有的权利，人权的具体内容直接反映在我国宪法所确认和规定的公民的基本权利和义务之中，而且在实践中我国始终把生存权和发展权放在首位。生存权是第一人权，是其他人权的基础。同时，民族的发展权在我国也得以充分实现，这对我国民族的繁荣富强有着深远意义。

4. 权力监督与制约原则

权力监督与制约原则指国家权力的各部分之间相互监督、彼此牵制，以保障公民权利的原则。在资本主义国家的宪法中，这一原则主要表现为"权力分立与制衡"原则，简称分权制衡原则。分权指把国家权力分为几部分，分别由不同的国家机关独立行使；制衡指这几个国家机关在行使权力的过程中，保持一种相互牵制和平衡的关系。在社会主义国家的宪法中，该原则主要表现为民主集中制和监督原则。我国权力监督与制约原则更注重权力分工与集中相统一基础上的权力的相互监督。根据宪法的相关规定，权力监督与制约原则主要体现在以下三个方面。第一，人民对国家权力的监督。其理论依据是一切权力属于人民。如现行《宪法》第二条、第三条、第七十七条、第一百零二条都有相关规定。第二，公民对国家机关和国家工作人员的监督。如现行《宪法》第三十五条和第四十一条都有相关规定。第三，国家机关之间的监督。如现行《宪法》第一百零八条、第一百二十七条、第一百三十二条、第一百三十五条都有相关规定。

（五）法治原则

法治原则，又称依法治国，最早由法国的《人权宣言》予以确认，其基本含义是必须依法办事，按照法律来治理国家，建立秩序，任何组织或个人均不得有法外特权。法治是以人民主权和平等权为基础的，是与"人治"相对立的一个概念，是对"人治"状态的否定。该原则以公平正义为价值取向，以民主政治为基础，以宪法法律至上为前提，以严格依法办事为核心，以确保权力正当运行为重点，以执法为民为本质要求，以服务大局为重要使命。在我国，法治原则具体表现为"有法可依、有法必依、执法必严、违法必究"，其核心是依法办事，不允许有超越宪法和法律的特权存在。我国宪法还把依法治国原则直接规定在宪法条文中，公开宣示和保障宪法的最高法律效力和反对法外特权。

二、大学生的宪法权利

（一）我国公民的基本权利

法国思想家卢梭曾经说过："人一出生就口含一枚金币，一面写着平等，一面写着自由，这枚金币叫人权。"人权被宪法所确认和具体化，形成了公民的基本权利，因此，基本权利就是由宪法规定的公民享有的最重要、最根本的权利。宪法所确认并保障的公民的基本权利和自由的范围是非常广泛的，我国宪法规定公民享有以下几个方面的基本权利和自由。

1. 平等权

我国《宪法》第三十三条第二款规定，"中华人民共和国公民在法律面前一律平等"；总纲第五条第五款规定，"任何组织或者个人都不得有超越宪法和法律的特权"。平等权指公民平等地享有权利，平等地履行义务，要求国家同等保护的权利和原则。它既是公民的基本权利，又是法治国家的宪法原则。平等权的内容包括法律面前人人平等、禁止歧视、反对特权等。在我国宪法中，还有民族平等权、选举平等权、宗教信仰的平等权和性别平等权等具体规定。

现实生活中，关于平等权的争议不胜枚举。例如，最近发生的有关"非全日制法考生呼吁平等保护"的问题。我国高等教育分为全日制和非全日制，长期以来，国家一直给予非全日制和全日制毕业生同等的考试权利。但是 2017 年 12 月 27 日提交审议并面向社会公开征求意见的《法官法》《检察官法》却涉嫌违反宪法和法律。该草案修改了以前非全日制和全日制毕业生同等报考通过司法考试从事法律职业的规定，禁止非全日制毕业生参加国家司法考试、从事法律职业，只允许全日制毕业生通过考试从事法律职业。这两部法律草案表面上限制的是非全日制毕业生报考司法考试的资格，但实施后极易引起其他国家考试效仿对非全日制考生进行限制，如此，更多非全日制毕业生参加考试的权利将会面临可能的侵害。

2. 政治权利

政治权利是公民依据宪法和法律规定，参与国家政治生活的行为可能性。一方面表现为以选举权和被选举权的行使参与国家和社会的组织与管理，即政治权利；另一方面表现为在国家政治生活中自由地发表意见、表达意愿的自由，即政治自由。

（1）选举权与被选举权

选举权是选民依法选举代议机关代表和特定国家机关公职人员的权利。被选举权是选民依法被选为代议机关代表和特定国家机关公职人员的权利。没有选举就没有民主。我国《宪法》第三十四条规定："中华人民共和国年满十八周岁的公民，不分民族、种族、性别、职业、家庭出身、宗教信仰、教育程度、财产状况、居住期限，都有选举权和被选举权；但是依照法律被剥夺政治权利的人除外。"

（2）言论、出版、结社、集会、游行、示威自由

我国《宪法》第三十五条规定："中华人民共和国公民有言论、出版、集会、结社、游行、示威的自由。"言论自由是公民通过各种语言形式宣传自己思想和观点的自由，宪法中主要指政治言论自由，是公民参与国家管理的有效形式。出版自由指公民可以通过公开发行的出版物，自由地表达自己对国家事务、社会事务、经济和文化事务的见解和看法。结社自由指公民为了一定的宗旨而依法律规定的程序组织某种社会团体的自由。集会指聚集于露天公共场所，发表意见，表达意愿的活动。游行指在公共道路、露天公共场所列队进行，表达共同意愿的活动。示威指在露天公共场所或公共道路上以集会、游行、静坐等方式，表达要求、抗议或者支持、声援等共同意愿的活动。集会、游行、示威自由是言论自由的延伸和具体化，是公民表现意愿的强烈形式和手段。

3. 宗教信仰自由

《宪法》第三十六条第一款规定："中华人民共和国公民有宗教信仰自由。"宗教信仰自由指公民依据内心的信念，自愿地信仰宗教的自由。内容上包括有信仰或不信仰宗教的自由，信仰这种或那种宗教的自由，在同一宗教里信仰这一教派或那一教派的自由，过去信教现在不信教的自由，过去不信教现在信教的自由。

人身自由又称身体自由，指公民的人身不受非法侵犯的自由，是以人身保障为核心的权利体系，是公民参加政治生活和社会生活的基础。人身自由的内容包括：

（1）人身自由不受侵犯

人身自由不受侵犯指公民享有人身不受任何非法搜查、拘禁、逮捕、剥夺、限制的权利。《宪法》第三十七条规定："中华人民共和国公民的人身自由不受侵犯。任何公民，非经人民检察院批准或者决定或者人民法院决定，并由公安机关执行，不受逮捕。禁止非法拘禁和以其他方法非法剥夺或者限制公民的人身自由，禁止非法搜查公民的身体。"

（2）人格尊严不受侵犯

人格尊严不受侵犯指与人身有密切联系的名誉、姓名、肖像等不容侵犯的权利。我国《宪法》第三十八条规定："中华人民共和国公民的人格尊严不受侵犯。禁止用任何方法对公民进行侮辱、诽谤和诬告陷害。"

（3）公民住宅不受侵犯

即住宅安全权，指公民居住、生活的场所不受非法侵入和搜查。我国现行《宪法》第三十九条规定："中华人民共和国公民的住宅不受侵犯。禁止非法搜查或者非法侵入公民的住宅。"

（4）通信自由

通信自由指公民通过书信、电话、电信及其他通信手段，根据自己的意愿进行通信，不受他人干涉的自由。《宪法》第四十条规定："中华人民共和国公民的通信自由和通信秘密受法律的保护。除因国家安全或者追查刑事犯罪的需要，由公安机关或者检察机关依照法律规定的程序对通信进行检查外，任何组织或者个人不得以任何理由侵犯公民的通信自由和通信秘密。"

5. 社会经济权利

社会经济权利指公民依照宪法规定享有物质利益的权利，是公民实现其他权利的物质上的保障。我国宪法规定了以下社会经济权利：

（1）财产权

财产权指公民个人通过劳动或其他合法方式取得财产和享有占有、使用、收益、处分财产的权利。《宪法》第十三条规定："公民的合法的私有财产不受侵犯。国家依照法律规定保护公民的私有财产权和继承权。国家为了公共利益的需要，可以依照法律规定对公民的私有财产实行征收或者征用并给予补偿。"

（2）劳动权

劳动权指一切有劳动能力的公民有从事劳动并取得劳动报酬的权利。《宪法》第四十二条规定："中华人民共和国公民有劳动的权利和义务。国家通过各种途径，创造劳动就业条件，加强劳动保护，改善劳动条件，并在发展生产的基础上，提高劳动报酬和福利待遇。"

（3）休息权

休息权指劳动者休息和休养的权利，是劳动力延续的条件，也是劳动者享受文化生活、自我提高的权利。《宪法》第四十三条规定："中华人民共和国劳动者有休息的权利。国家发展劳动者休息和休养的设施，规定职工的工作时间和休假制度。"

（4）获得物质帮助权

获得物质帮助权，也称为社会保障权，是公民因失去劳动能力或暂时失去劳动能力而不能获得必要的物质生活资料时，有从国家和社会获得生活保障，享有集体福利的一种权利。《宪法》第四十五条第一款规定："中华人民共和国公民在年老、疾病或者丧失劳动能力的情况下，有从国家和社会获得物质帮助的权利。"

6. 文化教育权利

文化教育权是一种综合的权利体系，在基本权利体系中处于基础地位。在教育方面体现为受教育权，在文化方面体现为科学研究自由、文艺创作自由和其他文化活动自由。

（1）受教育权

受教育权指公民接受文化科学知识等方面训练的权利。公民按照能力受教育，享受教育机会平等。《宪法》第四十六条第一款规定："中华人民共和国公民有受教育的权利和义务。"

（2）科学研究自由

科学研究自由指公民有自由地对科学领域的问题进行探讨的权利，不允许非法干涉；公民有权通过各种形式发表自己的研究成果，国家有义务提供必要条件；国家应奖励和鼓励科研人员，保护科研成果。《宪法》第四十七条规定："中华人民共和国公民有进行科学研究、文学艺术创作和其他文化活动的自由。国家对于从事教育、科学、技术、文学、艺术和其他文化事业的公民的有益于人民的创造性工作，给以鼓励和帮助。"

（3）文艺创作自由

文艺创作自由指公民有权自由地从事文艺创作并发表成果。允许不同风格、不同流派存在，国家权力不得非法干涉文艺创作，做出限制时应注意合理界限。

（4）其他文化活动自由

其他文化活动自由，包括观赏、欣赏、享用文化作品和从事各种娱乐活动的自由。

7. 监督权与请求权

（1）监督权

监督权指公民监督国家机关及其工作人员活动的权利，是人民主权原则的体现。《宪法》第四十一条第一、第二款规定，"中华人民共和国公民对于任何国家机关和国家工作人员，有提出批评和建议的权利；对于任何国家机关和国家工作人员的违法失职行为，有向有关国家机关提出申诉、控告或者检举的权利，但是不得捏造或者歪曲事实进行诬告陷害。对于公民的申诉、控告或者检举，有关国家机关必须查清事实，负责处理。任何人不得压制和打击报复"。

（2）请求权

请求权指公民依照宪法规定，要求国家作一定行为的权利。这是基本权利实现的手段性权利，是具有一般效力的具体的现实的权利。《宪法》第四十一条第三款规定："由于国家机关和国家工作人员侵犯公民权利而受到损失的人，有依照法律规定取得赔偿的权利。"

8. 其他权利

除此之外，我国宪法规定的基本权利中，还包括对妇女、儿童、老年人、残疾人、华侨、归侨和侨眷等特定主体的保护。

（二）具体分析与大学生相关的宪法权利

我国宪法中规定的公民的基本权利中，与大学生的切身利益息息相关的主要就是文化教育权利中的受教育权和科学研究自由。

1. 受教育权

受教育权是公民接受文化、科学等方面教育训练的权利，是教育领域里至关重要的权利。受教育权具有双重性质，它既是一项权利，又是一项义务。

根据我国宪法和有关教育立法的规定，受教育权的具体内容如下。

首先，按照个人能力接受教育的权利。即公民按照个人能力的大小，接受相应的教育。

其次，享受教育机会的平等。受教育机会平等，主要体现在《宪法》第四十六条："中华人民共和国公民有受教育的权利和义务。"国家培养青年、少年、儿童在品德、智力、体质等方面全面发展。从条文来看，此条更侧重于对青少年及儿童这些义务教育主体的受教育权利保护。但是条文中的"公民"一词显然应当包括所有受教育主体，那么对于高等教育来说，并不是每一个公民都有接受高等教育的权利，因此公民平等进入大学接受教育的权利不过是平等权在教育领域的投射而已。对于高等教育来说，保障学生的受教育权，除了要保证学生入学时的平等，即保证筛选学生的制度公开、公平、公正，更多的是对大学生自由学习或自由研究的权利不作限制，即保障在校受教育者的科学研究自由的权利。

最后，受教育权通过不同阶段和不同形式得到了具体实现。在我国的教育体系中，主要包括幼儿教育、初等教育、普通高等教育等，我国也已经建立了相对完善的受教育权保障体系，颁布了《中华人民共和国义务教育法》《中华人民共和国教育法》《中华人民共和国高等教育法》中华人民共和国《学位条例》等相关的法律法规。如中华人民共和国《义务教育法》第四条规定："凡具有中华人民共和国国籍的适龄儿童、少年，不分性别、民族、种族、家庭财产状况、宗教信仰等，依法享有平等接受义务教育的权利，并履行接受义务教育的义务。"《教育法》第九条规定："中华人民共和国公民有受教育的权利和义务。公民不分民族、种族、性别、职业、财产状况、宗教信仰等，依法享有平等的受教育机会。"《高等教育法》第九条规定："公民依法享有接受高等教育的权利。国家采取措施，帮助少数民族学生和经济困难的学生接受高等教育。"

2. 科学研究自由

"科学研究自由"这一基本权利的相关内容主要体现在《宪法》规定的第十九条、第二十条和四十七条中。第十九条、第二十条中规定，国家发展"高等教育""发展自然科学和社会科学事业"，其载体只能是大学和研究机构，要求国家履行保护义务，为科学研究自由提供制度保障、组织保障和程序保障。这集中体现为大学的办学自主权和大学自治制度。即便是立法机关，也不能完全废除它。在保护对象上，上述条文规定侧重对高等教育阶段师生权利的保障，包括高校的教师、研究人员、学生，具有进行科学研究、文学艺术创作和其他文化活动的自由。这些自由包括了研究自由、教学自由、学习自由、创作自由以及参与各类文化活动的自由。具体而言，在进行上述范围内的学术活动时，相关人员具有自主选择及决定的权利，包括进行学术活动的时间、地点、主题、相关的材料、活动的形式等，在从事研究、教学、创作及参加文化活动时，只要活动没有违反法律法规及相关规定，没有侵犯他人利益或社会公共利益，任何个人及组织不得以任何理由干涉相关人员的研究活动，限制他们自主进行科研活动的权利。除此之外，《高等教育法》第十条规定："国家依法保障高等学校中的科学研究，文学艺术创作和其他文化活动的自由。"

三、大学生的宪法义务

公民的权利和义务是相对的。权利是相对义务而言，没有无义务的权利，也没有无权利的义务。公民的基本义务又称宪法义务，是由宪法规定的公民必须履行的法律责任。义务只能由法律规定，在缺乏法律规定条件下，不得强加给公民以一定的义务；义务只能由立法机关设定，行政机关不具备设定义务的权力；法律规定公民履行义务必须符合宪法关于基本义务的规定。

（一）维护国家统一和民族团结的义务

《宪法》第五十二条规定："中华人民共和国公民有维护国家统一和全国各民族团结的义务。"《宪法》第四条第一款规定："中华人民共和国各民族一律平等。国家保障各少数民族的合法的权利和利益，维护和发展各民族的平等团结互助和谐关系。禁止对任何民族的歧视和压迫，禁止破坏民族团结和制造民族分裂的行为。"

作为新时代的大学生，我们更应该发扬维护民族团结、反对分裂的爱国精神。对此，大学生应该做到以下几个方面：尊重各少数民族的风俗和文化习惯；积极参与并帮助不发达地区进行政治经济文化等全方位的建设与发展；反对恐怖主义，同一切危害民族团结的言论和行为作斗争。

（二）遵守宪法和法律的义务

《宪法》第五十三条规定："中华人民共和国公民必须遵守宪法和法律，保守国家秘密，爱护公共财产，遵守劳动纪律，遵守公共秩序，尊重社会公德。"作为一名合格的大学生，我们不仅要遵守法律法规，而且要遵守校规校纪。严格服从学校的教育管理模式，认真学习，按时完成学业，避免发生"甘某案""于某某案"等类似的情况。

（三）维护国家安全、荣誉和利益的义务

《宪法》第五十四条规定："中华人民共和国公民有维护祖国的安全、荣誉和利益的义务，不得有危害祖国的安全、荣誉和利益的行为。"作为一名大学生，我们要牢固树立国家安全高于一切的理念。在对外交流中，要保持警惕性，增强保密意识，善于识别各种伪装。"《宪法》第五十五条规定："保卫祖国、抵抗侵略是中华人民共和国每一个公民的神圣职责。依照法律服兵役和参加民兵组织是中华人民共和国公民的光荣义务。"这一义务实际上是公民维护国家安全、荣誉和尊严的具体行为。国家的主权独立、领土完整是我国现代化建设能够顺利进行的关键。因此，保卫祖国、依法服兵役是每个公民的光荣职责。

依法服兵役，献身国防、报效祖国是每一位公民应尽的义务，也是大学生义不容辞的职责。作为一名大学生，在校学习期间，我们应该积极响应国家政策，积极应征入伍，努力提高个人综合素质，为国防和军队建设贡献力量。

（五）依法纳税的义务

《宪法》第五十六条规定："中华人民共和国公民有依照法律纳税的义务。"纳税义务指纳税义务人依照法律规定向税务部门按照一定的比例缴纳税款的行为。税收是国家的财政基础，也是国家为公民提供社会保障的物质基础。

现阶段，大学生创业问题已经屡见不鲜。大学生是国家未来的建设者，我们要从学生时代就养成纳税意识，增强社会责任感，遵守公司法等相关的法律法规，做一名合格的纳税人。

四、宪法基本制度

（一）国家性质

国家是政治学中的基本概念，一切政治活动和政治现象都是以国家为中心的。那么，国家到底是什么？这是古往今来众多学者研究的重要问题之一。在政治学上，国家性质和国家本质、国体等都是同义词，指的是国家的阶级本质，即一个国家里各个阶级在国家政治生活中的地位。在宪法学上，国家性质指通过特定的宪法规范和宪法制度所反映的一个国家在政治、经济、文化等方面的基本特征，它反映着该国社会制度的根本属性。任何国家都有其特定的性质，各立宪国家的宪法也都规定或反映了该国的国家性质，不同国家的宪法对其国家性质的规定或反映的方式也都各不相同。在资本主义国家的宪法中，大都没有关于国家性质的明文规定，一般只是以"主权在民""增进全民福利"等笼统的语言来概括其资产阶级专政的本质。而社会主义国家宪法大都以规范的形式明确规定了国家的性质。例如，我国《宪法》第一条明确规定："中华人民共和国是工人阶级领导的、以工农联盟为基础的人民民主专政的社会主义国家。社会主义制度是中华人民共和国的根本制度"。这表明了我国的国家性质是社会主义。宪法从人民民主专政的国家政权、有中国特色的社会主义经济制度以及文化制度等方面全面反映了我国的社会主义性质。

（二）国家基本制度

1．国家的基本经济制度

经济制度指通过宪法和法律确认、调整的，在人类社会发展到一定阶段时占主要地位的生产关系以及在此基础上建立的各种经济关系的总和，又被称为社会经济结构。国家经济制度是国家制度的基础，并且决定了国家的政治制度、法律制度和人们的社会意识等上层建筑的性质。宪法学所研究的经济制度就是作为上层建筑体系中制度范畴之一的经济制度。

新中国成立之后，制定的历部宪法都对经济制度作出了明确规定。现行《宪法》第六条、第七条、第八条、第十一条、第十五条等相关条文都具体规定了我国的经济制度，即生产资料的社会主义公有制是我国经济制度的基础；在社会主义初级阶段，实行公有制经济为主体、多种所有制经济共同发展的基本经济制度；实行按劳分配为主体、多种分配方式并存的分配制度；国家实行社会主义市场经济体制；农村集体经济组织实行家庭承包经营为基础、统分结合的双层经营体制；等等。

2．国家的基本政治制度

政治制度指在特定的社会中，统治阶级通过组织政权以实现其政治统治的原则和规则的总和。一个国家实行什么样的政治制度，归根结底是由这个国家的性质和基本国情来决定的。社会主义国家的政治制度是建立在生产资料公有制的经济基础之上的，其本质是实现最广大人民群众的根本利益，保障人民当家作主，保持国家长期稳定发展。宪法与政治制度密切相关，是一个国家政治制度的根本性法律依据。在我国，以宪法规定为基础，建立了人民代表大会制度、中国共产党领导的多党合作和政治协商制度、民族区域自治制度、基层群众自治制度，共同构成了我国政治制度的核心内容与基本框架。

（1）人民代表大会制度

人民代表大会制度是我国的根本政治制度，是我国人民当家作主、行使国家权力的重要途径和最高实现形式；它直接反映我国的国家性质，并决定了国家的各种具体制度和社会生活的各个方面。该制度建立在适应我国基本国情的基础上，既保证坚持中国共产党的统一领导，又充分发挥地方的主动性和积极性，使一切权力属于人民的原则得到充分落实。全国人民代表大会和地方各级人民代表大会通过民主选举产生，是人民行使国家权力的机关。我国现行《宪法》第二条、第三条对该制度的相关内容作了具体规定。

（2）中国共产党领导的多党合作和政治协商制度

中国共产党领导的多党合作和政治协商制度，是马克思主义统一战线理论、政党理论、社会主义民主政治理论与中国具体实践相结合的产物，是带有中国特色社会主义性质的新型政党制度，是在长期革命、建设和改革中形成和发展起来的。在政党关系上，坚持共产党领导、多党派合作；在政权运作方式上，坚持共产党执政、多党派参政；在协调利益关系上，坚持维护国家和人民的根本利益、照顾同盟者的具体利益；在民主形式上，坚持充分协商、广泛参与。

（3）民族区域自治制度

民族区域自治制度指在国家的统一领导下，以少数民族聚居区为基础，建立相应的民族自治地方，设立民族自治机关，行使宪法和法律规定的自治权的制度。我国现行《宪法》第四条、第一百一十二条至第一百二十二条对此作了具体规定。我国的民族区域自治制度是解决我国民族间问题的基本政策，是我国的一项基本政治制度。我国的民族区域自治是在国家统一领导下的自治，既维护了国家的统一，又保障了各少数民族当家作主的权利，实现了民族平等、民族团结、各民族共同繁荣发展。

（4）基层群众自治制度

基层群众自治制度指依照宪法和有关法律规定，由居民（村民）选举的成员组成居民（村民）委员会，实行自我管理、自我教育、自我服务、自我监督的制度。现行《宪法》第一百一十一条对此作了具体规定。基层群众自治组织不同于国家政权组织形式，它是以群众为基础建立起来的一个具有自治性的社会组织，其所从事的工作都是居民（村民）居住范围内社区的公共事务和公益事业等。

3. 国家的基本文化制度

文化制度指一国通过宪法和法律规范社会文化生活，调整以社会意识形态为核心的各种基本文化关系的规则、原则和政策的总和。文化制度主要包括教育、科技、文艺、广播电视、医疗、卫生、体育等各方面的文化事业，以及与社会意识形态相关的基本价值观念等。现行宪法对社会主义文化制度的内容作了具体规定：《宪法》第二十四条规定了加强社会主义精神文明建设，倡导社会主义核心价值观；《宪法》第十九条、第二十条、第二十一条、第二十二条等对科学文化体育建设作出了具体规定；《宪法》第二十三条规定了加强人才培养的相关内容。

（三）国家机构

国家机构又称国家机器，是统治阶级为行使国家权力、实现国家职能而建立起来的国家机关的总和。国家机构不仅是国家职能的主要载体，而且是国家形之于外的标志。国家机构包括立法机关、行政机关、审判机关、检察机关和军事机关等。根据我国现行宪法的规定，我国国家机构从横向角度，包括国家权力机关、国家主席、行政机关、国家军事领导机关、审判机关和检察机关。从纵向角度，包括中央国家机关和地方国家机关。中央国家机关包括全国人民代表大会及其常务委员会、国家主席、国务院、中央军事委员会、最高人民法院、最高人民检察院；地方国家机关包括地方各级人民代表大会及其常务委员会、地方各级人民政府、地方各级人民法院和人民检察院、民族自治地方的自治机关和特别行政区的国家机关。

1. 全国人民代表大会及其常务委员会

我国《宪法》第五十七条规定："中华人民共和国全国人民代表大会是最高国家权力机关，它的常设机关是全国人民代表大会常务委员会。"第五十八条规定："全国人民代表大会和全国人民代表大会常务委员会行使国家立法权。"这表明了全国人民代表大会的性质和它在整个国家机构中的地位。全国人大的作用和它具有的全权地位，是通过它所行使的职权体现的。《宪法》第六十二条规定了全国人大的职权。

全国人大常委会是全国人大的常设机关，是全国人大闭会期间经常行使国家权力的机关，是最高国家权力机关的组成部分，也是行使国家立法权的机关。它隶属于全国人大，受全国人大的领导和监督，向全国人大负责并报告工作。全国人大有权撤销它的不适当的决定和罢免它的组成人员。《宪法》第六十七条规定了全国人大常委会的职权。

2. 中华人民共和国主席

中华人民共和国主席是我国国家机构的重要组成部分，是一个相对独立的国家机关。《宪法》第七十九条规定：中华人民共和国主席、副主席由全国人民代表大会选举产生。有选举权和被选举权的年满四十五周岁的中华人民共和国公民可以被选为中华人民共和国主席、副主席。中华人民共和国主席、副主席每届任期同全国人民代表大会每届任期相同。《宪法》第八十条规定了国家主席的职权。

在我国，国家副主席没有独立的职权，他的职责主要是协助国家主席工作。副主席可以受国家主席的委托，代替执行主席的一部分职权。副主席受托行使国家主席职权时，具有与国家主席同等的法律地位，他所处理的国务具有与国家主席同等的法律效力。

3. 国务院

《宪法》第八十五条规定："中华人民共和国国务院，即中央人民政府，是最高国家权力机关的执行机关，是最高国家行政机关"。国务院由全国人大产生，受它监督，并向它负责和报告工作。在全国人大闭会期间，接受全国人大常委会的监督，向它负责并报告工作。国务院是最高国家行政机关，即国务院在整个国家行政机关系统中处于最高地位，国务院统一领导各部、各委员会的工作和全国地方各级国家行政机关的工作。《宪法》第八十九条规定了国务院的职权。

4. 中央军事委员会

《宪法》第九十三条规定："中华人民共和国中央军事委员会领导全国武装力量"。据此，中央军事委员会是国家最高军事领导机关，领导和指挥全国武装力量。军队是国家机器的重要组成部分，军事权力是国家权力的构成要素之一，在国家体制中占有重要地位。我国宪法正是在总结国家机构建设和人民军队建设历史经验的基础上，从实际出发，规定设立了中央军事委员会。把中央军事委员会列为国家机关，肯定了它是中央国家结构体系中的一个独立机构，这不仅纠正了过去以党代政、党政不分的不正常做法，而且进一步完善了国家机构，有利于实现中央国家机关的合理分工，把全国武装力量置于最高国家权力机关的监督之下。

5. 地方各级人民代表大会和地方各级人民政府

《宪法》第九十六条规定："地方各级人民代表大会是地方国家权力机关。"第九十九条规定：地方各级人民代表大会在本行政区域内，保证宪法、法律、行政法规的遵守和执行；依照法律规定的权限，通过和发布决议，审查和决定地方的经济建设、文化建设和公共事业建设的计划。而地方各级人民政府是地方各级国家权力机关的执行机关，是地方各级国家行政机关。根据《宪法》第一百零七条规定，县级以上地方各级人民政府的职权包括：管理本行政区域内的经济、教育、科学、文化、卫生、体育事业、城乡建设事业和财政、民政、公安、民族事务、司法行政、计划生育等行政工作，发布决定和命令，任免、培训、考核和奖惩行政工作人员。乡、民族乡、镇的人民政府有权执行本级人民代表大会的决议和上级国家行政机关的决定和命令，管理本行政区域内的行政工作。省、直辖市的人民政府决定乡、民族乡、镇的建置和区域划分。

6. 民族自治地方的自治机关

《宪法》第一百一十二条规定："民族自治地方的自治机关是自治区、自治州、自治县的人民代表大会和人民政府。"民族自治地方的人大是由实行区域自治的民族以及居住在本区域内的其他民族的公民，按人口比例产生代表组成的；民族自治地方的人大常委会中应当由实行区域自治的民族的公民担任主任或副主任；自治区、自治州、自治县人民政府的主席、州长、县长应当由实行区域自治的民族的公民担任；自治地方人民政府的其他组成人员和自治机关所属工作部门的干部，要合理配备实行区域自治的少数民族和其他少数民族的人员。民族自治地方的自治机关行使的职权具有双重性。一方面，行使一般地方国家机关的职权；另一方面，自治机关依法享有广泛的自治权。自治机关的自治权主要有：对上级国家机关的决议、决定、命令和指示的变通执行或停止执行；制定自治条例和单行条例；管理地方财政；安排和管理地方经济建设事业；管理本地方的教育、科学、文化、卫生、体育事业；使用和发展当地通用的一种或几种语言文字。

7. 监察委员会

《宪法》第一百二十三条规定："中华人民共和国各级监察委员会是国家的监察机关。"第一百二十四条规定："中华人民共和国设立国家监察委员会和地方各级监察委员会。"国家监察委员会是最高监察机关，依照法律规定独立行使监察权；监察机关在办理职务违法和职务犯罪案件时，应当与审判机关、检察机关、执法部门互相配合，互相制约。

8. 人民法院和人民检察院

《宪法》第一百二十八条规定："中华人民共和国人民法院是国家的审判机关。"根据宪法和法律规定，我国设立最高人民法院、地方各级人民法院和军事法院等专门人民法院。人民法院通过行使审判权完成国家权力机关给予的任务，保障法律的实施，维护法律的尊严。一切需要通过审判解决的案件都要由人民法院依照法律的规定进行审判，其他一切国家机关、社会团体和个人都无权进行审判。我国人民法院的审级制度是四级两审终审制，即我国人民法院共设四级，一个案件最多可以经过两级人民法院审理即告终结的制度。

《宪法》第一百三十四条规定："中华人民共和国人民检察院是国家的法律监督机关。"最高人民检察院是最高检察机关，人民检察院依照法律规定独立行使检察权，不受行政机关、社会团体和个人的干涉。检察权是国家权力的重要组成部分，人民检察院通过行使检察权，对国家机关、国家工作人员和公民的违法犯罪行为实行监督，以维护国家宪法和法律的尊严。

第二节 大学生在行政法方面的常见问题与解决对策

一、行政法的概念、原则与内容

（一）行政法的概念

行政法是关于行政的法，由于人们对行政的含义有多种多样的理解，对行政法的理解也必然多种多样。因此，关于行政法的概念表述可谓众说纷纭。其中，比较具有代表性的有以下几种。

1. 行政法是规定主权行使限度与行使方式的法

这种观点以 19 世纪初英国著名法学家奥斯汀（John Austin）为代表。他认为，作为公法部门之一的行政法，"规定主权行使之限度与方式：君主或主权者直接行使其主权，或其所属之高级行政官吏行使主权者授予或委托之部分主权。"

2. 行政法是调整行政机关特定行政内容的法

美国法学家戴维斯（K. R. Davis）在其 1978 年出版的《行政法教程》一书中提出："行政法是关于行政管理机构的权力和活动程序的法，特别还包括对行政行为进行司法审查的法。"

3. 行政法是控制政府公权力的法

美国法学家伯纳德·施瓦茨（Bernard Schwartz）指出："行政法是管理政府行政活动的部门法。它规定行政机关可以行使的权力，确定行使这些权力的原则，对受到行政行为损害者给予法律补偿。"

这一观点以《布莱克法律词典》的表述为代表："行政法是行政机关制定的以条例、规章、命令和决定形式出现的法的总称。"

（二）行政法的原则

行政法的原则是指导行政法律的制定，规范行政权力的运作，以及提供行政权力的监督者判断标准的基本原理。作为行政法精髓的基本原则是一种理念推演出来的产物，也是行政法学界长期钻研国家行政事务所综合积累的成果。总体而言，行政法的原则主要包括以下两个方面。

1. 法律优位原则

所谓法律优位，字面的意思是法律对行政权处于优先的地位。实质上指行政应受既存法律的约束，行政机关不得违反既存法律，不能采取与法律相抵触的措施，与法律相抵触的行政行为原则上是可以撤销和被提起诉讼的。

2. 法律保留原则

法律保留原则又称积极的依法行政原则，主要涉及民主国家中的哪些事项应由哪一层级的规范规定的问题。它指特定的国家事务应保留由立法者以法律的形式为之，行政机关依法律规定方能作出行政行为。法律保留有狭义、广义和最广义之分，狭义的法律保留指某些事项只能由立法机关通过法律规定，不得委由行政机关代为规定。广义的法律保留指某些事项虽应保留由法律加以规定，但法律也可授权行政机关以行政立法的方式加以规定，但此时法律的授权必须在授权目的、范围、内容等方面明确具体。最广义的法律保留指只要有相当于广义"法律"位阶的规范作为依据，就符合法律保留。

（三）正当程序原则

英国自 1215 年《自由大宪章》即发展出"自然正义法则"（rules of natural justice），它包括公正程序的两项基本原则。第一项原则是"一个人不能在自己的案件中做法官"，其主要目的是防止偏私，要求裁决者必须是独立的。关于"独立"的判断标准，一般有以下要求：①不可对所裁决的案件有财务上的直接利益；②不可对案件中的当事人有任何偏见；③不可对该案当事人所主张的论点有所成见。第二项原则是"人们的抗辩必须被公正地听取"，其主要目的是实现当事人受公正审判的权利，指个人或法人的权益受到行政决定的不利影响时，行政机关应举行类似法庭调查的审讯活动，以便当事人申辩，便于行政当局弄清问题。而新近的发展则将"提供决定理由"以及"决定必须以有证明价值的证据为依据"两项新要求也纳入自然正义原则之中。

在美国，宪法第十四修正案规定了"正当法律程序原则"（due process of law），并在行政、刑事等领域有广泛的适用。然而，如何灵活地适用正当法律程序原则，却是较为复杂的。正如美国联邦最高法院曾经指出的那样，正当程序是"一个难以理解的概念。其边界并不容易界定，其内容也常随具体环境的变化而变化"。既有的判例表明，对于何谓程序能够称得上是"正当"的，法院往往需要进行多重因素的复杂权衡。正如美国佛蒙特法律学校教授菲利普·哈特（Philip Hatter）所言，"一旦确定了某人具有财产或者自由利益，那么接下来必须确定的问题就是在宪法正当程序条款下，'什么程序是正当的'。法院认为，这取决于具体情况，需要平衡三方面因素：一是将受到行政行为影响的私人利益的性质；二是政府使用某种程序的情况下，该利益被错误剥夺的风险，以及增加额外程序保障可能的价值；三是政府的利益，包括所涉及的职能以及增加额外程序所引起的财政和行政负担。"

4. 比例原则

比例原则"指行政权力在侵犯公民权利时，必须有法律依据，但是必须选择侵害公民权利最小范围内行使之"。该原则注重在实施政府公权力行为的"手段"和"目的"之间，应该存在一定的"比例"关系，不可以为达目的不择手段。比例原则源于19世纪德国的警察法学，认为警察权力的行使唯有在"必要时"，才能限制公民的权利。在20世纪初，德国行政法学者弗莱纳（F. Fleiner）提出一句脍炙人口的名言"勿以炮击雀"，来比喻警察权行使的限度。

比例原则有广义与狭义两种。广义的比例原则包含了三个子原则。

（1）妥当性原则，又称合目的性原则。如果行政权力所为根本无法达成目的，就是违反妥当性原则。

（2）必要性原则，指行政权力的行使，仅达到行政目的即足，不可过度侵害行政相对人的权利。

（3）均衡原则，又称狭义的比例原则，指行政权力的行使，虽是达成行政目的所必要的，但是不可给予公民超过行政目的之价值的侵害。该原则亦可称为过度禁止原则或法益平衡原则，它侧重"价值""法益"方面的衡量。

5. 不当联结禁止原则

不当联结禁止原则指行政主体在作出行政行为时，应只考虑到合乎事物本质的要素，不可将与法律目的不相干的法律上或事实上的要素纳入考虑。纵使这些要素本身具有独立的目的，且具有一定的正当性，但只要它与法律目的或行政目的间没有正当的关联性，也不得将之联结在一起加以考虑。

（三）行政法的渊源

法源（rechtsquelle）即法规范构成的来源。行政法是国家整体规范的组成部分，在现代法治国家中，依法行政原则又是所有行政行为所必须遵循的圭臬，讨论行政法的法源问题，即在于探究哪些规范是可以用来规范行政行为之准则。行政法的法源即是在形式上及实质上规范行政行为的法规总称。在不同的国家和同一国家的不同时期，行政法律规范的表现形式不尽相同。我国作为成文法国家，行政法的渊源主要包括以下七种类型。

1. 宪法

宪法是由全国人民代表大会制定，具有最高法律地位和效力的法源。宪法中包括行政法律制度的内容，因而能够成为行政法的渊源，调整行政活动的宪法规范主要体现在以下几个方面：关于行政活动基本原则的规范；关于中央人民政府和地方各级人民政府的组织和职权的规范；关于公民在行政领域的基本权利和基本义务的规范等。中华人民共和国成立后，曾于1954年9月20日、1975年1月17日、1978年3月5日和1982年12月4日通过四个宪法，现行宪法为1982年宪法，并历经1988年、1993年、1999年、2004年、2018年五次修订。

我国先后颁布的四部《宪法》都对教育问题作出了规定，现行《宪法》（1982年通过）也有多个条文涉及教育问题，特别是第四十六条、第四十七条、第四十九条等，这些规定成为制定教育法的重要依据。任何教育法律都不得逾越宪法的理念与规范。例如，《宪法》第四十六条规定："中华人民共和国公民有受教育的权利和义务。国家培养青年、少年、儿童在品德、智力、体质等方面全面发展。"《宪法》第四十七条规定："中华人民共和国公民有进行科学研究、文学艺术创作和其他文化活动的自由。国家对于从事教育、科学、技术、文学、艺术和其他文化事业的公民的有益于人民的创造性工作，给以鼓励和帮助。"

2. 法律

法律是由全国人民代表大会及其常务委员会制定的规范性法律文件，有基本法律和一般法律之分。前者指全国人民代表大会制定的法律，通常规定和调整某一方面具有根本性、普遍性的法律；后者指全国人民代表大会常委会制定的法律，规定的对象相对比较具体。自1949年新中国成立以来，全国人大及其常委会先后颁布实施了《中华人民共和国学位条例》（1980年制定，2004年修订）、《中华人民共和国义务教育法》（1986年制定，2006年修订）、《中华人民共和国教师法》（1993年）、《中华人民共和国教育法》（1995年制定，2015年修订）、《中华人民共和国职业教育法》（1996年）、《中华人民共和国高等教育法》（1998年制定，2015年修订）、《中华人民共和国国家通用语言文字法》（2000

年)、《中华人民共和国民办教育促进法》(2002 年制定,2016 年修订) 8 部教育法律。其中,除了 1995 年制定的《教育法》属于基本法律,其他都属于基本法律以外的法律。

《教育部 2018 年工作要点》指出,将"推动《学前教育法》《职业教育法》《学位条例》等法律起草修订"。这表明《中华人民共和国学前教育法》将有望成为我国第 9 部教育法律。

3. 行政法规

行政法规是国务院为领导和管理国家各项行政工作,根据宪法和法律制定的有关政治、经济、教育、科技、文化、外事等内容的条例、规定和办法的总称。目前,由国务院制定颁布的有效的教育行政法规共有 13 项,包括《中华人民共和国学位条例暂行实施办法》(1981 年)、《普通高等学校设置暂行条例》(1986 年)、《扫除文盲工作条例》(1988年)、《高等教育自学考试暂行条例》(1988 年)、《幼儿园管理条例》(1989 年)、《学校体育工作条例》(1990 年)、《学校卫生工作条例》(1990 年)、《教学成果奖励条例》(1994 年)、《中华人民共和国残疾人教育条例》(1994 年制定,2017 年修订)、《中华人民共和国教师资格条例》(1995 年)、《禁止使用童工规定》(2002 年)、《中华人民共和国中外合作办学条例》(2003 年)、《中华人民共和国民办教育促进法实施条例》(2004 年)。除此之外,教育部正在研究起草《国家教育考试条例》,而《民办教育促进法实施条例》则正在修订中。

4. 地方性法规

地方性法规是省、直辖市、自治区以及省、自治区人民政府所在地的市和设区的市的人民代表大会及其常务委员会,在不与宪法、法律和行政法规相抵触的前提下,根据本地区的实际情况制定的规范性法律文件。地方性法规是地方人民政府进行本地区行政工作的法律依据之一,也是行政法的法源。

截至 2015 年 2 月,除了省、自治区和直辖市外,23 个省会、5 个自治区首府、18 个较大的市以及 4 个经济特区、1 个特别合作区共 49 个地级市拥有地方立法权。2015 年 3月 15 日,《立法法》修改,地方立法权扩大至所有设区的市。修订后实施的《立法法》第八十条规定:"省、自治区、直辖市的人民代表大会及其常务委员会根据本行政区域的具体情况和实际需要,在不同宪法、法律、行政法规相抵触的前提下,可以制定地方性法规。"第八十一条规定:"设区的市的人民代表大会及其常务委员会根据本市的具体情况和实际需要,在不同宪法、法律、行政法规和本省、自治区的地方性法规相抵触的前提下,可以对城乡建设与管理、环境保护、历史文化保护等方面的事项制定地方性法规，法律对设区的市制定地方性法规的事项另有规定的，从其规定。"

目前，我国各省、自治区和直辖市都有一定数量的地方性教育法规，内容集中在一些重要教育法律的实施方面，如1986年《义务教育法》颁布实施后，各地相继制定了实施《义务教育法》的地方性法规；2002年《民办教育促进法》颁布实施后，一些地方制定了相应的实施条例；2015年《高等教育法》修订后，上海市颁布实施了《上海市高等教育促进条例》，该条例于2017年12月28日通过，2018年3月15日起施行。除此之外，也有一些地方根据本地情况和现实需要先行制定地方性教育法规，如上海市2001年制定的《上海市中小学校学生伤害事故处理条例》等。

5. 自治条例与单行条例

自治条例与单行条例属于自治法规，由民族自治地方的人民代表大会制定。根据《宪法》第一百一十六条和《立法法》第八十条规定，民族自治地方的人民代表大会，有权依据当地民族的政治、经济和文化的特点，制定自治条例和单行条例。自治区的自治条例和单行条例，报省、自治区、直辖市的人民代表大会常务委员会批准后生效。自治条例和单行条例是民族自治地方的人民政府进行行政工作的法律依据之一，也是我国行政法的法源之一。

6. 规章

规章有部门规章和地方政府规章之分。部门规章是国务院各组织部门根据法律和行政法规等在本部门权限范围内制定的规范性法律文件。地方政府规章是省、自治区、直辖市以及省、自治区人民政府所在地的市和经国务院批准的较大的市的人民政府，根据法律、行政法规等制定的规范性法律文件。

规章是我国数量最多的行政法类型，规范内容也最为全面。教育部作为国家教育行政主管部门，制定了大量的教育规章，对指导和规范全国的教育工作起到了重要作用，比较受关注的如2002年颁布、2010年修订的《学生伤害事故处理办法》，2004年制定、2012年修订的《国家教育考试违规处理办法》，2012年颁布的《学位论文作假行为处理办法》、2014年颁布的《高等学校学术委员会规程》以及2017年修订的《普通高等学校学生管理规定》和《普通高等学校辅导员队伍建设规定》（教育部第43号令），等等。

在教育部部门规章之外，地方政府也颁布实施了一系列教育规章。例如，2017年施行的《青岛市中小学校管理办法》。

7. 有权法律解释

有权法律解释是依法享有法律解释权的特定国家机关对有关法律文件进行的具有法律效力的解释。根据 1981 年第五届全国人民代表大会常务委员会第 19 次会议通过的《关于加强法律解释工作的决议》的规定，有权法律解释包括以下四种：立法解释，即全国人大常委会依法对法律文件所作的解释；司法解释，即最高人民法院和最高人民检察院依法对法律文件进行的解释；行政解释，即国务院及主管部门依法对法律文件进行的解释；地方解释，即法定的地方人大常委会及人民政府主管部门依法对法律文件进行的解释。各种有权解释中涉及行政主体行使行政职权问题的，也都是行政法的渊源。

二、行政法的救济途径

我国行政法的救济途径，主要包括内部救济途径与外部救济途径两类。前者主要涉及政府系统内部设置的纠纷解决机制，以行政复议制度为代表；后者则以行政诉讼制度为代表。

（一）行政复议

行政复议指公民、法人或者其他组织认为行政机关的具体行政行为侵犯其合法权益，依法向上级行政机关提出申请，由受理申请的行政机关对具体行政行为依法进行审查并作出处理决定的活动。对行政机关而言，行政复议是行政机关系统内部自我监督的一种重要形式；对于行政相对人而言，行政复议是其对被侵犯的权益的一种救济手段或途径。

《行政诉讼法》第四十五条则规定：“公民、法人或者其他组织不服复议决定的，可以在收到复议决定书之日起十五日内向人民法院提起诉讼。复议机关逾期不作决定的，申请人可以在复议期满之日起十五日内向人民法院提起诉讼。法律另有规定的除外。”

（二）行政诉讼

行政诉讼指公民、法人或者其他组织认为行政机关和法律法规规章授权组织的行政行为侵犯其合法权益，依法定程序向人民法院提起诉讼，人民法院在当事人及其他参与人的参加下，对行政行为的合法性进行审理并作出裁决的活动。《行政诉讼法》第一条规定：“为保证人民法院公正、及时审理行政案件，解决行政争议，保护公民、法人和其他组织的合法权益，监督行政机关依法行使职权，根据宪法，制定本法。”第二条规定：“公民、法人或者其他组织认为行政机关和行政机关工作人员的行政行为侵犯其合法权益，有权依照本法向人民法院提起诉讼。前款所称行政行为，包括法律、法规、规章授权的组织作出的行政行为。"第七十条规定："行政行为有下列情形之一的，人民法院判决撤销或者部分撤销，并可以判决被告重新作出行政行为：（一）主要证据不足的；（二）适用法律、法规错误的；（三）违反法定程序的；（四）超越职权的；（五）滥用职权的；（六）明显不当的。"据此，法院受理高等学校的行政争议案件，往往基于《行政诉讼法》第七十条规定，对高等学校作出的行政行为的合法性进行审查。

三、依法治校与学生的权利保障

（一）完善大学生权利救济渠道，健全校生纠纷解决机制

当前，高校法治工作开展的重点内容是完善大学生权利救济渠道，健全校生纠纷解决机制。除了传统的行政复议与行政诉讼等公法救济机制外，我国《普通高等学校学生管理规定》的颁布实施及其修订，将学生申诉制度纳入学生权利救济的渠道，为大学生权利救济提供了更为多元与便捷的途径。由1995年颁布实施的《教育法》确立，借由教育部21号令即《普通高等学校学生管理规定》予以明确和健全的学生申诉制度作为公立高等学校学生权利救济的重要渠道，其实效性还相当不足。尽管《普通高等学校学生管理规定》对高校学生校内申诉的申诉组织、申诉范围、申诉程序等作了制度性规定，为高校学生申诉制度建立健全提供了具体的依据。但是，这种"行政主导"模式下建立的高校学生申诉制度，在独立性、权威性和专业性方面均存在较多问题。它集中表现为"学生申诉委员会"作为学生申诉处理机构的地位、组成和人选来源不够清晰明确，致使各高校校规对"学生申诉委员会"的成员比例等"实质性问题"拥有"自由裁量"的空间。

针对该问题，有学者对安徽理工大学等30所高校"学生申诉委员会"的设置状况进行了实证调查。调查结果表明，鉴于对《普通高等学校学生管理规定》第五十九条第二款规定的遵守，在这些高校中，大多数都规定"学生申诉委员会"的委员由校分管领导、学生处、教务处、监察处、保卫处、团委、法律专家和相关学院的负责人、教师代表和学生代表组成。由于教师与学生代表比例极小，"学生申诉委员会"实际上沦为高校行政结构的"微缩版"。显然，学生申诉委员会的成员构成及其具体的代表比例设置，具有鲜明的"行政支配"特性。由于学生申诉机构受高校行政权力的支配和统一领导，申诉处理委员会在处理纠纷时势必会更多考虑高校管理者的权威，而非学生权利的救济与维护。

与此同时，校内申诉制度的处理程序（如回避制度设置）以及受理范围也均存在较多

的制度缺陷。例如，2005 年颁布实施的《普通高等学校学生管理规定》（教育部第 21 号令）对学生申诉制度的受案范围作了较《教育法》更为限缩的规定。毋庸置疑，这一规定将校内学生申诉制度的受案范围限定在学生身份变更等对学生重大权益产生影响的处分，客观上不利于学生合法权益的保护与救济。在高校根据《普通高等学校学生管理规定》要求颁布实施的相关校规中，一些高校对学生申诉处理委员会的受理范围作了更为明确的限缩。显然，《普通高等学校学生管理规定》与一些高校据此制定的学生申诉处理办法，实质性地限缩了《教育法》所规定和保障的学生申诉权的权利范围。除此之外，更为根本的问题在于，"如果不赋予学申委以一定的变更学校原处分决定的权力，则学申委的作用就形同虚设，根本无法维护学生权利"。不难想象，2005 年《普通高等学校学生管理规定》（第 21 号令）以及高校据此制定实施的有关学生申诉的校规，对学生合法权益的救济与保障能力可谓极为有限。

值得关注的是，在最新修订的《普通高等学校学生管理规定》（第 41 号令）中，对高等学校学生申诉制度作了更为具体翔实的规定。在"新规定"中单独设立"学生申诉"一章，对学生申诉机构的成员构成与权限范畴、学生申诉的具体程度等重要事项予以明确规定。据此，拓展了高等学校学生申诉处理委员会的受理范围，完善了该委员会的成员构成、议事规则以及相关程序。以受理范围为例，"新规定"不再对学生申诉委员会的受理范围作列举式的规定，而是将其界定为"学生对处理或者处分决定不服"的权益纠纷。最值得肯定的是，在此次修订中，"新规定"明确赋予高等学校学生申诉处理委员会以变更学校原处分决定的权力。此外，"新规定"还对教育行政部门的行政申诉制度予以更为明确的规定，要求省级教育政部门，"根据调查结论，区别不同情况，分别作出"不同的决定。

尽管"新规定"已经对学生申诉制度作了较为完善和全面的规定，但是高等学校学生申诉制度依旧存在较大不足。例如，"新规定"对学生申诉处理委员会的受理范围、成员构成还缺乏更为明确具体的规定，各高校在出台自身申诉办法时，依旧存在着较大的"自由裁量"空间。对于"新规定"，高校可能会作出有利于维护其管理秩序的解释，进而沿袭其以往的做法。此外，如何厘清校内申诉、行政申诉、行政复议以及行政诉讼等多元纠纷解决机制之间的关系，也尚未获得解决。

（二）增强高校学生管理的法治思维，凸显实体正义与程序正义

高校学生管理中，学生权利救济与保障的实现，有赖高校学生管理中实体正义与程序

正义的凸显。

1. 促进高校学生管理的自主权与大学生权利保障之间的平衡

例如，在学位授予、学业成绩评定等学术性事项的管理中，高校享有特定的学术自治权，但这种学术自治权须基于专业同行客观公正的专业判断基础之上，而不得恣意妄为。高校学生管理中所享有的"判断余地"并不构成其恣意妄为的理由，相反，它应秉持公正与理性。否则，即便是对于学术性事项，法院也可能介入此类纠纷。当前，我国《高等教育法》的修订以及《高等学校学术委员会规程》等规章的颁布实施，为高校学生管理中自主权的行使设置了必要的界限。其中，学术委员会、学位授予委员会等专业委员会的成员构成及其工作细则的制定，成为凸显高校学生管理实体正义的重要内容。

2. 通过教育立法与司法规制的持续作用，正当程序原则在大学治理中逐渐扩散并制度化

以作为正当法律程序核心内容的听证制度为例，近年来该制度逐渐被许多高校采用并取得了较好的治理效果。原华东政法学院（现华东政法大学）于 2000 年 3 月即出台申诉听证制度，2002 年 10 月又颁布了"《华东政法学院听证暂行规则》，在学生考试作弊认定等涉及学生重大处分行为中适用听证制度；2005 年，浙江大学对给予开除处分的学生实行"听证制度"。当前，越来越多的高校认识到正当程序对于大学治理的重要意义。一方面，基于正当程序原则的大学治理能够减少纠纷的产生，降低大学在行政诉讼中的败诉风险。另一方面，正当程序原则的引入，可以显著增强治理的民主性和科学性。应该认识到，程序结构的交涉性、开放性和参与性，能够增进大学决策的共识与理性，消除分歧与偏见，避免权力的恣意和失控。

第六章 大学生创业法律意识培养与加强法治教育的途径

第一节 大学生创业法律意识的培养

一、大学生创业法律意识培养的重要意义

（一）培养大学生创业法律意识是构建和谐社会的需要

民主、公平、正义，这六个字是建立和谐社会主义法治社会所强调的，而社会要想真正落实贯彻民主法治，做到公平正义，就要加快法治进程，强调法律面前人人平等的原则，树立好法律权威，做好全面普法工作和加强普法宣传工作。大学生肩负着民族的希望，培养大学生的法律意识显得尤为重要，大学生是高素质的人群，对社会的进步具有很重要的推动作用，在构建社会主义法治国家的进程中，大学生的作用尤为突出。大学生如果不具备法律素养，就不能做一个全面发展的人，更不能适应时代发展的要求，依法治国的政策方针就形同虚设，民主法治也是纸上谈兵。

因此，大学生法律知识的掌握和了解、法律能力的提高、法律观念的增强和法律信仰的形成就成为大学生法律意识培养的重要内容。大学生创业法律意识只有符合社会的发展和顺应时代潮流，才能发挥大学生在社会群体中应有的作用，有利于中国特色社会主义法治进程的推进，从而在全社会起到很好的示范作用。

（二）培养大学生创业法律意识是依法治国的要求

依法治国的实现不仅仅依赖一定的物质基础，还依赖一定的价值理念。物质基础包括政治基础和经济基础，而人们的法治观念和法律意识是价值理念的重要组成部分。法律意识包括人们对法律的认知，即人们结合已有的知识加上自身经验，对法律现象进行判断的

心理。法律意识还包括法律情感和法律意志。法律情感就是人们伴随法律认知而产生的一种内心的情感体验，法律意志就是人们对法律自觉遵守，对法律产生一种信心和信仰。大学生创业法律意识的培养能更好地推进法治国家的落实和贯彻。

依法治国，建设社会主义法治国家，不仅需要完善社会主义法律体系，而且需要公民具备一定的法律意识。法律意识的培养不是国家利用强制手段要求人们被动地接受法律，而是人们能善于利用法律武器维护自身的合法权益，同时人们还能做到自觉地遵纪守法，相信法律，形成法律信仰。如果只谈依法治国，而不树立法治观念，那实行依法治国只能是纸上谈兵。大学生是祖国的未来和希望，是创业的主力军，因此，培养大学生的创业法律意识就显得特别重要。

培养大学生的创业法律意识是树立正确法治观念的前提，而法治观念的树立是推动依法治国的强大动力。一个国家拥有怎样的法治氛围，归根到底看国家实行怎样的法律政策，公民拥有怎样的法治观念。而法治观念的树立就要从培养公民法律意识开始，尤其要注重培养大学生的法律意识。人们具有的法律意识指导人们的行为，而法律的遵守和维护都体现在人们的行为上，如果没有树立和培养良好、健全的法律意识，依法治国就无从谈起。

（三）创业法律意识的培养是维护大学生合法权益和适应社会发展的需要

21世纪是经济全球化的时代，各国之间的竞争不仅是实力的竞争，也是人才的竞争。从服从到信仰，人们这种对法律态度的转变是法治社会最终形成的基本要求。对大学生创业法律意识的培养，可以让大学生明白在创业前什么是能做的，什么是不能做的，什么是违法的，什么是法律允许的。只有知法、懂法、用法、护法，才是适应社会发展需要的合格人才。在全球化经济已经成为必然的情况下，我们必须明白，我国经济与世界经济越接近，对我国高等教育发展提出的要求就越高。高校在注重大学生专业知识学习的同时，更要加强创业法律知识的教育，加强创业法律意识的培养。从维权角度上看，加强大学生创业法律意识的培养，不仅可以让大学生具备一定的创业法律知识，更重要的是在创业过程中遇到问题时，能够有意识地拿起法律的武器来维护自己的合法权益。

二、大学生创业法律意识缺失的主要表现

（一）创业需求强烈，但创业意志不坚定

需要是有机体感到某种缺乏而力求满足的心理倾向，它是有机体自身和外部生活条件的要求在头脑中的反映。创业需要的培养，主要是对创业者进行创业之前的创业法律意识的培养，主要包括创业准备、创业想法、创业资金等方面。

在创业之前多寻找创业相关资料，然后在企业进行实践活动，将理论与实践相结合。有近一半的学生选择"参加创业计划大赛""求助企业型企业家"，这部分学生可能希望通过间接的方式摸索创业环境和创业行为，对创业抱有谨慎的态度，以求更好地实现创业。

（二）创业动机主要来源于成就自我

动机是激励和刺激人的行动，并使行动导向某一个目标，以满足个体利益、需要的内部动因，涉及行为的发端、方向、强度和持续性。创业动机意识就是那些能够激励和推动创业进行的内部动因。

创业是一个系统性的活动。通过调查发现，大学生都明白创业应该具备什么样的准备、才能和才干。

大家的创业动力主要来源于两个方面——"获取更多的财富和名望"以及"挑战自我"，并且人数趋于一致性。按照马斯洛的需要层次理论，表明高等院校的大学生存在着两个极端的需要层次，即最低需要层次的生存的需要和最高的需要层次——自我实现需要。这告诉我们，创业动力的来源刺激成功的渴望，激励着学生创业法律意识的培养。

（三）自主创业的兴趣受学业、政策等因素影响

兴趣是力求认识某种事物或从事某项活动的意识倾向，表现为人们对事物、某项活动的选择性态度和积极的情绪反应，表现为四种品质，即倾向性、广度、稳定性和效能。

政府提倡全民创业，尤其是自主创业。为此，政府出台了很多相关的优惠政策，比如创业贷款、创业法律法规等。对政府创业扶持政策的了解度过低在一定程度上影响着创业的可持续发展。

青年学生的主要任务是学习。当学业与创业之间发生冲突，他们会怎样选择呢？调查发现，"边学习边创业"是当前高等院校学生比较满意的创业方式，既不会耽误学习，也不会阻止学生想创业的步伐，在探索中前进，为毕业之后的创业打下扎实的基础。

（四）对创业的认识不够深，阻碍创业活动的成功

观念是用来指导人的行为的意识、想法、理论体系。创业观念不是单纯意义上的创业，还包括创业信念，即创业者在一定的认识基础上确立的对创业坚信不疑并身体力行的心理态度和精神状态。

（五）高校对创业法律意识的教育不够重视，培养效果不大

高等院校已经开设或者正准备开设创业教育课程，但真正能接受到创业教育的学生较少，并且学校的创业法律意识培养和教育并没有实质性的创业实践指导作用，多数仍然停留在对教材的理论讲解，没有从根本上调动学生的学习兴趣。

三、提高大学生创业法律意识培养的对策

大学生就业问题是高等教育大众化背景下的一个重要问题，处理不当更会影响社会的稳定与发展。而转变思路，用创业来打破传统的就业观念，以创业带动就业，这是解决现有问题的重要方法。创业法律意识的培养是新形势下大学生转变思路的重要一环，关系着创业行为的实施与否，正确的创业法律意识更关系着创业行为的成败。针对我国大学生创业法律意识仍旧薄弱的现状，有必要探索大学生创业法律意识的培养策略。

（一）营造支持创业活动的社会氛围

1. 加强媒体舆论对创业法律意识的宣传工作

要做好宣传创业法律意识的相关工作，就必须充分发挥媒体的喉舌作用。媒体是先进知识、信息、资源的传递者，是推动社会进步的重要力量。媒体包括报纸、杂志、广播、电视、网络等主要方式，还有户外广告等多种形式。在多样化的宣传手段中，媒体工作者要做到紧紧围绕有效宣传这一主题，增强新闻的敏感性，考虑社会舆论反应，加强舆情分析，创设话题引导大众参与创业实践的一些有偿活动，提高大众对这类信息的兴趣，加强对创业类信息、政策的宣传解读，拓展宣传阵地。加强各种媒体舆论的全方位宣传，深入

剖析我国新形势下对创业型人才的需求量，解读我国就业形式现状，积极引进国外大学生创业教育的优势经验和典型事例，打破传统的就业观念，以创业教育理念为出发点，打造高等教育的新型就业观，深入贯彻落实科学发展观，避免片面夸大就业创业过程的某些局部困难，从维护社会稳定的高度理性认识当前大学生面临的就业和创业困境。

要充分认识互联网作为"信息集散地"和"社会舆论放大器"的作用和影响力，探索网络舆论引导的有效办法，努力提高运用新兴媒体开展宣传思想工作的能力。在面对来自家庭的阻力时，社会舆论的正确导向是至关重要的一环。正确发挥传媒的宣传作用，在日常生活中慢慢渗透适宜创业活动兴起的社会氛围，不夸大不唱衰，以客观、全面的创业事例给大学生以参考，倡导理性对待创业，让公众能够从被动接收信息到主动了解具体内容，影响家长和学生的就业观。

根据美国的有效经验，社会舆论也能给予创业者关注和支持。社会中的一些知名杂志，如《美国新闻》《世界报道》《成功》及《创业者》等都用大篇幅持续报道创业教育类新闻。《成功》及《创业者》每年都对美国所有高校的创业教育开展状况进行排位，排位的高低将直接影响高校下一年的生源和经济收入，并且也是对高校创业教育水平的一个评价。《华尔街日报》《商业周刊》等著名商业报刊也多次对成功创业者和企业进行报道，这些文章烘托了创业者的社会地位与形象，为新人加入创业活动奠定了良好的社会氛围。总台也推出了《赢在中国》《创新中国》等以创新创业为主题的节目，旨在带动创新创业型国家的社会氛围。

2. 多方协作促进创业活动的开展

舆论的导向作用是毋庸置疑的，政府出台福利政策也是吸引大学生着眼于创业活动的重要因素。根据美国的经验，在经历了经济大萧条之后，美国社会孕育出了很多适合创业的条件，所以在20世纪80年代美国的创业教育获得长足的发展。最直接的体现包括：政府领导者意识到中小企业可以为社会创造更多的就业岗位；创业不再局限于一小部分人中，基于政府的政策扶持，越来越多的人可以承担创业的风险；通过创业，非富裕阶层的人多了一条进入上流社会的通道；信息技术的发展降低了创业的门槛；全球丰富多彩的创业演讲使人们对创业有了全新的认识，促进了创业的发展。由此可见，创业活动的开展需要社会、政府、高校形成合力，共同为之努力。

作为大学生创业的坚强后盾，政府应该在政策、后续资金支持和培训等方面提供全方位的支持，包括建立创新就业基地、创办信息咨询中心，在政策方面降低贷款要求、提供培训、免税、企业帮扶、开通执照办理绿色渠道、政府合资等，进而形成合作发展互相帮助的良性创业体系。信息咨询中心要为大学生提供全面的法律、流程、规章制度等方面的信息，避免大学生创业走弯路。此外，政府应该发挥强大的组织能力，组织成功的创业家和创业大学生进行交流，组织风险投资机构向创业大学生讲授如何规避资金风险等。政府可以建立专业的交流平台，实现大学生创业者与企业家、风险投资之间的交流对话。为了保证创业者能得到持续的资金来源，政府部门可以组织工作人员定期回访，督促创业者尽快还贷以便得到持续的贷款，也可以为大学生创业者开辟便捷通道，提高各方面的效率，避免给创业者带来负面影响。

大部分大学生在创业初始阶段饱受启动资金不足的困扰。为了缓解创业大学生的筹资压力，我国现已实行了小额贷款贴息政策，为资金紧张的大学生提供助力。或者以学校推荐的方式向社会展示优秀的大学生创业项目或发明创造，换取企业、社会基金的投资，让学生获得启动资金，这种方式应该给予更多的推广。在公司创建方面，国家各部门降低了大学生创办公司的门槛，放宽条件，降低公司注册资金标准，对一些注册程序涉及的部门产生的费用予以减免。这些都给大学生创业奠定了包容、支持的基础，为创业法律意识转化为创业实践添加动力。

3. 社区提供对创业行为的支持

社区可以为大学生创业教育提供广阔的舞台，属于大学生创业的重要组成部分。院校应加大和社区合作的力度，让教育和社会相适应，一起服务于大学生的创业，丰富大学生创业平台。

社区对大学生的生活有着至关重要的影响。所以社区在帮助大学生创业方面有着得天独厚的优势。一方面，社区企业可以为大学生创业能力的养成提供广阔的舞台；另一方面，社区教育可以为大学生创业提供源源不断的人员支持和信息交流平台。依托丰富的社区教育资源，可以构建丰富的创业教育实习基地，最大限度地开发社区资源，吸引各方面的人才。社区资源优势可以使大学生创业教育更加完善。

中国的社区教育在资源方面有着得天独厚的条件，这都是尚未被重视的。所以，我们应该重视社区教育，实现社区和高等院校的优势互补，建立良好的社区高校合作渠道，使教育资源得到最大程度的发挥，通过高等院校和社区的强强合作，将理论转化成实际，为社会的发展增添新的活力。实践性是大学生创业教育不可缺少的因素，利用社区的优势地位将教育资源进行有效整合，这样在实现教育功能的同时还可以衍生出新的功能。

4. 依托区域经济开展大学生创业实践

在我国，地方高校数量占全国高校总体数量的九成以上，在校大学生数量同样占了总体的九成左右，地方高校不仅是推行高等教育大众化的前沿阵地，更肩负着将先进的教育理念转化为符合各地方形势的重要职能。目前来看，很多地方高校在推行和完善创业教育体系时，缺乏将创业教育立足于区域经济大背景的意识，不能结合本区域的优势条件制定具体措施和方案开展相关教育。这使得大多数高校的创业教育"千人一面"，都按照试点校的已有经验和模式生搬硬套，缺乏区域特色。事实上，高校的创业教育最终也要服务于区域经济的发展，任何创业教育的开展都不能脱离社会而独立运行，因此，每一所地方高校都应该认真面对教育与区域经济的有效结合，针对区域经济特点打造大学生实践基地，提高大学生创业实践的成效。

我国幅员辽阔，各个地方情况各异，成功的政策或创业教育模式并非适合全国各省市的高校推行，因此笔者认为，除了中央的政策指导方向外，各省应根据自身的实际情况，联合专家学者，合理地制定出适合本地学生创业的政策，研讨出适合本省高校学生创业的模式。加强校企沟通，以企业领导者的经验教训和教师的理论开阔学生的视野，增加财政支出和社会福利机构的资金援助，设立创业园、科技园等实践基地供学生实践所学。高校的创业教育成果也能够推动区域经济更好更快发展。例如，美国硅谷的发展和繁荣就得益于美国斯坦福大学以及加州大学等优秀大学的科技力量。我国北京中关村科技园、武汉光谷等，也是依托于周边高校创办的科技园或实践基地，坐拥众多创新型科技人才而发展壮大，并且形成了一些属于自己的品牌。

由于经济发展状况的不同，各区域对于人才需求的类别也各不相同。笔者认为，地方高校应该结合本地区的具体形势，联合企业、政府，认真研究本区域紧缺人才的类型，由政府牵头架设大学生创业实践基地，给大学生创造更多接触创业、接触实践的机会，着重培养本地紧缺的对口人才。对于有创业法律意识的大学生，当地企业可以免费提供锻炼的机会，营造适宜创业实践的氛围，留住稀缺人才，以达到创业教育反哺区域经济的目的。对于非本地紧缺型的人才，高校可以以院或系为单位，单独与本区域内的同类企业合作，落实创业实践行为，为大学生增添实际经验，促进各区域间人才的流动，缓解人才分布不均的现象。

（二）大学生个体自觉培养创业法律意识

1. 转变对创业的态度

清华大学科技创业者协会的同学们说得好："创业是一种精神，创业是一种意识，创业是一种素质。创业不是个人行为，创业是合作和表率。创业不是攫取私利，创业是奉献与无私。创业者是坚定的爱国者，富有激情的实践者，艰苦创业的实干家。"这是对自主创业的最深刻理解，不能全面理解其深刻内涵，就不能获得自主创业的成功。

内化创业法律意识首先要需要大学生了解和认识当前的就业形势，了解就业的多种形式，打破唯招聘就业的观念，在考研、考公务员之外，认识到自主创业这种全新的就业方式也是可选择的，树立大学生的创业法律意识，转变传统的就业观念。从一味依赖学校、家长推荐就业岗位的旧观念转向不等分配找市场、创业即就业的新观念；从从一而终、安于现状的旧观念转向从事多种职业、开拓进取的新观念；从强调专业对口的旧观念转向不唯对口专业的新观念；从求稳定、求高保障、求高效益的旧观念转向不求就业求创业、创业有为、创业光荣的新观念。众所周知，国家之所以支持高校毕业生创业，主要是培养学生的独立创新精神。但是中国高校的实际则是，只有很少的人选择创业作为自己的就业方式，造成这种状况的原因是大部分人没有形成独立创业的意识和精神。应该把成功创业者作为榜样，增强想创业的高校毕业生的决心和胆量，鼓励和支持更多符合条件的高校毕业生去创业。

2. 完善自身对创业素质的认识

创业素质是创业能够成功的重要保证，包含意志、知识、品行和性格在内的多方面要求。创业实践不能盲目去尝试，大学生要加强对自身创业素质的提高，具备健康的心理是创业成功的必要因素。创业是一项艰苦的事业，选择了创业，那么各种困难和压力便纷纷而至。所以对于那些想创业的刚毕业的大学生而言，良好的心理素质是必要的，同时还要培养自己有关创业的各项技能。创业的过程极具挑战性，它要求创业者各方面的能力都很强。

第一，创业者要具有丰富系统的知识体系，特别是关于经营、管理、计算机、法律、税法以及专业方面的知识等。

第二，创业者必须要有异于常人的素质，比如胆识、勤奋、刻苦、自律、自立等，具有独立思考的能力，能够把握自己的命运，有明确的目标。

第三，创业者要有具有突出的能力，比如统观全局的思考能力、权衡利弊的决策能力、团结大众的组织指挥能力、通权达变的协调能力、应对复杂局面的应变能力、科学判断形势的能力等。

3. 积极参加创业实践活动

大学生首先要做好迎接各项困难的准备，计划好自己的职业方向。一方面，步入大学之初就应该努力向创业方向发展，时时刻刻为今后的创业做准备，积极参加学校组织的各项创业大赛、努力学习专业知识、扩大知识面、加强身体锻炼、参加社会实践，对创业和就业有一个正确的认识。另一方面，要调整自己的创业心态，努力把对创业的恐惧、担心、怀疑、彷徨的负面心理调整为积极、乐观、顽强、真诚的正面心理，做出对创业的理性接纳。

对于现代的大学生而言，科技创业、自主创业并非遥不可及。在信息科技如此发达的今天，大学生都能学到全面而丰富的知识，都具有无穷的潜力，主要是看你是否有毅力去发掘自己的潜能。一般大学生都有独立思考的能力、严密的逻辑分析能力、超强的口头表达能力，最大限度地发掘出这些潜能，能极大地提高大学生的创新创造能力。大学学习期间，在努力学好书本知识的同时，还应该多参加社会实践，从社会中学习，避免与社会的脱节。要用怀疑的眼光去发现学习中遇到的各种问题，而不是被动地接受知识。在学习中要善于总结经验教训，形成自己思考问题的方式，对于问题的细枝末节要敢于穷追到底，在尝试、失败中发现自己的缺点不足并改正，培养与他人合作的能力，学习他人优点，使自己的潜能得到充分的发挥。大学生应该争取各种机会锻炼自己的实践能力，使得理论与实践相结合。多接触社会，多参加各种形式的社会实践，对大学生综合能力的提高特别重要。近年来，通过学校组织的各项创业实践活动，许多同学受益匪浅，有的已经形成了一定规模的经济效益。这可以从流行于各大校园的"挑战杯"得出结论。高校学生可以自己组队，或者加入导师的研究团队进行科研项目的训练，或者参加学校开展的创业竞赛等，这都可以在不同程度提高学生的适应能力、沟通能力、团队精神和表达能力，同时也能锻炼大学生的思维创造能力。学校只有为学生提供良好的创新氛围，才能发掘出更多的创造型人才，创业教育的明天才会更加灿烂辉煌。

（三）高校健全创业教育实施与实践体系

1. 正视创业教育的学科地位

作为大学教育重要内容之一的创新创业教育，其学科地位毋庸置疑。但是，目前创新创业教育或是包含于技术经济学科，或是包含于企业管理学科，创新创业能力的培养在大部分高校并未成为高等教育主流教育体系中的一部分。更有甚者，一些高校仅以就业教育补充内容的形式将创业教育对即将毕业的同学进行讲授，校园文化建设中创业法律意识的培养逐渐缺失，学生们对创业及创业教育的认识不足。毕业生创业法律意识薄弱，故而进行自主创业的毕业生也大幅减少。

高等教育把培养创造性人才和培养民族创新精神作为一种特殊使命。创业教育的实施实际上是完成了对人才观和教育观的变革。创业教育作为一种教育理念，不仅能展现素质教育的意义，还着重凸显了教育创新，并突出对学生实践能力的培养。创业教育的实质就是提高学生们的创业素质。在传统的教育观念中，人们普遍认为大学生毕业后面临的选择仅限于就业、考研或出国，对孩子创新精神与创业法律意识的培养在社会和家庭中略显缺乏。面对国际教育潮流的强烈冲击，面对创新型国家建设的号召和残酷的就业压力，功利化倾向在大学创业教育观念中普遍存在。许多高校对创业教育的理解庸俗化，致使创业活动始终徘徊在获得利润和创造财富的功利性层面，始终没有升华到把社会责任作为己任来发展事业的境界。创新与创造被这种认识和实践平庸化为简单的操作和技巧，忽略了创新和创业能力的深刻基础。只有实现创业教育的去功利化，踏实严格地从基础做起，博采众长，兼收并蓄，才能较好地迈出创业教育的第一步。

2. 完善高校的创业教育模式

创业教育不仅需要有深厚的理论知识作为基础，更要注重实践在教育中的重要作用。因此，在创业教育模式的探索中，要摆脱传统"讲学式"教育观念的束缚，打破原有的框架，以多样化的教学方式呈现创业教育的内容。高校在创业教育的教学中，有的采用有特色的案例进行有针对性的教学，有的模拟场景，让学生进行现场的管理和操作。理论知识的完善与实践性较强的教学相结合是大部分高校都可以践行的一种教育模式。

创业教育的目的之一是培养出具有高素质的毕业生。埋首书本、理论大于实践的大学生不是创业教育的培养目标。如果想要真正让学生做到活学活用，有理论能实践，就必须将二者结合起来，将教师主导型课堂转变为学生主导型课堂。授课教师应营造热烈愉快的氛围，活跃大学生的思维，充分调动每一个人的积极性，用生动的案例结合理论知识，激发大学生对于创业教育的热情，使学生主动对创业教育的问题进行接纳和思考，由"我不得不学"转向"我想学""我一定要学"，自发汲取相关知识，丰富知识储备，开阔眼界。除了课上的理论知识的传授外，没有条件的学校可以让学生进行假期的短期小创业，或者进行校内模拟经营，使学生丰富学习生活的同时也能检验所学。有条件的学校可以搭建校内实践基地，由学校和外联企业共同出资，配备有丰富经验的企业家与专业教师共同指导。初期，可以让学生利用寒假、暑假或者日常节假日的实践去合作企业进行观摩，了解企业运行的模式以及工作人员职能的具体分配，从而对一个企业的运作有一个详尽的了解，明白企业内部日常工作的处理。对有意创办公司的同学来说，还能够了解到创办公司需要哪些技能，需要具备哪些品质，以此明确自己需要努力的方向和填补的地方。在对创业行为有一定的了解之后，学校可以以实践课的方式要求学生写出创业计划书，并在校内实践基地进行小规模的实践。没有明确创业方向的同学可以对老师的研究项目进行实践，或者由企业家和教师共同研究出一个适宜学生特质的创业方向，并进行实践。在实践创业项目的过程中，学生对理论知识能够有更深层次的理解，并且能够做到以理论带动实践，学会科学创业，使创业教育真正脱离纸上谈兵。同时，针对学生在创业实践中出现的能力不足、心理状态不成熟等问题，学校也可以及早发现并引导其进行调整和训练。每学期末，可以由学生自行选题，对本学期内进行的创业活动进行总结或阐述，并针对本学期的学习实践状况做自我反思，以学期论文的形式进一步激发大学生对创业活动参与的积极性。最后，一个合理的创业教育模式同样离不开科学的评价机制。学校应及时对理论与实践教育教学中取得的成果进行阶段性评价和总结，不断反思怎样在现有的教育条件下进行更高效的教学，这样也有利于教学质量的提高和课程体系的完善。

3. 注重正确理性的创业法律意识的渗透

第一，高校自身需要对创业教育的开展有一个正确和理性的认识。什么是创业教育，为什么要开展创业教育，怎样开展创业教育，创业教育要取得一个怎样的效果，在这些问题上，学校的价值观取向会在教育教学中潜移默化地影响大学生的创业法律意识。高校在进行教育活动时，更多的是思考教育本身，而缺乏对教育之外的问题的思考。教师只负责教学和研究，完成教育内容之后，需要关注的只剩下就业率的问题。一直以来，受传统就业思想的影响，大部分高校对于毕业生就业率存在一个误区，认为高就业率即学校教育的最好成果。这种观念也影响了毕业生的就业观念，认为要先就业，再考虑择业问题，至于工作是否适合自己、是否真正发挥了自身价值的问题并不重要。在这种观念的引导下，毕业生选择一个稳定的岗位就业的观念根深蒂固。随着创业教育纳入高校的整体教育体系，高校应清醒地认识到，传统的就业教育的观念已经不能满足现代社会、现代大学生的实际需求，学校教育更应该从学生个体素质出发，挖掘潜能，为大学生指明更适合自身发展的就业方式，抛去功利化想法，从长远角度思考每个大学生的未来。

第二，创业教育教师应该引导学生树立正确的创业法律意识。学生首先要明确创新型国家的建设需要创业型人才，现实的就业压力使创业型人才将占有更有利的地位。具备创业素质的大学毕业生能够更快适应就业岗位以及创业活动，也能够更好地实现个人价值。因此，大学生应该明确创业教育并不是短暂的浪潮，而是对于国家、社会、自身都具有长远利益的教育。这种认识有利于大学生正确认识创业教育。此外，鼓励大学生进行创业并不是需要每个人在接受创业教育后，都必须开创自己的公司、企业，而是注重具有创业素质的人才的培养。在具体的就业方式选择上，仍然要以区域经济需求、大学生自身素养、个人兴趣爱好为参考。有些大学生认为创业就是为了得到更高的金钱回馈，对于这种错误的观念，学校应及时进行纠正，引导学生将目光放到自身价值的实现、国家社会的繁荣上去，培养学生的正确科学的创业法律意识。

4. 聘请企业家为导师成立创业问题咨询机构

由于我国创业教育起步较晚，缺少专门研究创业教育的教师，而创业教育教师除了要具备深厚的理论基础外，还要有丰富的创业实践经验。短时间内，这种高实践性的专业人才的缺口无法弥补，为了让更多的大学生受到专门人员的指导，我们可以从学校层面聘请成功的企业家为外聘导师，以成立创业问题咨询机构的方式来聚集人才，为对创业有兴趣的学生提供有效的指点和帮助，以填补实践类导师的不足。

我国的创业教育很大程度上还停留在宏观教育理念层次上，没有完整的知识体系和课程结构做支撑，缺少可操作性。目前创业教育类专业学术期刊较少，理论教材也相对匮乏，这给创业教育的教学带来了一定的困难。并且，熟悉理论知识又熟悉创业实践经验的双料导师数量较少，创业实践平台搭建不及时，这些都会影响创业教育的效果。现在，我国高校的创业教育大多拘泥于校内自行开展，缺乏走出校门、联合企业的创新精神，而社会上成功的创业者的经验，是埋首研究的教师所不具备的。聘请企业家做导师可以减轻学者型教师身上的负担，留出时间完善创业基础理论的研究，同时也能满足更多大学生的现实需求。

基于现阶段的发展状况，高校可以从理工类、经济类、文史类等各行各业挑选有能力、有时间、有激情的企业家，组建一支专攻创业实践问题咨询的导师队伍，每月定期组织讲座、聚会、研讨会，介绍新型创业方向，交流创业资讯和成功经验。对于有志于创业的大学生，可以由适合的企业家一对一进行创业设计。对于已经创业的大学生，针对创业中出现的问题，也可以在研讨会等形式中作为案例，集思广益，做出具有针对性的解决方案，开阔大学生的思路，提供切实有效的帮助。例如，美国的高校规定，教授创业教育的教师必须具有成熟的创业经验，百森商学院更规定授课教师必须是已经进行过成功创业的创业者、实业家、风险投资家或企业高管，通过他们的亲身经历教给学生关于创业的宝贵经验。结合中国的实际，我们也可以这样去做，吉林省有企业家协会，可以由企业家协会与高校联合起来，解决企业家导师的问题。

总之，创业教育在中国的发展任重道远，中国的创业教育根基尚不扎实，教育教学的实施需要合适的教育者承担。创业教育教师水平也直接关系到创业教育的质量和学生的接受程度，要建立起一支高水平的教师队伍仍然面临着大量的现实困难。这就要发挥高校、社会、政府的合作力量，集合各领域的优秀人才，创造条件推动创业教育教师队伍的壮大。同时，将各国的先进创业教育优势经验中国化，打造属于中国的创业教育力量。

第二节　加强当代大学生法治教育的途径

一、创新教育载体

（一）改善大学生法治教育课程

1. 课程体系建设

目前直接进行大学生法治教育的课程主要有思想政治理论课中的《思想道德修养和法律基础》课和法治类相关选修课。如复旦大学在通识教育核心课程和选修课程中，与法治教育相关的课程有 31 门，其中通识教育核心课程六大模块的"文明对话与世界视野"模块中，1/3 的课程可以划为法治教育课程。根据复旦大学的教学培养计划，每位本科生都必须在通识教育核心课程六大模块的每一模块中选修 1 门课程，故我们可以认为，复旦大学 1/3 左右的本科生除了接受《思想道德修养和法律基础》课的法治教育外，还会另外选修一门法治类课程。其他许多综合性大学都开设有类似的法治类选修课。

除了公共课程以外，一些非法律专业的社会科学类专业也把法律类课程作为本专业基础课程，要求本专业学生必须修读。如复旦大学思想政治教育专业、政治学与行政学专业、国际政治专业、行政管理专业、社会学专业、社会工作专业都把《法学基础理论》作为专业必修课，把《国际法》《宪法》《当代中国政治制度》作为专业必选课。

考察当前大学生法治教育课程安排不难发现，各高校开课情况比较随意，除《思想道德修养和法律基础》课为必修课，有统一教材和教学要求外，其余选修课是由各校根据实际情况开设，而开课依据常常是有没有授课教师，在课程的开设数量和教学内容上都有较大不同。对于有法学院的学校而言，师资自然不成问题，而对于一些没有法学院的学校，除了规定的《思想道德修养与法律基础》课外，就很少开设法治教育选修课。法治教育选修课的开设方式也存在一些问题。以复旦大学的法治类选修课为例，这些课程偏重于部门法律知识传授，专业性较强，仍属于知识教育课程，如"环境法学""外国行政法""知识产权法""国际经济合同""刑事政策学"等。

如果仅靠"思想道德修养和法律基础"课的十多个课时进行法治教育，显然是不够的，应鼓励有条件的学校开设法治类选修课，丰富课程类型和课程内容，吸引更多学生选修。而师资相对不足的学校，应加强对"思想道德修养和法律基础"课任课教师的培养培训，提高他们的教育教学能力，帮助他们开设一些法治类选修课程。从而形成以"思想道德修养与法律基础课"为主干课程，法治教育相关课程为延伸课程，有序衔接、互相补充的课程体系。延伸课程分为两个层次：第一层次是延伸课程中的必设课程，主要是法治价值和法治文化类选修课，课程内容主要包括法治的规范性、政治性、价值性内容。这类课程对教师法律专业知识的要求并不高，而是侧重于对法治价值的理解，没有法学院的学校也能够开设。第二层次是延伸课程中的选设课程，主要是实用型法律选修课，课程内容包括职业法律规范、常用法律规范等，如公务员法、消费者权益保护法、劳动合同法等。职业法律规范教育可以与专业教育相结合，作为专业教育的组成部分。选设课程需要教师掌握一定的法律专业知识和实践经验，适合设有法律专业的学校开设。延伸课程应以小班教学为主，便于开展讨论、实践等教学环节。

2. 教学方式方法改革

大学生法治教育不是专业教育，不是知识教育，而是价值教育，是思想教育，不需要受教育者死记硬背，而需要用基本事实和知识来发展和增进每个学习者的思考力。单纯的知识教育并不能促进学生对法治价值的理解和认同，反而会使他们对此产生误解，甚至反感。伟大的科学巨人爱因斯坦在1951年给"伦理教育协会"成立75周年的贺信中，就曾不无担忧地指出："我确实相信，在我们的教育中，往往只是为着实用和实际的目的，过分强调单纯智育的态度，已经直接导致对伦理教育的损害。"因而，决不能把法治教育变成照本宣科式的讲解或让学生死记硬背一些法条。毛泽东说过："不能强制人们放弃唯心主义，也不能强制人们相信马克思主义。凡属于思想性质的问题，凡属于人民内部的争论问题，只能用民主的方法去解决，只能用讨论的方法、批评的方法、说服教育的方法去解决。"教条式的教学方式并不能收到良好教学效果，讨论才是解决学生思想问题的最好方法。

在进行课堂教育时，教师要树立法治教育的理念，改变传授具体法律知识的教学策略，注重法治精神的传递，还要多采用启发式、讨论式、参与式的教学方法，引导学生通过自己的思考发现有关的法律规范、事实材料，分析各因素之间的关系，得出最佳答案，巩固所学知识，深化对法治知识和价值的理解。实践表明，当学生积极参与教学时，要比仅仅作为被动的接受者时更容易获得知识和产生信念、态度以及价值观的变化，也更容易习得技能。

此外，还要开展案例教学。案例教学法是通过对一个具体的法治情境的描述，引导学生对这种典型、特殊的情景和境况下的法治问题进行讨论，以培养学生批判性思维和创造性能力的一种教学方法。案例教学法是一种互动式的教学方法，它使教师和学生共同参与对现实情境的讨论，教师的作用不是把答案告诉学生，而是提出问题引导学生深入思考并作出决策，从而掌握相关理论、分析技巧及运用方法。学生们在教师指导下进行课堂讨论，分析案例中的法治要素和法治运用，最后得出结论。同时，教师还要引导学生思考案例的道德意蕴和价值意义，使学生学会从道德和法律结合的角度全面客观地看问题。

案例教学法是美国法治教育的重要方法，科罗拉多州法治教育咨询委员会提出的法治教育的六项指导原则中，就要求教师指导学生对有争议的案例进行讨论。在选择案例教学使用的案例时，应注意以下几个方面：一是真实性。法治教育的案例不同于法学教育的案例，不能由教师编造或者随意改编，而应当选择现实法治生活中真实发生过的案例，在陈述案例时也应当实事求是，再现案例的真实情况，这样才能让学生信服。二是代表性。同类型的案例可能有很多，要选取最有代表性的案例，特别是那些对法治进程起到关键影响的案例作为主要案例来讨论分析，其他相关案例可以作为拓展材料，进行比对分析，加深学生印象。三是新颖性。案例的选择要与时俱进，尽量选择法治实践中的最新案例，以使案例教学更加贴近现实生活，满足学生对热点法治问题的关注。四是导向性。大学生法治教育是教育教学活动，在案例选择时要突出教育作用，注重通过案例引导学生树立正确观念，建立对我国法治建设的信心。有些教师经常用西方法治进程中的经典案例进行教学，用以说明西方法律制度的美好，而说到我国时，则总是用一些负面的案例来对我国法治建设加以批判，这会对学生的思想产生不容忽视的负面影响。

（二）创新大学生法治教育活动

大学校园活动丰富多彩，这些活动在承载了学习、研究、交流、娱乐、休闲等功能的同时，也有着不可忽视的教育功能。课外活动是大学生法治教育的第二课堂，创设形式多样的课外法治教育活动可以使大学生在主动参与中不知不觉地接受教育、改变态度、建立情感。考察境外法治教育可以发现，实践活动是经常采用的教育形式。大学生活蕴涵着许多法治教育的活动和机会，以往我们对这些活动的开发和利用不足。如果能够挖掘每一项实践活动内含的法治教育意蕴，法治教育的力量将大大增强。

1. 社会实践活动

马克思主义哲学认为，实践作为主观见之于客观的活动，决定着认识的形成与发展，是认识的源泉，也是认识的动力和认识的最终目的。毛泽东指出："无论何人要认识什么事物，除了同那个事物接触，即生活于（实践于）那个事物的环境中，是没有法子解决的。"法治是一项实践活动，大学生法治教育应当坚持理论教育与社会实践相结合，让大学生对法治有更切身的体验。

大学生社会实践活动的形式非常多样，包括社会调查、生产劳动、志愿服务、公益活动、科技发明和勤工助学等。大学生法治教育常用的社会实践活动形式主要有以下几种：

（1）法制宣传

利用3·15消费者权益保护日、12·4法制宣传日等契机，组织学生开展法制宣传活动，走入社区、中小学、工厂、部队等宣传相关法律知识。活动以学生为主体开展，活动的策划、宣传资料和海报制作等都由学生自行完成，辅导员或相关任课教师指导学生事先收集相关信息及典型案例，熟悉有关法律知识。学生需要向社会公众宣传有关法律知识，这对学生无形中是一种鞭策，可以有效激发学生学习的动力，激励他们先自行学习并掌握有关知识。在法制宣传活动中，学生运用自己的法律知识解答公众的问题，得到公众的肯定，又可以增加他们的自我效能感，进而促使他们对学习法律知识产生更为浓厚的兴趣。

（2）参观司法机构

参观司法机构可以让学生更加直观地感受到我国法治运行状况，把课堂上学习到的对法治的理性认识和在参观中得到的感性认识结合起来，从而对法治作出更加全面、科学的分析。参观司法机构一般有两种形式。一种是旁听法院公开审理。我国《宪法》规定："人民法院审理案件，除法律规定的特别情况外，一律公开进行。"这一原则确立了我国的公开审判制度。公开审判被称为"阳光下的审判"，是世界上大多数法治国家所确立的基本诉讼原则之一，提高了司法的透明度和公信力，对于司法机关的审判活动也起到有效监督。一般各法院都会将公开审理案件的开庭公告公布在法院门口的公告栏中，公民凭身份证或其他有效证件即可旁听庭审。大学生可以自行前往，也可以班级、小组为单位集体前往，通过旁听庭审，了解法庭审判程序，见证我国法治的运行。另一种是参观监狱。这是一种警示教育，让学生了解到违法犯罪行为的危害性，增强守法观念，同时也可以让学生了解到我们国家在保障犯人权利方面所取得的进步。参观监狱需要学校协助联系，集体组织前往，在参观前要对学生进行监狱规章制度基本教育，比如不能拍照、不能私自与服刑人员交谈、不要帮服刑人员传带东西等，确保参观活动安全有序。

（3）法律辩论和模拟庭审

真理越辩越明。辩论可以锻炼学生的思辨能力、表达能力、逻辑思维能力，是深受大学生喜爱的一类校园活动。法律辩论与一般辩论活动的不同之处在于，一般辩论活动的辩题具有矛盾对立关系，辩论的目的是通过严密论证和缜密逻辑推理，追求真理取得共识，是"求真"的活动。而法律辩论是依据法律对案件中有争议的法律问题和事实问题进行争辩，通过辩论尽可能地还原事实，让法官作出支持本方诉讼主张的判决，是"求实"的活动。通过辩论，检验的是学生在具体案例中掌握和运用法律知识的能力。有了法律辩论的基础，还可以开展模拟庭审活动，让学生扮演成法官、原告、被告、庭警等角色，模仿法院庭审程序对案件进行审理，法庭辩论是法庭审理中的一个环节。在组织学生旁听法院审理有困难时，可以通过模拟庭审让学生了解司法过程，进一步掌握程序法律知识，树立程序正义观念。

2. 自我管理活动

苏联教育家苏霍姆林斯基曾说，道德准则，只有当它们被学生自己追求、获得和亲身体验过的时候，只有当它们变成学生独立的个人信念的时候，才能真正成为学生的精神财富。法治也是一样。只有亲身体验到法治在生活中的运用，体验到法治与每个人的关系时，学生们才会得到真正的教育，才能够让法治成为自己的行为准则。法治建设的主体是人民，人民通过法治管理国家和社会，也管理自身。法治对人民而言，实质是一种自我管理活动。大学中也存在很多学生进行自我管理的现象，比如学生社团对其成员的管理，就是通过成员共同遵守的社团章程来进行的。在学生自治组织中，其成员遵守组织章程并非因为强制力，而是出自内心的认同，因为组织章程是其参与制定或是在加入组织时就承诺遵守的，是一种契约。学生自治组织的成员不仅对组织章程的认同感较高，而且对组织的认同感也较高。这为我们提供了一种思路：在法治教育时也需要充分发挥学生自我管理的作用，使学生在自我管理中提高法治意识、培养公民参与能力。

学生自我管理主要是通过学生自行制定对一定范围的成员具有约束力的制度来进行的。当前学生日常管理工作主要由辅导员承担，辅导员在日常管理中要积极发挥学生自我管理作用。如在制定班级各项规章制度时，要经过充分民主程序，广泛发动班级成员进行讨论，使最后成形的制度真正体现班级大多数学生的意志，而非辅导员一人的想法或是少数班委的想法。这样的制度学生比较容易认同并遵守，在发生违反规则的情况时，对其进行惩罚也有一定的合法性基础。辅导员还可鼓励学生订立寝室公约，引导学生用制度、契约来规范社会交往，在处理寝室纠纷时也有据可依。

（三）创设大学生法治教育阵地

1. 学生申诉处理机构

建立学生申诉制度是保障和尊重学生的权利、维护学生权益的重要体现，体现了法律中的救济原则，反映出学校依法治校的态度和行动。学生对涉及自身利益的学校管理行为进行申诉，这本身就反映了学生的法治意识。学生在申诉中可以对高校行政管理权的行使是否合法、正当，程序是否规范提出抗辩。参与申诉的过程可以锻炼学生的维权能力，申诉案例也是对其他学生进行法治教育的素材，让学生对学校各项管理制度和执行程序有更清楚的了解，培养学生公平正义精神和正当程序观念。在学生申诉程序的运行中，申诉处理机构作为中立者与裁判者，依据法治精神和学校制度对有关管理行为进行重新审视，帮助高校改进学生管理中不符合法治要求的做法，更新管理理念，提高依法治校水平。

从国际经验看，许多国家都把申诉作为学生的一项重要权利。英国各高校都设有从学院、学部到学校的独立纠纷裁决委员会体系，受理学校师生有关学术、生活等方面的纠纷。最轻微的纠纷由学院处理，学院院长在学生自愿的情况下，可以对轻微纠纷当场作出裁决。如果学生不服，可以要求学部处理。如果学生仍然不服，还可提交学校的学生事务常设纠纷独立裁决委员会进行处理。2003 年，英国建立了高等教育独立裁决办公室（OIA），负责对职责范围内的高校纠纷作出独立裁决，形成了从最基层单位（学院）到最高层次（OIA）的学生申诉处理体系。美国高校在学生管理系统中也设立了相关的申诉处理机构，如耶鲁大学设立了研究生受异性侮辱咨询委员会，受理研究生对行政人员或教师侮辱异性行为的申诉；还设立了研究生疾苦咨询委员会，受理研究生由于民族、人种、性别、肤色、宗教或身体缺陷等原因受到歧视而对教师的起诉等。如果学生对学校做出的处分不服，还可以上诉到"大学法庭"依法裁决。大学法庭一般有两种形式。一种是教师法庭。耶鲁大学的大学法庭一般由学院教务长指派一人或几人组成，在参考住宿学院院长与本科生院院长意见后，协助校行政机构审查对学生违纪的惩处是否适当。另一种是学生法庭。威斯康星大学密尔沃基分校设有学生法庭，处理学生协会等组织机构根据章程提交的问题，包括交通、住宿等案件，学校赋予学生法庭充分信任与相应的评判权力。台湾大学也有学生申诉评议会，学生认为学校对其有关生活、学习与受教育权益所作出的处分违法或不当致损害其权益的情况，以及学生会及其他相关学生自治组织不服学校的惩处或其他措施及决议的情况，都可以依据申诉评议办法向申诉评议委员会提出申诉。台湾大学还专门设有性别平等教育委员会，受理有关性侵害或性骚扰的申诉案件。

我国高校学生申诉制度的法律依据是《教育法》有关学生申诉权的规定："学生对学校给予的处分不服有权向有关部门提出申述，对学校、教师侵犯其人身权、财产权等合法权益，有权提出申诉或者依法提起诉讼。"但《教育法》并未规定处理学生申诉的具体机构，在实践中学生往往找不到受理申诉的具体部门。2005年教育部颁布的《普通高等学校学生管理规定》（简称《规定》）中进一步明确了申诉救济制度，要求学校应当成立学生申诉处理委员会，受理学生对取消入学资格、退学处理或者违规、违纪处分的申诉，并对申诉程序的时效做了规定，使得学生申诉制度落到了实处。

对于学生申诉处理委员会的组成和具体处理申诉的方式，《规定》并未作出统一要求。实践中各校做法不一，大多数学校学生申诉处理委员会设在学生工作部门，分管学生工作的校领导为委员会主任（如复旦大学）；也有学校将其设在监察处、纪检委，分管纪检监察工作的校领导为委员会主任（如厦门大学设在监察处，北京师范大学设在纪检委）；还有学校将其设在校办，分管依法治校工作的校领导为委员会主任（如华东政法大学）。委员会的委员组成主要有三种形式：一种是委员常设制（如华东政法大学）；第二种是常设委员加临时委员（如复旦大学），临时委员由校学生会（研究生会）、校工会在有申诉案件时临时推荐；第三种是常设委员加临时递补委员（如清华大学），事先确定临时委员名单，在有申诉案件时从名单中递补。委员会处理申诉的复议形式有主要有三种：简单案件书面复议，案情复杂的会议复议（如复旦大学、华东政法大学）；委员组成复查小组对案件进行复议（如北京师范大学）；复议会议制度（如清华大学）。

建立申诉处理委员会是在维护学生申诉权方面迈出的重要一步。不过，这一制度还存在很多不完善之处。如学生申诉案件受理范围存在缺失，没有对"不予颁发毕业证书""不授予学位"等情形以及涉及学生财产权、政治权、社会实践权等权利的申诉受理作出规定；学生申诉处理委员会如何设置不明确，人员构成有失公正合理，存在受理申诉复议的人同时又是作出处理决定的人这种"当自己的法官"的情况；对于学生申诉处理委员会在申诉处理时的若干问题规范不清，对于申诉处理委员会在申诉复查中的权力规定不明，申诉处理委员会作出的处理决定难以真正起到保护学生权利的作用；学生申诉的性质定位不清晰；等等。但不可否认，申诉处理委员会在保护学生合法权益、约束学校管理行为方面具有积极作用。高校应当重视申诉处理委员会的建设，转变观念，不要把学生提出申诉看作与学校"对着干"的行为，而把每次申诉处理都当成是对学生进行法治教育的机会，教育学生珍惜权利、维护权利，同时不滥用权利。学校要把每次申诉处理都看作改进学校管理工作的机会，在接受学生申诉和质疑中发现工作漏洞，完善学校制度，提高依法治校水平。

2. 校园媒体

大学校园中存在着形形色色的校园媒体，有班级的班报、班刊，学院的院报、院刊，社团的会刊，学生会团委等群众组织的刊物，学校的校报、校刊，等等，还有校园广播台、校园电视台以及网络论坛等。这些都可以成为开展大学生法治教育的阵地。可以通过开辟法治教育专栏、播出专题节目、开设专门版面等形式，进行法治教育，让学生时刻感受到法治就在身边。特别要注意建设运用好网络教育阵地。当代大学生成长于互联网快速发展的时代，对他们而言，网络不仅是工具，更是身处其中的环境。"每日必网""无网不在"成为当前很多大学生生活方式的写照。在开放的社会氛围中，当代大学生具有较强的自我意识，渴望彰显个性。网络以其资源丰富、信息及时、平台开放、空间虚拟、互动平等、状态隐秘等特点，成为大学生表达自我的重要空间。同时，网络上的一些红人、名人对大学生的影响也比较大。适应大学生网络化生存发展趋势，把大学生法治教育阵地建到网络上不失为一条有效途径。一方面，可以在校内网络论坛上建立法治教育专门版面，录制法治教育视频公开课放在网上供学生观看等；另一方面，可以鼓励法学专业教师开辟个人博客、微博，和大学生分享他们关于法治的观点，对大学生的法治观念进行引导。

二、优化教育环境

（一）大学生法治教育的社会环境建设

恩格斯说："我们断定，一切以往的道德论归根到底都是当时的社会经济状况的产物。"随着对外开放的不断扩大和经济全球化进程的日益深入，大学生面对着一个越来越全球化的世界，时刻面临各种西方文化思潮和价值观念的冲击。无论我们是否承认，西方的法治理念、自由民主平等的思想已经对大学生产生了深刻的影响。在我国法治建设进程中出现的一些问题，如腐败问题、贫富差距、违法执法问题等，不仅是社会民众关心的问题，也是大学生关心的问题。这些问题如果不能得到有效解决，会影响到大学生对中国特色社会主义法治建设的信心。如果社会法治环境恶劣，法律得不到遵守，违法行为得不到惩罚，对大学生法治教育的负面影响是十分巨大的。营造民主法治、公平正义、诚信友爱、充满活力、安定有序、人与自然和谐相处的社会环境，是构建社会主义和谐社会的要求，也将为大学生法治教育带来强大助力。

1. 法治环境

从广义上讲，法治社会的一切环境都是法治环境。笔者这里所指的法治环境，是狭义上的法治环境，即由立法、执法和司法所构成的法律运行体系。良好的法治环境有以下特征：第一，法律完备，有法可依。立法是法治的基础和出发点，是法治社会的根基，是执法、守法的前提。要建设良好的法治环境，首先就要加强立法工作，提高立法水平和质量。坚持公平正义原则，制定规范社会生活方方面面的相应法律规范，不断改进立法技术，既强调法律的稳定性，又注意法律的前瞻性。对社会中可能出现的新问题有合理的预期，在立法上有一定的提前；对现行法律已不适应社会经济发展变化的，及时进行修订或废止，尽量不出现立法盲区或法律严重滞后于现实生活的情况。在立法时，要加强调研论证，广泛听取人民群众的意见，保证法律符合人民利益、符合实际需要，具有可行性、公信力，增强立法的民主性和科学性。第二，严格执法，公正司法。法律的生命力在于实施，如果法律得不到有效执行，就是废纸一张。目前，在一些部门和地方，还存在有法不依、执法不严、违法不究的现象。有的领导干部还习惯于用行政命令的方式开展工作，以言代法、以权压法；有的地方把执行法律同改革、发展对立起来；有的对执法采用实用主义态度，对自己有利的就执行，不利的就不执行；有的行政人员和司法人员滥用职权，甚至知法犯法、贪赃枉法，充当犯罪分子保护伞。这肯定不是一个健康的法治环境。第三，完善机制，加强监督。要改革和完善行政执法机制和司法体制，落实执法责任制和错案追究制，明确职责、分清权限、完善程序，切实规范国家公务人员的职务行为，确保法律落实。一旦公务人员在执法过程中出现违法现象，相关单位应当承担起组织责任，不用"临时工""个人行为"作为逃避责任的借口。要健全依法行使权力的监督制约机制，把党组织的监督、行政监督、司法监督、群众监督、人民代表大会监督、舆论监督等各种监督形式结合起来，对滥用权力、违法行政的情况予以坚决纠正。

总之，以公平正义、诚信友爱的价值理念，制定出完善的法律，在实践中有完备的法律部门与设施加以有力地落实。这既是构建社会主义和谐社会的要求，也是构成大学生法治教育良好社会法治环境的基本要求。

2. 舆论环境

舆论是公众的意见和态度，具有强大的组织动员力量。古语有云，"得道者多助，失道者寡助"。"道"的外在表现就是舆论。舆论可能是"人心所向""众望所归"的动力，也可能是"万夫所指""众怒难犯"的压力。大众传播在反映舆论、形成舆论和引导舆论的过程中有很大作用。随着现代传播技术手段的不断发展，这种作用越来越大。1980年联合国教科文组织国际传播委员会发表的《多种声音一个世界》的报告中，将大众传播功能概括为以下几点：①获得消息情报，收集、传播信息作为人们决定和行为的参考；②社会化，促进人们积极投入社会生活；③动力，激励人们为社会目标的实现而奋斗；④辩论和讨论，为取得共识提供事实与论坛；⑤教育，促进人们科学文化知识和道德水平的提高；⑥发展文化，交流与保存文化，提高人们的审美能力；⑦娱乐，消遣，享受；⑧一体化，使不同的个人、团体、国家进行文化交流，增进了解和共识。概括而言，大众传播的功能包括工具性功能和消遣性功能。工具性功能包括传播信息和监测环境、引导舆论和协调社会、教育大众和传递文化，消遣性功能主要是提供娱乐。在法治建设方面，大众传播能够监督国家公权力的运行，揭露批判那些违背社会规范的行为，促进法治发展。同时，大众传播向人们描述了社会法治的整体形象，为人们认识和解释法治现象提供了参考框架，帮助人们形成对社会法治状况的判断。大众传播还是法制宣传的重要媒介，将法律规范和法治精神传递给人们，并通过强大的舆论约束力引导人们坚持守法行为。大众传播是一把双刃剑，过度的传播会带来负面作用。比如，过度强调法治建设中的负面新闻，造成公众对法治的不信任；过度报道违法犯罪行为的细节，造成模仿犯罪；等等。建设良好的舆论环境，就是要发挥大众传播在舆论的形成和引导中的积极功能，减少消极影响。这既需要政府部门通过立法加强对大众传媒的监管，也需要大众传媒的职业自律，更需要社会公众的监督，保证大众传播始终高扬主旋律，助力法治建设，而非起到相反作用。这并非对新闻自由和言论自由的限制，而是对自由必要的制约。美国传播学家、"传播学之父"施拉姆也认为："新闻自由并不是绝对的，而是有限制的。控制报刊是法律的任务。"

3. 政策环境

大学生法治教育的政策环境是影响大学生法治教育的一切政策因素的综合。目前我国关于法治教育的政策主要包括国家层面的普法规划、各部委制定的行业系统普法规划、各地制定的地方性普法规划、各单位制定的本单位普法规划等。大学生法治教育的政策还包括大学生思想政治教育政策中涉及法治教育的相关政策。从总体上看，既有国家层面的宏观政策，也有中间层面承上启下的政策，更有基层的具体贯彻落实政策。但是，深入此框架之下，不难发现其中存在一些根本性的问题，制约着大学生法治教育。一是法治教育政策设计和决策存在滞后性。普法规划五年为一个周期，在此周期内社会法治进程和法治状况都在不断变化，而普法规划则无法同步调整。二是法治教育政策本身的约束力不够。由于法治教育政策没有强制性条款，开展法治教育主要靠领导重视，接受法治教育主要靠个人自觉，导致一些地方法治教育重形式、走过场，只求总结报告写得好看，不求教育质量和效果。对法治教育的检查也只看有没有开展、开展了几次，而对教育的效果则很少考量。法治教育不能是一刀切的硬性要求，也不能是简单的倡导和号召，而要包含相应的量化要求，把法治教育的效果作为对单位评价的重要指标，把个人接受法治教育的情况和表现作为对个人评价的重要指标。三是法治教育政策针对性不足。一些地区或单位的普法规划简单照搬国家普法规划或行业性普法规划，缺乏相应的针对性，也造成法治教育的感染力、实效性不足。大学生法治教育政策也没有对大学生法治教育的目标作出更具有针对性的规定。上述问题的存在，制约了大学生法治教育的发展，需要从国家层面加强大学生法治教育政策环境建设，完善调整大学生法治教育相关政策，制定配套文件，更好地发挥政策环境对大学生法治教育的推动和保障作用。

（二）大学生法治教育的校园环境建设

大学生法治教育的直接实施场所是大学校园。大学生每天身处校园之中，校园环境对大学生法治教育的影响更为直接。

1. 文化环境

文化的基本功能在于武装人、引导人、塑造人、鼓舞人，亦即培育人。人创造文化，文化又塑造人。人的社会化过程，也就是接受文化培育和熏陶的过程。大学的本质就是以文化人，大学的教育教学过程，实质上是一个有目的、有计划的文化育人过程。所谓教书育人、管理育人、服务育人、环境育人，说到底都是文化育人。大学的意义不仅在于它是一种物质实体的存在，更重要在于它是思想文化和精神道德的高地。大学之大，首先在于文化之高尚、精神之伟大。从这个意义上说，一所好大学就是文化品位高雅、令人仰望的大学，代表着一种先进的文化，蕴含着一种崇高的精神。大学文化是大学赖以生存、发展的重要根基和血脉，也是大学师生的共同精神家园，沉淀着学校的精神内核和学术传统，凝聚着大学的办学力量和价值取向，也反映着师生对大学本身的总体认识、理想追求和实践探索。大学精神是大学发展中长期积淀形成、师生广泛认同的理想信念和价值追求，是大学文化的精髓和核心。大学文化是社会主义先进文化的组成部分，对于在其中学习生活的大学生塑造思想、陶冶心灵、培养能力、发展个性具有特殊意义和极为重要的作用。加强大学文化建设，凝练大学精神，形成对教职工具有凝聚作用、对学生具有陶冶作用、对社会产生示范影响的优良校风，不仅对大学自身发展具有十分重要的意义，对大学生法治教育也会产生积极的影响。大学的文化应当是符合社会主义法治要求的文化，大学的精神蕴涵着法治的精神。大学崇尚学术独立、思想自由、民主平等，这些正是法治的原则。北京大学的校训"爱国、进步、民主、科学"、暨南大学的校训"忠信笃敬"、北京林业大学的校训"养青松正气，法竹梅风骨"，无不体现出对民主、诚信、公正等法治价值的追求，生活在这样的校园中，大学生每天受到潜移默化的熏陶，既得到了道德修养和人生境界的升华，同时也培养了法治品质。

2. 制度环境

建立完备科学的各项制度是依法治校的基础，而依法治校的执行情况又为大学生树立了重规则、守法纪的榜样示范。因此，要加强制度环境建设，树立以制度管人、以制度管事、以制度育人的理念。一是健全民主参与制度。尊重高校教职员工和广大学生在依法治校中的主体地位，建立健全党代会、校务委员会、学术委员会、教代会、学代会、团代会等组织建设，畅通民主渠道，保证师生员工民主权利，让师生员工参与学校发展和涉及自身切身利益的重大决策。二是大力推行校务公开制度。校务公开是高校实行民主决策、民主管理和民主监督，提高管理水平与办学水平的重要途径和形式。列宁早就指出："没有公开性而谈民主是很可笑的。"要以教代会、公告栏、座谈会、简报、广播、网络等多种形式，把学校改革与发展的重要规划、决策和实施方案、学校事业费预决算和财务收支、大宗物资和仪器设备采购情况、教育收费项目和标准、招生考试的政策、规定和纪律、学校基建承发包事宜等重大事项和重要情况告知全体师生，使师生能够在全面了解学校工作的基础上，提出自己的看法和意见。三是制定并严格执行师生行为规范。对照法律规定，结合学校实际，制定或修订教师行为守则、学生行为规范等，加大规范制度的实施力度，建立健全有效的约束机制，对于违反规范的师生严格按规范要求进行惩处。学校的行为规则是学生能够接触到的，与他们切身紧密相关的最早也是最直接的规范形式，是法律的雏形。在学生的培养过程中，纪律要求是加强约束力量、挖掘青年人潜能以及矫正他们弱点的最好方法。法律无非是一种更加严格的纪律。有了遵守纪律的品德，才能够自觉遵守包括法律在内的各种纪律。四是构建以人为本的学生管理制度。传统的高校学生管理规则倾向于"秩序至上"，在具体制定及实施过程中只考虑管理者操作方便，忽视了管理的根本目的是教育，致使学生管理制度沦为强制学生的工具，甚至造成学生与学校的对立情绪。高校的学生管理制度既要依法强化和规范对学生的管理，更要转变学生管理的理念，变管理为服务、变管理为教育，尊重学生人格尊严和合法权益，适应学生全面发展和多样化成才的需要。在制定学生管理制度时，要合乎教育目的与教育规律，符合学生身心发展规律及特征，体现公正合理的法治精神。

3. 物质环境

大学生法治教育离不开一定的物质环境。高校要为大学生法治教育创造必要的物质条件，如配备合适的教师、提供开展教育的场地、资金、设备等。有条件的学校还可以在学校建造模拟法庭作为开展法律辩论、模拟庭审等法治教育活动的固定场所。当然，没有模拟法庭设施也可以开展模拟法庭活动。但是法律之所以被人敬仰，不仅体现在法律的强制性，还体现在司法过程的神圣性。司法的神圣性通过一定的程序、仪式和现场的布置来体现和维持。司法是一种正义的符号，它不仅是实用的，还是符号化的。英美法等国家的刑事法官一定要戴假发、穿法袍主持审判，为的是在法庭上去除法官的普通人身份，而强调法官及其所代表的司法权和法律的神圣性。法庭的布置也是一样。法庭审判作为法律救济的最后环节，是维护法律尊严的最后屏障，国徽的悬挂、审判台与原告、被告席的固定位置等，无不体现了法庭的特殊性和庄严性。为模拟法庭活动提供一个接近真实法庭的场所，可以让大学生在参加模拟法庭活动时感受到法律的庄严神圣，体验到蕴涵于其中的法治文化。建设模拟法庭的要求并不高，有一个大小合适的场地，按照法庭样式布置审判席、原被告席和旁听席，在法庭前面正中间悬挂大小适宜的国徽即可。模拟法庭活动还需要法官袍、检察官服、法警制服等专门的服装和工具。这些物品无法购买到，须取得相关单位的协助购置，有条件的还可配备现代化设备，如电脑、投影、音响等设施，保证教学需要。

三、社会拓宽法治教育途径

（一）开展执法司法实践教育

执法司法实践教育指相关执法和司法机关及其工作人员，在日常工作实践过程中较为具体地使用法律，把这种过程作为一种教育途径，使大学生受到影响，从而达到教育目的。这种活动客观、真实，并且深入生动，在《中华人民共和国人民法院组织法》《中华人民共和国检察院组织法》中均有相关规定。此外《中华人民共和国民事诉讼法》和《中华人民共和国刑事诉讼法》也有相关的涉及。这种法治教育表现在执法或者司法活动的很多环节，如相关案件的受理、立案、侦查、开庭、最终结果的执行等。让大学生参与这些实践活动，可以达到预期的效果，因为现实往往比理论更具有说服力和影响力。

（二）传媒法治教育的开展

传媒法治教育是沟通法律与社会主体的桥梁，将立法、执法、司法的法治实践和法律文化、信息通过一定的传播媒介传导，最终达到影响接受者的目的。具有现代化和制度化的传媒要素是法律文化效果得到良好的传播的中介要素。在当今社会，法律传播主要依靠社会各界的大众传播，通过社会各界的努力，让法治文明和法治文化深入人心。在这个过程中，各种书刊、电视及形式多样的广播作用巨大。在现代化的今天，移动互联网尤其普及，法治教育中可以加大各类移动资讯的宣传力度，向大学生群体传播多种法律文化信息。

（三）开展职业法治继续教育

社会日益发展，人们生活水平不断提高，活动范围越来越广，这导致法律的调整范围不断增加，法律规范本身的内涵也越来越丰富，形式也越加复杂，社会各个行业也必须紧跟时代步伐，调整自己的行业规范。大学生也应该注意这种现象，及早了解和自己以后所从事的职业相关的法律规范，为毕业后走上岗位奠定基础。我们知道，根据我国社会化的相关理论，职业法治继续教育其实就是人的个体社会化的继续进行。随着时代不断进步，社会日益发展，人们的价值观也在不断发生变化，大学生群体在学校接受的各类法治教育已经不能适应社会的发展，需要自我不断学习进步。同时，社会的发展，法律的不断完善，也给个体提出了更新的要求，这就更要求大学生继续社会化。综上所述，职业教育是各类大学生完成个体社会化、进行法治理念培养和继续深化的重要途径。

四、高校重视法治教育

（一）构建高校大学生法治教育的完整体系

1. 加强高校领导对大学生法治教育的重视程度

大学生法治教育工作的顺利开展，离不开高校领导的重视，只有他们重视起来，大学生法治教育这项长期、艰巨的任务才能得到积极稳妥的推进。如果不能充分得到这些领导的重视，高校大学生法治教育将面临缺乏组织保障的困境，因为组织保障是开展大学生法治教育不可或缺的条件。此外，为了保证大学生法治教育能够长期进行下去，高校领导要推动相关的职能部门进行制度体系的建设，即实现大学生法治教育的制度化。

在日常教学活动中，《思想道德修养与法律基础》课程成为高校进行法治教育的主阵地。这门课由高校的马克思主义理论工作者负责，比如西南财经大学马克思主义学院的全体老师就承担着全校学生的法治教育工作。思想政治教育工作是一个庞大的系统，而法治教育就是这个系统的子系统之一，是这个系统不可或缺的组成部分。我们应该充分肯定西南财经大学马克思主义学院的全体老师在法治教育中发挥的积极作用。但是，从另一方面来说，这些老师缺乏一定的司法实践经验，这给他们更好地讲授这门课带来了一定的挑战。如果高校领导不能够加大对这方面的投入，将不能使之更加有效地开展大学生的法治教育工作。

2. 加强高校法治教育师资队伍建设

加强大学生法治教育，最重要的是拥有一批法律专业知识过硬、政治素质高、实践能力强的专业教师队伍，改变曾经政治干部充当法律教师的局面，培养一批深谙大学生思想特点、热爱大学生法治教育这项工作、法律素养较高的教师队伍。加大在教学一线从事法治教育工作的老师的培训力度，并且，这是一项长期的工作。高校法治师资队伍的建设，对于开展大学生法治教育的成效起着很大的作用。此外，从校外聘请兼职教师也是一个不错的选择，这些兼职教师可以是法官、检察官，也可以是律师，这样可以进一步充实高校法治教育的师资队伍。

3. 加强优秀的高校学风和校风建设

要进行法治教育，校风学风建设是必不可少的。高校应该开展各种形式的高校校风学风宣传活动。另外，还要通过建立严格的校规校纪规范大学生行为，保障大学生身心安全，在全校营造良好的学习氛围。如果一个高校学习风气败坏，那大学生也不会具备好的思想素质和道德法律素质，更不会具备高度的社会责任感，更谈不上懂法守法。高校建设纪律严明的校规校纪是提高大学生思想道德素质、法律意识、社会责任感的重要途径，也是建设良好校风学风的重要措施，更是强化大学生法治教育的保障。

4. 形成大学生法治协同教育机制

丰富大学生法治教育内容，除了传统的法律基础课程，还需涉及大学生思想品德教育和心理健康教育，将德育、心理健康教育与法治教育相结合，形成大学生法治协同教育机制。

（1）法治教育与德育相结合

从狭义的角度来讲，法律是道德的进一步升华，二者都是人与人，以及人与社会之间行为规范的制约条款。道德是人们日常生活中约定俗成的行为习惯，法律则是国家为了规范人们的行为而强制实施的，二者都需要人们自觉遵守。只不过触犯了法律就要受到严格的惩罚，道德规范则要求人们自觉遵守，强制性相对较弱。因此道德与法律在内容上是相容的，具有共同的功能和目的，二者是互相渗透，相辅相成的。道德是法律的基础和前提，没有道德的法律犹如没有地基的高楼；法律得以顺利执行除了有国家强制力的支撑外，更重要更本质的支撑是人们的道德素质。法律的目的是规范人们的行为，道德高尚的人，行为自然合情合法。只是法律比道德范围更广，强度更深。因此应该将大学生法治教育同思想道德素质教育联系起来，这是加强大学生素质教育的要求。德育提高大学生的思想素质，法治教育提高大学生的法律意识，二者相互促进。

（2）法治教育与心理健康辅导相结合

大学生最明显的特点就是正处于成熟期，是人格、心理稳定的关键时期，也是人生观、世界观、价值观形成的重要阶段。如今的社会每天都在发生变化，大学生面对着信息量如此庞大、如此复杂多变的社会环境，很多问题都不知道如何处理，本来就未成熟的心灵在某一事件的促发下很可能爆发心理危机，导致校园危机事件的发生，有的甚至导致犯罪。恶性心理危机事件的发生对学校、家庭和社会都会造成很大的负面影响。高校应该对大学生进行心理健康教育，提高大学生危机意识，同时对其进行法治教育，防止"问题学生"伤害他人和社会，将法治教育和心理健康教育联系起来，帮助大学生学会以正确积极的方式处理各种问题。

（二）发挥思想政治理论课对大学生法治教育的主渠道作用

在学校中，大学生思想政治教育课是大学生接受法治教育的主要途径，能加强大学生法律意识，实现学生法律知识的真正普及。大学生是特殊群体，他们思想观念新，接受知识快，并且正处于人生观和价值观的重要形成时期。老师们应该采取灵活方式，调动校园的学习氛围，有效利用学校资源，结合学生自身特征，采取相应方式，提高大学生法律意识。同时，思政理论课老师要注重理论结合实际，针对学生的特殊性，调整课程知识结构，重视法律教育的时效性，加大普及法律知识的力度。在注重课堂学习的同时也要进行课外实践，通过理论和实践相结合不断丰富大学生的法律知识，让大学生在生活和学习中树立起法律意识，懂得自我维权或者帮助他人行使合法的权利。

第一，教材要统一思想，并且要体现特色。笔者建议应该准确定位大学生法律课程，充分考虑非法学专业学生的能力和自身情况，把各个高校的优秀老师集中在一起，发挥各自优势，编出符合学生实际情况的教材。在教材中可以尝试穿插法学界的热点话题和案例，把法学基本理论和常用法律法规知识贯穿在课本中，在每个章节后，都标明这个章节的重点、难点问题，还要注明参考文献，最好配套相关的练习题，以强化课堂知识。同时，引导学生课后正确复习，实现预期的效果。还应该改变传统的教学方式，通过多媒体等先进的手段进行知识传播。在网络化的今天，应该把各种先进的现代教育技术引进到法学教育中，通过电子教案、形式多样的网络教程，使学生积极参与课堂讨论和学习，通过这些外部途径的改善，提高法治教育质量，增强学生法治理念。

第二，丰富法治教育教学内容。在学校，老师是教育者，学生是受教育者，我们应该加强教学者教学方式和理念的转变，实现从传统灌输方式向现代注重培养学生学习意识的方式转变。法律涉及范围广，内容多，法律知识随着时代的发展不断完善，不断深入。我们知道，通过法律知识体系传播法律，这仅是一种手段，最终目的是在大学生心中树立法律意识。学校法治教育最终要达到的效果是，培养学生们的法律理念和对法律的信仰，让学生在日常生活中懂得遵守法律、运用法律，最终保护自身利益。教师要注重在日常生活中培养学生注重细节的良好习惯，并通过自身行为不断进行巩固，从而强化自身的法律意识，让权利、义务、公平等法律意识深入学生脑海，督促学生日常行为，从而维护自身权益。高等学校对大学生法律意识的培养和教育任务虽然艰巨，但意义重大，需要长期坚持。通过不断努力完善校园管理体制，充分发挥这些规范、制度的作用，努力培养学生的法律意识，最终保证学校工作正常开展。

第三，改革法治教育教学方法。良好的教学方式有助于教学目的的最终实现，有益于引起学生的注意，有利于实现老师和学生的正常互动。只有调动学生对法律的热情和改进学习法学知识的方法，才能更好地实现教学效果。改变教学方式就变得尤为重要，如老师要善于挖掘学生的长处，鼓励学生独立学习，积极思考，并且实践创新，实现师生良好互动。

第四，拓展法治教育教学时空。大学学习和高中学习有着明显区别。在大学，学生们正处于求知欲强的阶段，老师的引导作用很重要，这就给教学提出了新任务。老师要积极主动开拓新的教学空间，在课余时间多和同学交流，提供疑难解答，同时可以在学校开设法律相关知识的选修、辅修课程，积极引导学生学习，为学生毕业后走向社会参加工作提供保障。

（三）加强法治实践教育教学活动

任何理论教育都要在实践中得到印证后才能说明自身的正确性，在实践中检验后还要再去完善理论。法治教育也是实践性很强的理论教育，在开展大学生法治教育的工作中，实践是一个不可逾越的关键环节。因此，加强法治实践教育教学活动对于大学生法治教育最终能取得什么样的成果起着决定性的作用。这也是响应国家"更新教育观念、深化教学内容方式，依法治教"的号召。

高校应充分发挥第二课堂和社会实践的作用来丰富教学内容，理论联系实践，让学生学以致用，不仅用脑记法，更要用眼去看法，用耳去听法，这样既增加了学习时间，又活跃了思想、丰富了知识，使守法、护法、用法的意识内化为学生的行动源泉。

五、从大学生自我保护层面提升大学生创业法律意识

大学生作为社会主义接班人，承载着祖国法治建设的未来，学习法律知识、提升法律

素养，理应是自身的责任和义务。根据马克思主义哲学原理，内因起决定作用，外因只是条件。大学生主观方面积极学法、懂法并用法，在实际生活中运用法律保障自己的利益，同时提醒自己什么该做，什么不该做，在保障自己利益的同时，也不损害他人的利益，这是解决如何培育大学生法律意识问题的根本所在。

（一）大学生应该清醒认识到法律对维护自身权益的重要性

大学生作为高素质的人才，如果法律意识淡薄，在创业等问题上会面临很多法律风险，例如，创业权益被侵害。竞争日益激烈的现代社会需要的是既具备过硬专业知识，又具有全面综合素质的复合型人才。法律素养也是综合素质的一个重要部分，基本的法律素养已经成为人们的基本素质。这不仅仅体现在创业层面上，也体现在社会生活中。

（二）大学生要对创业相关的法律知识熟练掌握从而维护自身权益

大学生应该培养自身的独立意识，要学会依靠自己来解决问题，要学会运用法律武器来武装自己。大学生拥有充足的时间和优越的图书馆资源，应该加强自身法律素质的培养，熟悉与创业息息相关的法律法规，这本身也是大学生应该具备的一种素质。要多看法治类的电视节目，听法治类的讲座，储备充足的法律知识，使法治观念在心中刻下烙印，变成一种自发的行为。要练就火眼金睛，当创业面临违法侵权行为时就可以有效制止。同时，对合同法的理解也会使得我们尊重契约，信守承诺。

（三）积极参加社会实践，加深对法律的理解，提高法律素养

学习法律条款只是对法律的初步认识，大学生在日常学习之余，应该积极投身社会实践。学生在社会活动中会遇到形形色色的法律问题，反过来会促使学生认识到法律的重要性，努力学习法律知识，学会用法律手段来解决问题。大学生在创业时有了一定的法律经验，可以有效利用法律知识解决创业过程可能遇到的法律问题。

（四）大学生要有主人翁的精神，积极参与我国法治化进程

关心政治，关心国家大事，是青年人应该做的。国家制定的法律法规，我们既要认真领会学习，也要积极参与其中，提出我们的诉求，促使立法者在制定法律的过程中广听民意，促进法律的完善。大学生要有主人翁精神，积极推动我国法治化社会的逐步形成。

第七章　不同背景下的大学生法治教育

第一节　全面依法治国背景下大学生法治教育

一、构建知识与思维并重的大学生法治教育内容体系

构建法治知识教育与法治思维培养并重的大学生法治教育内容体系，体现了法治教育作为素质教育的属性要求，也是提高大学生法治素质的必然选择。其中，法治知识不仅仅指以宪法为核心的法律基本知识，更要满足大学生的实际法律需求，还要反映我国最新法治建设成果，加强其向教学内容的转化；法治思维指的是要让大学生对法律至上、权力制约、公平正义、权利保障、程序正当形成正确的认识。

（一）深入学习习近平法治思想

习近平法治思想是对中国共产党领导法治建设的丰富经验的科学总结，是一个内涵丰富、逻辑严密、系统完备的理论体系。要深入学习习近平法治思想，实现向法治教育内容的充分转化，必须要进行科学的编排，形成体系化的教学内容。

第一，习近平法治思想形成和发展的时代背景。伟大的时代孕育伟大的理论。首先要了解习近平法治思想形成和发展的时代背景，才能更好地理解这一重要思想的内涵和意义。"习近平法治思想萌发和孕育于改革开放和社会主义现代化建设新时期，形成和发展于坚持和发展中国特色社会主义新时代，深化和拓展在全面建成社会主义现代化强国、实现中华民族伟大复兴新征程。"

在教学中要强调，习近平法治思想的形成和发展与中国特色社会主义事业的发展有着密切的联系，绝不能形成历史的割裂。法治始终都是我们党坚持和发展中国特色社会主义事业的基本方略。在未来，要全面建成社会主义现代化强国，实现中华民族的伟大复兴，

必须要继续发挥法治的引领、规范和保障作用，必须以科学的法治理论作为指导。习近平法治思想就是顺应时代要求而产生的重大理论成果。

第二，"习近平法治思想"形成的三重逻辑。"习近平法治思想是在长期的实践基础上、科学的理论探索中、深厚的历史涵养下形成、创立和发展起来的，蕴含着清晰的实践逻辑、理论逻辑、历史逻辑。"在教学中要充分让学生理解这三重逻辑的具体含义和内在联系，对我国法治建设形成正确的认识，培养对我国社会主义法治建设的认同感。首先，习近平法治思想的实践逻辑来源于习近平总书记领导法治建设的实践经验。从基层到中央，习近平总书记始终坚持以马克思主义法治理论为指导，贯彻落实中央有关法治建设的政策部署，亲自参与法治建设，对不同层面的法治建设规律形成了科学的认识，这是习近平法治思想形成的实践基础。要带领学生回顾习近平总书记领导地方和中央法治建设的历程，认识到习近平法治思想扎根于我国法治建设的具体实践，是真实的、科学的。其次，习近平法治思想的理论逻辑不但体现在对马克思主义法治理论的继承和发展，也体现在对中国特色社会主义法治理论的传承与创新，要结合不同时代的背景和具体的国情，为学生展现马克思主义法治理论中国化的历史进程，结合我国正在经历的历史上最广泛和深刻的社会变革，让学生明白为什么习近平法治思想是马克思主义法治理论中国化的飞跃。最后，习近平法治思想的历史逻辑不仅表现在对中华优秀传统法律文化的批判性继承和创新性发展，也表现在对人类优秀法治思想的吸收和转化，更表现在对近代以来中国民主法治曲折前行的经验教训的总结和反思，要从这三个维度让学生明白习近平法治思想有着深厚的历史底蕴，揭示了法治与国家前途、人民命运之间的相互关系。习近平法治思想的实践逻辑、理论逻辑和历史逻辑相互统一，是习近平法治思想充满创造力和生命力的源泉。

第三，习近平法治思想的核心要义。"习近平法治思想的核心要义和理论精髓集中体现为习近平总书记在中央全面依法治国工作会议上明确提出并深刻阐释的'十一个坚持'。"学习宣传习近平法治思想，最重要的是让大学生领悟"十一个坚持"的科学内涵，做到"知其然更知其所以然"，不断提高对习近平法治思想的认识水平。例如，在讲解"坚持党对全面依法治国的领导"的内容时，首先要对近代以来我国民主法治建设的曲折经历进行介绍，解释为什么只有在党的领导下我国社会主义法治建设才能发生历史性变革、取得历史性成就；其次可以从"党大还是法大"这样一个伪命题中学生较为困惑的问题作为切入点，要为学生讲清楚"党的领导与社会主义法治是一致的，党领导人民制定宪法法律，党领导人民实施宪法法律，党自身必须在宪法法律范围内活动，这就是党的领导力量的体现"，驳斥"党大还是法大"的伪命题；最后讲解如何加强和改善党对全面依法治国的领导。从"是什么""为什么""怎么做"三个层面，依次递进地为大学生讲解"十一个坚持"的具体内容，有利于加强大学生对习近平法治思想的认知与认同。

（二）加强以宪法为核心的法律基础知识教育

法治信仰的树立以法律基础知识的普及为基础。《中华人民共和国宪法》作为我国社会主义法律体系的核心，在法律基础知识的教育中也必然要以宪法为核心。《青少年法治教育大纲》中明确要求："青少年法治教育以宪法教育为核心。"习近平总书记指出："必须把宣传和树立宪法权威作为全面推进依法治国的重大事项抓紧抓好，切实在宪法实施和监督上下功夫。"因此，在全面依法治国背景下，加强我国大学生法治教育，就必须要坚持以宪法教育为核心，加强宪法教育，通过培养大学生的宪法意识和宪法权威观念，促进大学生法治信仰的形成。对于如何加强宪法教育，笔者认为可以在以下两个方面进行优化设计。

一方面，介绍我国宪法确立的基本原则和制度。首先，让学生对我国宪法制定和完善的发展历程有一个初步的了解，通过与西方国家宪法相比较，引导学生发现我国宪法的特点。其次，为学生讲授我国宪法确立的基本原则，在教学过程中要重点为学生讲清楚"党的领导原则"这一我国宪法特有的原则，让学生明白党的领导和全面依法治国之间的关系，驳斥社会上的错误观点。再次，为学生介绍我国宪法确立的基本制度。我国宪法确立的基本制度又分为基本政治制度和基本经济制度，在教学中要充分联系学生的生活实际，从生活的细节体现宏观的政治制度，让学生更容易理解和接受。最后，通过专题教学的方式让学生了解我国宪法最新的修改内容，让学生明白修改宪法是为了适应法治建设在新阶段的需要，是建设社会主义法治国家的必然选择。

另一方面，介绍我国宪法规定的公民权利与义务。首先，为学生介绍我国宪法规定的具有代表性的公民权利与义务，要着重介绍我国宪法赋予学生群体的权利，以及作为学生需要主动履行哪些义务。其次，要让学生正确认识权利与义务之间的科学关系，让学生明白不存在绝对的权利，也不存在绝对的义务，在行使自身权利的同时，也要履行尊重他人权利的义务，权利与义务永远是相互依存，相伴而生的。如果不依法行使自己的权利或拒绝履行应尽的义务，甚至阻碍他人行使合法权利，那将会受到法律的严惩。最后，让学生知晓如何依法行使权利。"这一部分从权利行使目的的正当性、权利行使的限度、权利行使的方式和权利行使的程序 4 个方面告诉大学生如何依法正确行使权利。"在教学过程中，可以引用实际案例为学生讲解当自身的合法权利受到侵害时如何通过司法救济、行政救济、社会救济等方式保护自己的合法权益。

在加强宪法教育的基础上，还要注重对刑法、民法等我国重要基本法律的教育。特别是民法典作为我国调节民事关系的重要法律，同时还是我国法治建设的最新成果，要加强其在大学生法治教育内容体系中的比重。

（三）选择贴近大学生实际需求的法治教育内容

目前，大部分大学生都认识到了接受法治教育的重要性，但之所以对法治教育不感兴趣，主要是因为法治教育内容无法解决自己所遇到的法律问题，不符合自己的实际需要。因此，以大学生的实际法律需求作为切入点，是增强大学生法治教育针对性的重要方向。

一方面，从大学生经常遇到的法律问题入手，普及相关的法律法规。当前，大学生的校园生活越来越丰富多彩，但也会遇见许多的法律问题。有学者在对大学生进行采访调查后发现，大部分同学经常遇到著作权、网络诈骗、劳动纠纷等法律问题。如果法治教育内容可以解决大学生经常遇到的法律问题，这无疑会增强大学生接受法治教育的积极性。因此，高校法治教育教师可以对本校学生经常遇到的法律问题进行统计，选择最具广泛性和代表性的法律问题进行讲解，不仅要讲解相应的法律法规，也要告诉学生在面对此类问题时，应当如何保护自己的合法权益，增强法治教育内容的实用性。当然，大学生经常遇到的法律问题也只是法治教育内容的一部分，教师可以将这些问题作为切入点，设计出对大学生有切实意义的内容，然后不断地深入学习、探讨，最终促进大学生法治意识的提升。

另一方面，从大学生的专业特点入手，普及与大学生职业规划有关的法律法规。受传统实用主义教育理念的影响，大学生往往更加注重专业课程的学习，对与本专业有关的法律问题也更感兴趣。其原因在于大学生对自己所选择的专业较为了解，而且日后从事与专业相关的工作的可能性较大，学习相关法律知识的热情也就更高。所以在设计法治教育内容时应当考虑专业因素，例如，针对会计学专业的学生可以增加会计法的内容，针对法学专业的学生可以增加律师法的内容，避免初入社会的大学生因不了解职业操守，出现违反职业道德的情况。同时，也要对大学生步入社会后可能会做出的违法犯罪行为进行预防性教育。例如，以近几年常见的大学生违法犯罪行为作为内容，对这些行为触犯了哪些法律法规及相应的后果进行讲解，避免大学生在步入社会后误入歧途。

（四）重视大学生法治思维的培养

大学生掌握一定的法治知识只是法治教育的基础性工作，将法治知识转化为大学生的法治思维才是法治教育的重点。法治思维在我国的语境下特指社会主义法治思维。最新版的《思想道德与法治》教材中将社会主义法治思维的内涵界定为法律至上、权力制约、公平正义、权利保障、程序正当等内容。

第一，法律至上。法律至上指在国家和社会的所有规范中，法律是地位最高、效力最广、强制力最大的规范。对大学生群体而言，法律至上更多的是要求大学生遵纪守法和依法办事，改正权大于法、遇事找人的错误观念。因此，在教学过程中可以结合具体案例为学生讲清楚哪些行为会触犯法律，要承担怎样的后果，让学生在以后的学习生活中始终保持对法律的敬畏，主动规范自己的言行，自觉做到遵纪守法。

第二，权力制约。权力制约指国家机关的权力必须受到法律的规制和约束。我国宪法规定了一切权力为人民所有，为了保证国家机关公权力的使用始终为人民服务，就必须对权力的分配和运行进行有效制约。在教学过程中，要让大学生认识到国家机关"法无授权不可为"，拥有权力必须承担责任并接受监督，如果违反法律，必须追究责任。可以通过近几年公布的公职人员贪腐案件来帮助大学生认识到公权力的滥用将会对国家经济运行、人民的切身利益、社会的平稳运行产生巨大的负面作用，端正学生的权力观。另外，通过介绍常见的权力监督途径，帮助大学生形成权力制约思维，在生活中勇于监督公权力的行使和宪法、法律的实施。

第三，公平正义。公平正义指社会的政治利益、经济利益和其他利益在全体社会成员之间合理、公平分配和占有。公平正义一般包括权利公平、机会公平、规则公平和救济公平。大学生群体要重点了解规则公平。规则公平主要指在法律规则面前人人平等，没有任何人可以拥有法律之外的特权。在教学中可以通过讲解党领导我国法治建设让学生认识到在法治社会没有任何人或群体可以凌驾于法律之上，党员和党员干部更要带头遵纪守法，为促进社会公平正义而奋斗。

第四，权利保障。权利保障主要指公民权利的法律保障，具体包括公民权利的宪法保障、立法保障、行政保障和司法保障。其中行政保障是最常见的权利保障方式。在具体教学中要让学生明确自己都拥有哪些权利以及这些权利的核心范畴，在此基础上告诉学生如何判断自身的合法权益正在遭受侵犯，并及时向相关部门提出申请来保障自己的合法权益。同时也要教育学生正确认识个人利益与集体、国家利益之间的关系，让学生明白当集体和国家利益受损时，个人的利益也将受到威胁，因此要敢于拿起法律武器对抗危害国家和集体利益的不法行为。

第五，程序正当。程序的正当，表现在程序的合法性、中立性、参与性、公开性、时限性。在教学中要让学生认识到程序正当对于解决问题的重要作用，可以指导学生在制定班级、社团的规章制度时要严格遵循一定的程序，保证所有人都可以充分表达自己的意见，让制定的规章制度更加公平、合理。

二、形成制度化常态化的大学生法治教育实施体系

形成制度化常态化的大学生法治教育实施体系，不仅是对法治教育规律的反映，也是对以往大学生法治教育问题的反思与改进。大学生法治教育开展方式的常态化主要体现为稳定性、日常性和长期性，遵循提高个人法治素养的客观规律，实现全员、全程、全方位育人，避免运动式的大学生法治教育。大学生法治教育开展方式的制度化体现为规律性、规范性和系统性，解决的是以往大学生法治教育开展方式的随意性和零散性等问题。要形成制度化常态化的大学生法治教育实施体系，具体而言要在充分发挥课堂教学主渠道的基础上，实现日常法治教育的常态化开展，以及加强新媒体在法治教育中的运用。

（一）充分发挥课程教学主渠道作用

在全面依法治国背景下加强大学生法治教育工作，需要继续重视思政课程在大学生法治教育中的重要作用，同时增加法治教育专业课程，拓宽学生接受法治教育的渠道。另外，法治教育教师在教学过程中要综合运用多种教学方法。通过增加法治教育相关课程和加强教学方法的灵活运用，双向发力，发挥好课堂教学在大学生法治教育中的主渠道作用。

第一，进一步发挥思政课程在大学生法治教育中的重要作用。"思想道德与法治"课程作为我国多数高校开展法治教育的主要方式，开好、讲好、利用好思政课程，是加强我国大学生法治教育的必然选择。首先，在教材内容设计上，可以将法治教育内容与思想道德教育内容相结合，在思想道德修养的章节中穿插法治教育内容。例如，在第一章第三节"创造有意义的人生"中，增加近年来典型的政府公职人员贪污腐败的案例，不仅可以教育大学生要树立正确的人生观，还能向学生介绍我国惩治贪腐的法律规范；再如，在第三

章第二节"做新时代的忠诚爱国者"中，增加香港分裂分子的相关案例，要求大学生自觉维护祖国统一和民族团结，通过介绍分裂祖国的行为将会受到怎样的法律惩罚以起到警示作用。其次，在条件允许的情况下思政课要采取"小班"教学，思政教师也要加强与学生的沟通交流，在思想的交流中达到法治教育的目的。再次，思政教师要改变成绩考核方式，改变传统试卷考核方式，将小组作业、课堂发言等纳入考核标准，对学生法治教育学习情况作出更加全面科学的评价。最后，要增加思政课的教学课时，让思政教师拥有充足的课时去运用多种多样的教学方法开展法治教育，提升思政课堂的实效性。

第二，充分挖掘不同学科中的法治教育资源，实现多学科协同。《青少年法治教育大纲》中指出，在课堂教育中不仅要发挥专门课程的作用，还要充分挖掘不同学科课程中的法治教育因素，实现多学科协同。尽管高等教育阶段的课程及其教学内容具有很强的专业性，但专业课程大多与学生未来从事的职业有着密切的联系，而随着我国法律体系的不断完善，每个专业课程中都或多或少地潜藏着法治教育资源。例如，英语专业所开设的专业翻译课程可以与知识产权保护法相结合；土木工程可以与环境保护法相联系；计算机专业可以与个人信息保护相关法律法规相关联；等等。在专业课程中发掘法治教育因素，在教学中融入法治教育，不仅可以提高学生的专业技能，还可以让其知晓自己未来所从事工作的职业规范，提高课堂教学的效果。因此，不同专业的教师应该与法学院或马克思主义学院展开合作，从不同专业课程中发掘法治教育资源，制定合适的教学内容与合理的教学计划。学校和学院予以支持和保障。

另外，有条件的高校要积极落实"八五"普法规划和其他相关政策的要求与部署，安排马克思主义学院与法学院进行合作，要求教师加强对习近平法治思想的研究，构建相应的教学话语体系，实现习近平法治思想学理化、大众化。在此基础上开设习近平法治思想公共选修课，为全校学生学习习近平法治思想提供新途径。同时，有条件的学校可以开设具有特色的法律通识选修课程。例如，师范类高校可以为学生开设关于我国教师法的课程，拓宽学生接受法治教育的渠道，满足学生的个性化学习需求。

第三，综合运用多种教学方法。法治教育课程能否取得预期效果，授课教师的教学方法是一个重要影响因素。有学者认为，高校法治教育教师应当根据授课内容和学生特点采用多样化的教学方法，综合运用案例教学法、讨论式教学法、专题式教学法等，调动学生学习法律的热情和兴趣。因此，在教学过程中要根据不同学生的专业特点和不同的教学内容，综合运用多种教学方法。例如，在讲解习近平法治思想的核心要义时，针对"坚持以人民为中心"这一部分，可以先对相关理论知识进行介绍，让学生有一个初步印象，接下来可以通过与学生分享近年来我国依法纠正的一批重大历史错案，让学生对某一案件进行讨论，重点是要让学生在具体的案件中真切感悟到我国社会主义法治建设的根本目的是依法保障人民权益。在有条件的情况下，法治教育教师可以将更多的现代技术手段运用在课堂教学中。例如，运用互联网、虚拟现实等技术丰富课堂教学方式，增强课堂教学内容的展示效果，充分调动学生的学习兴趣。

（二）实现日常法治教育的常态化开展

实现日常法治教育常态化主要是相对以往"运动式"的法治教育开展方式而言，这要求大学生法治教育要融入学生的日常生活，表现出活动化、生活化、场景化的特点。

第一，以主题教育日为契机，开展大学生法治教育。《青少年法治教育大纲》中将主题教育作为法治实践教育的重要方式，指出要将安全教育、国防教育、禁毒教育等专题教育与法治教育相结合。但目前很多高校开展专题教育多为"讲形式""走过场"，局限于在校园里拉设横幅或发放宣传单。而从大学生的实际需要来看，安全教育、廉政教育、国防教育、禁毒教育是大学生面临复杂社会所必须接受的教育，而消费者权益保护、知识产权保护更是与大学生的利益有直接联系。因此，必须要重视主题教育的作用，切实开展与大学生有关的主题教育。例如，在国际禁毒日可以邀请戒毒中心的宣传民警举行专题讲座，让大学生认识各种具有迷惑性外表的毒品及其危害，介绍我国目前的禁毒形势和刑法中对毒品犯罪的有关规定，提高大学生的自我保护意识。还可以让学生充分参与到法治教育志愿服务活动中，由学校或学院组织学生在"国家宪法日""国家安全教育日"到社区、小学开展主题法治教育宣传活动，增强学生学习法律知识的主动性。

第二，加强大学生法治实践教育。大学生在课堂上学到的法治知识，必须要到实践中接受检验，才能进一步上升为法治思维。因此，法治实践教育在提升个体法治素养的过程中起到了承上启下的作用，是法治教育的重要环节。加强大学生法治实践教育，需要学校与社会的共同努力。一方面，大学生有着较多的时间和精力参加法治实践教育，因此高校的法学院可以定期组织法律辩论赛，通过对时下热点法律事件或经典案例进行辩论，在思想的碰撞中让学生感受法治的魅力，也可以成立大学生法律援助中心或组织志愿普法活动，让大学生作为志愿者进行普法或提供法律援助服务，在实践中感受法治的意义。

另一方面，创新大学生法治教育实践基地合作模式。近年来，党和政府针对法治教育实践基地的建设与运行专门颁布了政策进行部署和规划。首先，高校要积极落实相关政策对青少年法治教育实践基地的规划，以已有的教育资源为基础，寻求国家机关和社会法律人士的帮助和指导，让青少年法治教育实践基地可以同时满足学生参观教育、开展模拟法庭、举行法律讲座或举办主题教育日等实践活动的需要。其次，高校可以将地方文化建设作为契机，充分参与地方文化公园、博物馆、纪念馆的建设过程，发掘多种多样的法治教育资源，将此作为专门法治教育实践基地的补充，成为法治教育实践基地建设的新模式。

第三，加强校园法治文化建设。加强校园法治文化建设，就是为了让学生在日常的学习和生活中感受到处处讲法治，处处是法治，在潜移默化中增强学生的法治意识。要实现这一目的，不仅要加强学校规章制度与管理的法治化水平，还要充分利用校园文化载体，营造校园法治氛围。

首先，提高高校规章制度的法治化程度。依法治校是依法治教的重要内容，依法治校首先要求要提高学校规章制度的法治化水平。因此，一方面高校要遵循依法治校的要求，制定和完善以学校章程为主的制度体系，在制定过程中要重视教师与学生在校内治理中的重要地位，保障师生群体的参与权利，充分听取各方意见，并按照程序进行公示，保证各项规章制度的高效与规范。另一方面，要加强对学校规章制度，特别是学校章程的宣传教育，组织领导干部、教职员工、学生学习章程、了解章程，养成遵循章程办事的习惯。

其次，在学校管理中体现公平、民主的法治理念。公平与民主作为重要的法治理念，是大学生法治教育的重要内容。在实践中可以通过学校管理来营造公平与民主的氛围，让大学生在接受管理的过程中感受公平、民主的法治理念。例如，与学生管理相关的部门可以定期召开学生代表座谈会，通过让学生对学校管理的各项工作提出自己的意见或建议，在行使权力的过程中让学生感受到公平与民主就在身边。也可以通过在班级干部、社团组织干部的选举中，严格按照民主程序，让学生通过民主方式选举出自己满意的学生干部。总之，通过让学生在学校管理中充分感受公平与民主的氛围，有利于培养大学生的法治观念与法治意识，更可以促使大学生认同依法治校与依法治教的要求，进一步增强大学生对我国社会主义法治建设的认同感。

最后，充分利用校园文化载体，营造校园法治教育氛围。一方面，高校要加强校园基础设施建设，在食堂、教学楼、图书馆等学生流量较多的地方设置宣传栏与公告栏，张贴法治讲座海报、法治实践通知等，扩大影响力。利用 LED 屏播放法治宣传视频，在教学楼增加法治宣传标语。另一方面，高校可以鼓励有兴趣的学生建立或参与法律类的社团组织，在指导老师的参与下，定期召开法治理论、法律知识学习研讨会，利用校内外实践机会让学生将学习到的知识付诸实践，做到知行统一，让学生感受法治的魅力。

（三）加强新媒体在法治教育中的运用

新媒体所具有的传播速度快、内容呈现方式更多元、传播目标更加精准的优势，与大学生作为新媒体的主要使用群体这一客观原因，使得我们必须重视新媒体在大学生法治教育中的作用。加强新媒体在大学生法治教育中的运用，发掘新媒体的法治育人潜力，就要充分利用新媒体所具有的优势，增强大学生法治教育的实效性。

第一，在传播载体上，要注重实时性与可交互性。法治教育内容的特点决定着传播载体的选择。若将热点法治事件作为法治教育内容，就要求传播载体有着更快的传播速率，以便在第一时间将传播内容发送给大学生。同时，传播载体也要具备可交互功能，使得大学生在收到传播内容后可以立即发表自己的意见或加入讨论中。为了实现法治教育内容的实时性与可交互性，高校可以利用微信所具有的实时性和可交互性的特点，在官方微信平台设置"法治教育"栏目，鼓励法学专业教师参与栏目的建设和运作过程，定期在栏目上针对当下社会热点或经典法治案例发表评论或见解，吸引有兴趣的同学参与讨论，教师也可以适时进行观点引导，帮助学生学会运用法治思维来看待社会事件，时刻保持正确的法治观念。

第二，在传播内容上，紧跟大学生的实际法律需求。法治教育内容与大学生的实际法律需求更贴近，大学生的学习兴趣往往也越高。在大学生的学习与生活中，最常见的法律需求主要集中于消费和就业方面。因此，高校可以鼓励法治教育教师建立自己的个人微博，将如何维护消费者权益、如何与用人单位签订劳动合同等问题整理成文并上传至个人微博，通过微博的智能推荐算法，将微博内容推送给感兴趣的学生，由此来建立学生与教师之间的联系，不仅能够为师生交流提供渠道，还能把微博当作一种学习工具，强化高校法治教育的载体建设。

第三，在传播方式上，选择呈现方式更加多元的新媒体应用。在传播内容呈现方式中，相较于文字，图片和视频可以为接收者带来更加直观的感受，使得传播内容更容易被接受。因此，在大学生法治教育工作中，可以选择呈现方式更加多元化的新媒体应用，如抖音、快手等短视频应用。高校可以在短视频应用上开设官方账号，让学生参与到短视频的拍摄与制作过程中。例如，可以让动漫设计与制作专业的学生发挥专业特长，创造二次元的法治宣传人物或创作与法治有关的动漫作品，使枯燥的法治教育变得活泼。也可以鼓励法治教育教师利用个人账号进行短视频普法，在视频中对学生所关心的问题进行解答，通过利用应用的智能筛选实现内容的精准推送，达到利用学生零碎时间进行法治教育的目的。

三、构建多元化、专业化的大学生法治教育队伍

法治教育队伍是法治教育的直接实施者，队伍结构是否合理，人员素质是否过硬，对法治教育的成效有着直接影响。目前我国大学生法治教育队伍存在着专业法治教育教师在数量和教学能力上存在短板，国家机关和社会力量未充分参与的问题。因此，要打造结构合理、素质过硬的法治教育队伍，一方面要优化法治教育队伍构成，另一方面要加强对法治教育教师的能力培训。

（一）优化法治教育队伍构成

大学生法治教育不单单是高等院校的任务，也需要国家和社会担负起相应的责任。因为国家和社会相关力量有着得天独厚的法治教育资源，而且大学生最终要走向社会，走上不同的工作岗位，国家和社会力量的参与可以让大学生法治教育内容更加丰富且具有针对性，让大学生更加容易接受。因此，我国大学生法治教育队伍应当由校内队伍和校外队伍组成，其中校内队伍主要包括思想政治理论课教师和法学专业教师，校外队伍主要由国家机关和社会组织组成。

第一，思政课教师。在思想政治理论教育内容中，法治是不可缺少的一环。当前，大多数高校主要依靠"思想道德与法治"课程开展课堂思政教育与法治教育。因此，思政课教师自然而然地成为大学生法治教育队伍的中坚力量，担负着为大学生讲解法治理论和法治知识，培养其法治思维，引导其认同我国社会主义法治价值的重任。但是由于法治教育需要具备一定的法学知识，缺乏法学背景是制约思政教师讲好法治教育内容的主要因素。因此，一方面要对思政教师进行系统的法治知识培训，弥补缺乏法学背景的短板；另一方面，高校要重点引进具有法学专业背景的思政教师，从源头上解决思想政治理论课教师缺乏法学专业背景的问题。

第二，法学专业教师。法学专业教师有着全面且专业的法律知识和丰富的实践经验，是大学生法治教育队伍的重要组成部分。要充分发挥法学专业教师在大学生法治教育中的作用。首先，法学专业教师可以开设一定的法治教育通识课程，契合大学生的实际法律需

求，落实教育部门关于开设习近平法治思想课程的要求，拓宽全校学生学习习近平法治思想的途径。其次，法学院可以面向全校学生组织法律辩论赛、模拟法庭、法律讲座等活动，丰富法治教育开展形式，激发学生的参与兴趣。最后，在一些主题教育日可以由法学院牵头举办法律服务志愿活动，由法学专业教师来为学生提供专业的法律咨询服务，满足学生在日常生活中的实际法律需求。

第三，国家机关和社会组织。国家机关和社会组织要参与到大学生法治教育工作中必须要有畅通的合作渠道。有学者提出，高校应拓宽思路，畅通与国家机关和社会组织进行合作的渠道，可以参照学校外聘教师引进流程和管理规范，邀请律师、法官、公检法工作人员等进入校园。让国家机关工作人员和社会法律人士参与到高校法治教育的各项工作中，可以带来最新的法治案例与先进的法治工作经验，不断优化法治教育内容、创新法治教育形式、完善高校法治教育制度，推动大学生法治教育工作的进一步发展。

（二）加强法治教育教师教育能力培训工作

随着我国法治建设进程的不断加快，大学生法治教育的内容和教学形式也根据新时代法治建设的要求作出调整，这也要求法治教育教师不断增强自身的素养和能力。因此，高校应建立贯穿法治教育教师教学全过程的培训制度，从理论和实践两个方面不断提升法治教育教师的专业素养，补齐知识结构短板，增强教育能力。

高校应建立贯穿法治教育教师教学全过程的培训制度。首先，高校要对法治教育教师进行入职专业培训，在入职前为教师进行法治教育内容培训和教学方法的培训，让教师一方面掌握基本的法治知识，对我国最新的法治建设成果有一定的了解，另一方面也要掌握不同的教学方法，熟悉法治教育的特殊规律。其次，高校可以对法治教育教师进行定期培训，在培训中要不断强化教师的立德树人理念，不仅要求教师有着过硬的政治素质和深厚的师德修养，还要坚定对我国法治建设、大学生法治教育事业的信心；除了理念教育外，还要补齐教师的知识短板，特别是有关学生发展的知识，做到理论与实践相结合，引导教师思考如何对不同学段的学生开展法治教育；此外，加强法治教育教师的教学能力也应当是培训工作的重要内容，主要包括教师对教学内容的选取能力和对教学方法的运用能力，力求做到"因材施教"。最后，由教育主管部门与地方法院、检察院共同制定法治教育人才培养计划，定期组织法治教育教师到国家机关进行挂职锻炼，增加法律实务经验，更好地服务于大学生法治教育工作。

四、建立完善的大学生法治教育管理制度

建立完善的大学生法治教育管理制度，保证法治教育的各项规划落实到位，需要建立协调统一的工作制度、建立物质保障制度，以及建立科学完善的大学生法治教育评价体系，对大学生法治教育工作的实际效果进行反馈。

（一）建立协调统一的法治教育工作制度

针对目前高校负责开展法治教育的机构众多，但各机构之间缺乏统一协调，密切配合的问题。可以设立由校党委直接领导的法治教育工作小组，学校主要负责人担任组长，成员涵盖马克思主义学院等教学实施单位，校学工部、校宣传部、教务处等职能部门，加强组织领导，统一制定工作计划，确保法治教育各项政策的贯彻落实。同时，负责开展法治教育的各机构组织应当建立统一协调、密切配合的工作机制，避免法治教育内容重复化，发挥各部门之所长，丰富法治教育内容和方式，增强实效性。例如，马克思主义学院或思想政治理论课教学研究部等教学实施单位要讲好"思想道德与法治"课程，开设法治通识课程，加强对我国最新法治建设成果的理论研究；校宣传部充分利用已有的宣传平台，加强对与大学生有关的经典案例、法治热点、国家领导人对法治的重要论述的宣传教育；校学工部要开展好日常法治教育，加强与国家机关和社会组织的联系，拓展法治教育实践资源；校教务处要不断探索和改进学生法治教育成绩考核方式，以及校内法治教育评价体系。

（二）建立物质保障制度

大学生法治教育是一项投资额度大、时间跨度长、效果显现慢的事业，但其蕴藏着促进国家和社会发展的巨大价值。因此，必须要重视大学生法治教育资金保障问题，确保各类教育活动可以得到充足的资金保障。首先，各级政府要把法治教育经费纳入政府年度财政预算，对于高等教育阶段的法治教育工作经费可以按照在校学生每年每人一定比例的最低保障标准划拨款项，并根据经济发展状况，逐年予以增加。其次，为了支持法治教育实践基地的建设和运作、保证法治教育教师培训、鼓励法治理论教学研究等工作，教育主管部门必须要设置大学生法治教育专项资金，同时做到专款专用。避免出现由于教育经费的随意使用而影响大学生法治教育工作的资金支持，导致各项工作安排流于形式，甚至不了

了之。最后，各高校要落实《青少年法治教育大纲》中对于经费保障的要求："将法治教育纳入学校工作总体规划和年度计划，将所需经费纳入年度预算。"

（三）建立科学完善的大学生法治教育评价体系

大学生法治教育的现状如何，到底有没有效果，在未来将向哪个方向发展，都需要以大学生法治教育的评估为依据。针对大学生法治教育工作进行评价，指的是相关教育主体依据大学生法治教育的理念和原则，并运用一定的方法，对大学生法治教育工作是否达到预期效果进行判断。法治教育评价是引导法治教育活动开展的杠杆，是增强法治教育效果的关键。目前我国大学生法治教育评价体系不健全、不完善，严重影响了大学生法治教育的效果。因此，建立科学合理的大学生法治教育评价体系就显得尤为迫切。

第一，大学生法治教育评价主体的选择。在一个评价体系中，一般包括评价主体、评价原则和评价指标，其中确定评价主体是首要任务。大学生法治教育评价主体要包括法治教育教师、大学生以及第三方评估机构。

首先，法治教育教师。法治教育教师作为大学生法治教育的直接实施者，对大学生法治教育工作的进步与不足有着深刻的体会，并且对法治教育的受重视程度、法治课程的内容和教学方式、法治教育队伍建设和条件保障等涉及大学生法治教育工作的因素有着真切的感受。因此法治教育教师是重要的大学生法治教育评价主体。特别是高校法治教育教师有着深厚的专业知识，掌握着一定的评价方法，是天然的法治教育评价者，可以确保大学生法治教育评价的科学性、严谨性和准确性。

其次，大学生。《青少年法治教育大纲》指出在法治教育中要充分发挥学生的主体作用，实现自我教育。大学生作为法治教育的接受者，同样也是法治教育的主体，对法治教育有着最直接的感受，理应是法治教育评价主体之一。大学生成为高校法治教育的评价主体有着提高评价结果的准确程度、降低外界因素干扰、充分发挥主观能动性的优势。首先，当评估指标准确、合理时，大学生可以根据自身对高校法治教育工作的直接感受，依据对自身法治认知、法治情感、法治思维的自我判断，对高校法治教育工作中的得与失作出准确且科学的评价。其次，大学生作为评价主体时可以有效避免外界因素的影响，只受自身学识、能力、心理等因素的影响，对大学生法治教育评价结果的干扰降到了最低。最后，大学生参与评价过程可以充分发挥自身的主观能动性，在评价中学习法治知识，成为接受法治教育的新途径。

最后，第三方评估机构。第三方机构评估指的是除大学生法治教育主体以外的主体对大学生法治教育的实效性进行的评估。第三方机构评估的出现源自当法治教育教师或教育主管部门进行法治教育效果评估时，其可信度、公正性和客观性都会受到质疑，为了避免这种现象，可引入法治教育主体以外的第三方机构进行评估。为了实现对大学生法治教育的客观评价，第三方评估机构应当具备独立性、公正性和专业性，应当由第三方聘请、组织法治教育理论、实务方面的专家，共同研究、民主决策、协商一致，按照大多数专家的意见得出评价结果。

第二，大学生法治教育评价指标构建的原则。有学者指出，大学生法治教育评价体系是具有逻辑关系的科学体系，它由一系列相关的指标构成，评价指标的构建需要遵循一定原则。大学生法治教育评价指标的构建应当遵循法治性原则、科学性原则和典型性原则。

首先，法治性原则。法治教育必然要遵循法治性原则。大学生法治教育评价指标的构建也要围绕法治性原则进行具体构建。从大学生法治教育涉及的要素来看，主要包括组织领导、教育内容、教育方式、队伍建设等方面。组织领导不仅要反映大学生法治教育的工作定位与思路，还要体现相应的领导机制和工作机制，是大学生法治教育工作的先行。教育内容与教育方式是大学生法治教育工作的重要环节，法治教育内容是否与时俱进、是否满足大学生的现实需要，法治教育方式是否得到落实开展、是否贴近大学生的学习习惯，对于大学生法治教育能否取得实际成效至关重要。队伍建设是大学生法治教育教师队伍质量的重要保证，是提高大学生法治教育实效性的重要途径，可以充分调动社会和国家力量的参与，形成一支多元参与、政治坚定、素质过硬的大学生法治教育队伍。

其次，科学性原则。大学生法治教育评价指标要反映大学生这个特殊群体的法治素养的发展规律，客观呈现大学生法治教育工作的整体水平和短板。大学生法治教育属于青少年法治教育中的特殊阶段，其特殊性来源于大学生与其他学习阶段的青少年相比表现出独特的生理和心理成长规律，在此基础上形成了特殊的法治认知结构和实践能力。因此，大学生法治教育评价指标的设计必须要体现科学性，主要表现在两个方面：一方面是指标设置必须科学地反映目前大学生法治教育整体水平；另一方面是指标设计在名称、内容等方面体现科学性。

最后，典型性原则。典型性原则指的是大学生法治教育评价指标的选择必须要体现典型性，反映大学生法治教育工作的内在属性。在国家与社会的大环境中，有许多因素直接或间接地与大学生法治教育有着各种各样的联系。但大学生法治教育指标的选择与设计不可能面面俱到，必须将最能影响大学生法治教育工作水平的各项因素作为评价指标。有学者认为，对于某类具体变化特征的反映，一个指标与几个指标，一组指标与另一组指标有时具有等价的特性，指标之间存在着一定的可替代性。因此，为了保证评价体系的科学合理，指标的选择必须要典型，以体现这些指标与大学生法治教育工作效果之间的必然联系。

第三，大学生法治教育评价指标的构建。大学生法治教育评价指标的建构是否科学合理，直接影响着评价工作能否如实反映大学生法治教育的现状。因此，本文将与大学生法治教育工作密切相关的"学校组织领导""法治教育课程内容""法治教育实施""法治教育队伍建设"作为主要评价指标。

首先，高校组织与领导。学校组织领导是大学生法治教育工作的先行，同时也是重要保障。学校组织领导不仅要对大学生法治教育有清晰的工作定位和教育思路，还要有相应的领导体制和工作机制。其中，大学生法治教育工作定位与思路主要体现在是否将大学生法治教育纳入高校事业发展规划、是否将大学生法治教育定位为思想品德教育、是否将"全员、全过程、全方位"作为大学生法治教育思路。而大学生法治教育领导体制和工作机制则体现在是否建立由学校主要负责人担任组长的大学生法治教育工作领导小组，并定期召开专门工作会议、是否构建了协调统一的大学生法治教育工作机制，细化各部门应当完成的工作任务。

其次，大学生法治教育内容。大学生法治教育内容的优劣直接影响着大学生法治教育能否实现预期效果。针对目前我国大学生法治教育内容存在供需矛盾的问题，要构建兼顾知识教育与思维培养的法治教育内容体系，不仅要重视法治知识教育，还要加强法治思维的培养。法治知识教育的内容，主要包括习近平法治思想的核心内涵、以宪法为核心的法律基础知识、契合大学生现实法律需求的法治知识。法治思维的培养，主要从大学生对法律至上、权力制约、公平正义、权利保障、程序正当这五方面的认识予以开展。

再次，大学生法治教育实施。大学生法治教育方式是将法治教育内容讲授给学生，并深入其内心，引导其外化为自身行为的必然途径。大学生法治教育是一项长期的系统工程，要避免"走过场"式的心态，形成常态化的实施机制。在大学生法治教育课程方面，要坚持"思想道德与法治"课程的主渠道作用、注重多学科协同、增加"习近平法治思想"课等特色法治教育课程。在日常法治教育方面，要充分利用主题教育日开展法治教育，加强学校和社会机构的合作，创新大学生参与法治实践的方式方法，也要加强学校规章制度与管理的法治化水平，并利用校园文化载体，营造校园法治氛围。在新媒体运用方面，要选择传播速度快、能够实现实时在线交流、支持多种内容呈现方式的新媒体应用。在新媒体运用中，同样要避免"自说自话"式的传播，要让大学生参与到法治教育的全过程。

另外，大学生法治教育队伍建设。大学生法治教育队伍的专业素质、教学能力的高低对于法治教育内容能否得到充分讲解，法治教育方式能否得到有效实施至关重要。目前学界普遍认为，在全面推进依法治国的背景下，大学生法治教育队伍的组成要充分调动社会和国家力量的参与，教育主体的组成具有明显的多元性。因此，在大学生法治教育队伍构成方面，要对思想政治理论课专任教师进行法治教育教学能力与成绩考核，检查法学院是否面向全校学生定期开展法律辩论赛等活动，法学专业教师是否按照规划开设法治教育通识课程，考察高校是否邀请律师、法官、公检法等法律工作者以外聘教师身份参与学校的法治教育教学工作。在高校法治教育教师教育能力培训工作方面，考察高校是否对法治教育教师进行有关大学生法治教育内容和教学方法的入职前培训，入职后高校是否定期组织法治教育教师进行强化培训，在职期间高校是否允许法治教育教师参与校外法律机构实践，积累法律实践经验。

最后，大学生法治教育制度保障。大学生法治教育各项措施是否能够得到落实，需要有完善的法治教育实施机制。在组织保障方面，高校党委和教育主管部门担负大学生法治教育领导责任，联合制定大学生法治教育工作规划，协调推进大学生法治教育，高校要通过学校规章制度规定本校法治教育具体实施方法，并指定部门或专人负责。在大学生法治教育评价工作方面，要定期对各项法治教育工作实施情况进行评估，并形成反馈意见，促进大学生法治教育工作的不断改善。在物质保障方面，教育主管部门与高校要分别承担起各自的经费保障责任，重点要设立大学生法治教育专项资金，并将法治教育经费纳入年度财政预算。

第二节　自媒体环境下大学生法治教育创新

自媒体环境的优势和特点给大学生法治教育创新带来了突破口。实现教育活动的创新必须先确定科学的教育创新目标，并在科学的教育原则指导下执行，进而探索出有效的创新对策。

一、自媒体环境下大学生法治教育创新的目标

明确自媒体环境下大学生法治教育创新的目标，对教育理念、教育模式、教育机制进行有效创新，以探索更具有针对性和实效性的创新对策。

（一）以宪法为核心的法治教育理念

习近平总书记指出："法律要发挥作用，需要全社会信仰法律。"马克思认为，只有公民认可并愿意遵守的法律才是好的法律。宪法作为国家的基本法，树立宪法权威和宪法信仰能够从根本上巩固法治教育的成效。创新开展以宪法教育为核心的大学生法治教育，把学习宪法摆在大学生法治教育工作的首要位置，将宪法教育寓于大学生培养的全过程，有助于在全社会牢固树立宪法法律权威。大学生法治教育着重强调的是以法律知识为载体、以法治思维和素养为目的开展的素质教育，使得大学生可以真正将法治内化于心、外化于行，成为有助于社会发展的全面复合型人才。自媒体环境下大学生法治教育创新必须符合当前的教育新形势，要以宪法教育为核心，以建立大学生良好的法治思维和法治素养为目标，在法治教育实践中提升大学生对宪法等法律知识的应用能力，树立大学生对宪法的绝对信仰。创新大学生法治教育的理念，革新大学生法治教育的内容和方式，推动大学生法治教育的发展。

自媒体环境下大学生能自主获取更多样丰富的信息，对法治教育的内容和方式有了更多维的需求。高校法治教育者必须依靠自媒体平台获取更多法治教育素材和资源，及时更新课堂上法治教育教学的内容，以提高大学生对法治教学活动的兴趣，提升法治知识转化率，将法治理念真正外化于行。高校法治教育者要重视加强大学生对法律知识的掌握，增强自身法治知识储备，理解法治运行的具体理论知识和内在逻辑规律。宪法是法治建设体系的重要基石，只有学好宪法，遵守宪法的精神和原则，才能真正维护社会的和谐稳定，维护法治的绝对权威。大学生必须要重视对宪法的学习，认同宪法、遵守宪法，要正确理解依法治国和依宪治国之间的联系。高校法治教育者必须将能彰显社会主义法治文化内涵的教育素材融入教育环节中，借助自媒体平台将法治教育以更生动形象的方式呈现给学生，丰富宪法宣传教育形式，使宪法走入大学生的日常生活，营造良好的法治教育氛围，在潜移默化中让大学生由衷地信仰宪法，坚决维护宪法权威。

（二）更加灵活多样的法治教育模式

自媒体环境下需要探索出更加灵活多样的大学生法治教育模式来提高教育实效。借助自媒体进行大学生法治教育的创新发展，要保留传统法治教育的权威性和绝对优势，保持传统法治教育的主导地位和基础作用。同时将自媒体与传统法治教育模式有机结合，打造出更加富有时代性的大学生法治教育模式。

首先，要探索更加灵活的法治教育方式和手段。自媒体环境使得高校法治教育教学环境发生巨大的变化，教学内容也随着各种社会热点的出现变得更具有时代性和新颖性。因此高校法治教育工作者要占据线下传统课堂教学的主导权，积极使用线上自媒体向大学生传播法治信息、讲述热点案例事件中蕴藏着的法律法治知识，与学生进行充分的沟通交流。借助自媒体平台内容及服务的多样性和延展性，探索更多更灵活的法治教育方式以及手段。其次，要打造更贴近大学生的法治教育平台。随着大学生在学习中的主体意识不断提升，高校必须综合考量教学任务和学生的思想行为特点，建立高校法治教育者与学生之间更加民主平等的交往关系，营造良好的校园法治教育氛围。高校要建设好、经营好自媒体，在线上线下积极构建教育者和受教育者共同学习、共同进步的教育教学和法治实践平台。自媒体是大学生日常社交、获取资讯的重要工具，在大学生群体中有庞大的群众基础，高交互性和开放性使得法治信息能有更强的流动性和吸引力，有利于大大提升法治教育效果。因此高校要积极借助自媒体打造更加贴近大学生日常生活的法治教育平台。大学生对自媒体有更强的操作应用能力，高校也可以积极邀请大学生参与自媒体平台的建设和运营工作，制作并传播大学生群体真正感兴趣、愿意学习和了解的法治知识，提高法治教育实效。

（三）更加完善健全的法治教育机制

高校法治教育机制是有关法治教育队伍、法治教育实施等具体的规范和制度。自媒体环境下大学生法治教育是一项非常系统复杂的常态化工作，需要完善规范的制度体系作为支撑以协助展开。自媒体环境的瞬息万变使得大学生法治教育工作面临着更严峻的挑战。高校应在传统法治教育机制的工作基础上，进一步建立健全与自媒体环境下法治教育的现状和趋势相匹配的机制，以提高大学生法治教育的实效性。

首先要健全与自媒体环境相适应的法治教育机制。过于宽松开放的自媒体环境会使得各类错误消极信息在网络中肆意弥漫，若不实施有效的监管措施，将大大冲击大学生的价值观。因此高校必须加大对自媒体信息的监管力度，为法治教育创造一个良好健康的自媒体环境。要建立和完善高校对自媒体环境的信息分析、反馈和协调机制，以时刻掌握自媒体平台上的舆论动态，建立合理可控的舆情监管体系，并及时收集学生在自媒体上的反馈信息。自媒体监管机制的建立和完善需要政府、教育部、企业等社会各界共同参与，以实时监控和过滤不良信息，多方全面监管自媒体环境，严防错误思潮在网络环境中肆意泛滥。因此还要健全大学生法治教育工作的多方联动合作机制，以进一步完善自媒体环境下的高校法治教育机制。

二、自媒体环境下大学生法治教育创新的原则

自媒体环境下大学生法治教育创新要遵循继承性与发展性相结合、导向性与价值性相结合、主体性与人本化相结合的原则。

（一）继承性与发展性相结合的原则

实现自媒体环境下大学生法治教育创新，必须继承优秀的传统教育理念、模式和成果，并结合具体实践对其进行发展和创新。只有理顺继承性与发展性的关系，才能真正实现自媒体环境下大学生法治教育创新的目标。自媒体环境下大学生法治教育创新必须要肯定传统法治教育的积极作用，继承传统法治教育的优秀成果。传统法治教育仍旧是培养大学生法律知识和法治素养的根基，是培育法学人才和高素质大学生的重要途径，在教育实践中仍然发挥着决定性的主导作用。自媒体拥有巨大的教育创新潜力，对大学生法治教育的创新有着极高的功能价值，但是传统法治教育的优秀成果仍是自媒体环境下进行大学生法治教育创新的重要基础。脱离了传统法治教育的理论依据和机制支撑，在自媒体环境下进行大学生法治教育创新就是无本之木、无源之水，不仅不利于大学生法治教育创新，还会阻碍大学生法治教育的发展。在继承传统大学生法治教育优秀成果的基础上，要结合自媒体特点对以前的法治教育理念、模式和机制等进行创新。高校应将传统法治教育模式与自媒体环境下的法治教育手段进行有效结合，充分尊重大学生的法治教育内容需求，重视大学生的主体意识，实现自媒体环境下大学生法治教育的创新。其次，要进一步继承和发展中国特色社会主义法治文化和历史传统文化。大学生法治教育的创新必须扎根我国法治文化和历史传统文化，汲取传统文化的养分，以自媒体为传承载体，将法治文化与法治教

育完美融合。中国特色社会主义法治文化涵盖着我国的法治理念、法治精神、法治理论体系，体现了我国法治在价值、制度、行为方面的先进性、民族性和科学性。传统文化承载中华民族的厚重历史和精神内核，是当今法治建设的精神命脉。因此要借助自媒体将中国特色社会主义法治文化、历史传统文化和大学生法治教育有机结合，打造出更具有时代性、创新性的法治教育模式。

（二）导向性与价值性相结合的原则

自媒体环境下大学生法治教育创新必须遵循导向性与价值性相结合的原则。我国思想政治理论课具有很强的导向性。导向性指通过教育教学活动，引导大学生形成符合社会主义核心价值观的理想信念，坚持马克思主义理论的指导地位，从而促进大学生思想品德和文化素质协调发展。高校思想政治理论课是大学生法治教育的主渠道，自媒体环境下大学生法治教育创新的导向性指高校法治教育者应在教育教学中坚持正确的导向性，在将自媒体融入法治教育的过程中，要引导大学生掌握一定的法律基本知识，了解社会主义法治文化，增强其法治信仰和法治意识，让他们学会运用法律思维和逻辑去解决生活中的法律问题，借助法律手段维护自己的合法权益。同时对自媒体环境中多元的价值观念进行有效筛选，保证主流意识形态的主导地位。价值性指只有具有特定价值的信息被受众有效接受才能真正发挥信息的本身价值。对大学生进行法治教育，应筛选并传递真正能被大学生接受且真正能提高大学生法治思维和素养的信息，才能将信息的效用价值最大化。因此，法治教育者应用好自媒体这一重要媒介和教育载体，坚持马克思主义在意识形态领域中的主导地位，筛选出真正提高大学生法治认知、信仰和能力的信息，引导和帮助大学生形成正确的法治观念。自媒体环境中多元繁杂的信息资源能极大程度地拓宽大学生的视野，充实丰富大学生的价值观念。要引导大学生选择真正能提高自身法治能力，多多了解对自身未来的就业和生活有针对性帮助的法律条款，理解传统法治文化的魅力和影响。高校法治教育者要坚持导向性和价值性相结合的原则，科学合理地选择富有时代性、趣味性和新颖性的法治教育素材，通过自媒体将效用价值高的信息素材有效运用到法治教育教学活动中，提高大学生法治教育的实效。

（三）主体性与人本化相结合的原则

大学生法治教育的受教育者是大学生群体，同时具备主体的可选择性和客体的强可塑性。主体的可选择性指受教育者可以对环境内的信息能动地接受、判断和选择，并将其内化为实践的动力和能力。传统媒体环境下的大学生法治教育活动，在信息的选择和配置方面，教育者拥有极大的权威和主导性，对法治教育内容和方式有着较大的选择权和决定权。自媒体环境下的信息丰富多样，让大学生有机会接触到海量的法治内容和多元文化，可以自主选择自己感兴趣的事物进行学习。同时，随着科技的飞速发展和自媒体影响的日益加深，大学生的民主和自我意识也不断增强，在学习和生活中都不再愿意单纯地依附与从属他人。教育者与受教育者信息不对等的局面被打破后，教育者的主体权威也被逐渐减弱，受教育者在自媒体环境中拥有自主话语权。"思政课教学离不开教师的主导，但同时也要加强对大学生的认知规律和接受特点的研究，发挥学生的主体作用。"所以，自媒体环境下大学生法治教育应注重发挥受教育者的主体可选择性。同时还应该注重坚持人本化的原则。高校教育教学工作者要贴近实际、贴近学生、贴近生活，要围绕学生、关照学生、服务学生。在针对大学生进行法治教育的过程中，法治教育工作者要"运用信息革命成果，推动媒体融合发展，做大主流舆论"，运用自媒体技术让法治教育内容更加丰富充实，将传统媒体和自媒体对法治教育的效用价值最大化。法治教育工作者要牢牢掌握思想舆论的主动权和主导权，不让大学生被各种错误思想和观念误导。法治教育工作者要以人为本，在现实层面需求和具体法治实践中引导大学生主动思考，培养大学生良好的法治思维，开展适合大学生、服务大学生的法治教育教学活动，推动大学生法治教育的创新发展。法治教育必须要与生活实际接轨，立足生活现实需求，才能真正让大学生明确法律机制的实际功能和作用，真正建立起法治信仰。

三、自媒体环境下大学生法治教育创新的具体对策

针对目前自媒体环境下大学生法治教育存在的问题及其中的原因，以创新的具体目标和原则为指导，结合创新面临的机遇和挑战，提出自媒体环境下大学生法治教育创新的具体对策。

（一）更新法治教育理念，加强自媒体在法治教育中的创新运用

首先，高校要更新自媒体环境下法治教育的目标和理念。高校要凸显法治教育工作的地位和重要程度，突出宪法教育，以培养大学生的法治思维和法治素养为目标，积极将自媒体运用到法治教育过程中，理性看待自媒体在教育工作中的功能和作用，实现宣传、育

人职能的创新建设。高校作为大学生法治教育的重要战场，必须遵循科学的教学规律和理论指导，形成新时代自媒体环境下的法治教育理念。要把握自媒体环境下的形势和变化，将新的教育、管理、服务观念整合到高校法治教育工作中，完善大学生法治教育的理念体系。要抢占网络宣传法治教育的制高点，通过自媒体加强对大学生的法治教育，宣传宪法和其他国家法律法规政策，紧握意识形态工作的话语权，弘扬社会主义核心价值观。要更新法治教育理念，突出受教育者的主体性，引导大学生学会自我教育和自我管理，建立师生间的"主体间性"关系，健康持续地参与自媒体平台的建设运营。高校要创新法治宣传方式，突出以宪法为核心的法律法规的宣传，促进教育者和受教育者的沟通交流，发挥受教育者的主观能动性，创设更民主开放的互动模式。高校要丰富宪法教育的载体形式，营造法律至上的校园氛围，拓展大学生学习宪法的线上通道，创设宪法和法治教育实践基地，借助自媒体制作微视频等内容进行普法教育和宣传。高校还可以设置宪法相关的知识竞赛、辩论赛等活动，丰富大学生的法治实践。

其次，高校要进一步优化校园自媒体环境，加强自媒体平台的建设和运营。教育环境会直接影响教育效果的好坏程度和具体呈现形态，反之，教育效果的动态变化也会影响教育环境的氛围和优劣。人是处于社会关系中的动物，社会环境和教育环境会对人的生存成长产生巨大的影响。良好的自媒体环境能够为大学生法治教育提供强有力的保障，因此，高校要进一步优化校园自媒体环境，加强对自媒体平台的基础建设和创新运用。为大学生法治教育创新营造良好的氛围。高校要加强以校园网为核心的学校网络建设，通过自媒体等媒介搭建教育网络新平台。高校内部的自媒体网络应实现教学楼、图书馆、宿舍楼全覆盖，打造"沉浸式"的法治教育氛围，突出宪法的重要内容和精神内核，在大学生心中树立坚定的法治信仰。高校要全面加强校园自媒体平台的基础设施建设，使自媒体成为弘扬社会主义法治精神、开展大学生法治教育的重要载体和手段。加强自媒体平台建设是提升大学生法治教育工作的重要基础。当下大部分高校在推进数字化信息化教学中，网络基础设施建设情况有了很大的改善，但实际运用于大学生法治教育的投入比例不高，限制了自媒体环境下大学生法治教育活动的开展。

第三，高校要运用自媒体平台多渠道创新开展法治教育工作，促进自媒体成为法治教育的重要阵地。高校在开展法治教育工作的过程中，除了建设法治教育网站之外，还应该积极利用微博、微信、QQ等自媒体平台开展多种多样的教育管理和服务工作。高校要针对大学生的思想行为特点，在网站设计和内容选择等方面有针对性地进行创新，建立专业性、时代性和趣味性融为一体的法治教育专题网站，以符合学生需求特点的方式开展法治教育和管理工作。增设交流和专业答疑板块，甄选专业素质较高的教师对学生提出和反馈的问题进行答疑解惑，解决大学生的实际生活诉求，维护好学生的权益。高校要将法治教育工作全面、彻底地覆盖于自媒体平台。高校要不断加强对法治教育的重视，认真研究自媒体环境下大学生法治教育的工作机制。此外，高校还应加强对自媒体环境下大学生法治教育的考核，以学生的需求和反馈为重要指标，反思和调整自身的工作开展效果和方式。要开设法治教育团队的官方自媒体账户，给大学生推送国内外法治相关实时动态、政策解读、理论知识，打造具有本校特色和影响力的大学生网络自媒体社区。不断丰富法治教育的载体和形势，使高校法治教育工作者能运用自媒体开展法治教育工作，增强法治教育工作的实效。

（二）优化法治教育团队，提升教师队伍的媒介素养和能力建设

优化法治教育团队，首先要提升自媒体环境下法治教育团队的媒介素养。俗话说，"打铁还需自身硬"，高校法治教育工作者不仅需要具备扎实的理论知识和良好的业务素质，在新形势下还应具备运用自媒体开展法治教育工作的能力。高校在招聘法治教育团队成员时要注意严格要求应聘人员专业知识和自媒体平台的运用能力，保证新进人员具备坚实的专业素养和业务能力。在自媒体环境下执行法治教育活动，教师团队要能够有效应对使用自媒体过程中的一系列技术要求，并对教学活动的全过程实施有效正确的技术操作。要加强对现有法治教育团队队伍的专业化培训，开展自媒体平台的应用相关讲座，引导法治教育者学习自媒体的操作知识和网络语言，加强现有法治教育工作者的综合素质和工作能力。自媒体环境下高校法治教育工作者应在传播学、社会学的理论基础上，开阔视野，拓宽思路，探索培养法治教育工作者媒介素养的最佳模式，建立适合我国高校教育体系和环境的法治教育媒介素养培育理论，从而更好地指导法治教育教学实践。政府相关部门，如教育部可以出台对应的教育工作者媒介素养培育政策和文件等，与媒介机构展开合作，提供定期参观访问和学习探讨的机会。

优化法治教育团队，还应积极提升自媒体环境下法治教育团队的能力建设。第一是要优化法治教育团队教师的内部结构。高校应打造独立、专业的法治教育团队专门教授法律基础部分的知识内容，设计组织开展系列的法治实践活动。在应聘相关人员时应注重其专业知识储备和实际教学能力，不能"唯学历论""唯科研论"。在进行法治教育教学具体设计的过程中，法治教育教师队伍必须保证能结合自媒体进行法治知识教学和教育能力的增强，以保障教师队伍对法治教育教学活动的掌控。在高校法治教育工作团队的建设过程

中，要完善对教师队伍结合自媒体进行教学的评价机制，保证法治教育团队、辅导员团队都可以适应自媒体环境下教学目标和培训机制的要求，提升自身教育理念的时代性。不能单凭科研成果和考试成绩情况作为考核教师队伍建设的标准，要结合具体情况具体分析。可以将自媒体账号使用指数作为教师考核和评优评先的依据，调动教师在自媒体上弘扬法治精神的积极性。此外，还可聘请一些宣讲能力强的社会司法人员来校兼任讲师或者开展专题讲座，以充实法治教育队伍。以司法人员本身丰富的法律知识和工作实践经验，让大学生了解到课本外的法律知识和法治经验，有助于大学生培养法律意识，学会在生活中使用法律保护自己，同时也能给校内教师带来一定的启发。第二，要突出宪法教育，提升教师队伍的法律素养。自媒体环境下现有的法治教育教师必须更新法治观念，革新教学理念。加强宪法教育，让大学生明确中国共产党的领导是历史和人民的必然选择，引导大学生树立对我国制度的绝对自信，不断强化大学生的法治信仰。教师必须坚持正确的马克思主义法治观，高度重视和认同法律的现实重要性，充分发挥学生的主体性，引导大学生从被动接受法治知识转变为主动学习的心态。法治教育者应该加强对宪法教育实践活动的重视，引导大学生深入思考，让大学生深刻意识到践行宪法的意义和作用。教师应清楚地认识到法治教育的目标不在于向学生"倾倒"法律知识，而是要培养大学生的法治素养和法治信仰。要避免向大学生传递错误的观念，比如脱离我国实际的或者带有批判性的思想，这容易使大学生对社会主义法治文化产生怀疑。要对课程实施改革，在课堂中穿插当下社会热点话题，挖掘学生的需求和兴趣，以案例教育和沉浸式教育的方法让大学生感受到宪法的重要性，并树立坚定的宪法信仰。

（三）革新法治教育模式，构建新型的教学内容体系和教学方式

主动适应自媒体时代带来的变化，与时俱进地革新教育模式，加快推进教育信息化建设，是高校法治教育改革的重要环节，也是未来人才培养模式的发展趋势。大学生法治教育是一项持续性、贯穿式的过程，必须构建自媒体环境下新型的教学内容体系和教学方式，促进大学生法治教育的良好发展。

首先，要构建自媒体环境下的新型法治教育教学内容体系，注重突出对大学生的宪法教育。传统法治教育的模式依然是高校进行大学生法治教育的重要基础，要明确教学理念和目标，完善教材内容体系。高校思想政治教育理论课依然是我国非法律专业的大学生法治教育的主要途径。而理论教材由教育部学术专家统一编订，内容不可能年年更改，存在一定滞后性和陈旧问题。因此，高校可以借助自媒体实现法治教育教学内容体系的更新。

高校可以组织法治教育者整理辅助法治教学资料，将最新的社会热点案件和最新法律法规编订成册，在自媒体平台上搭建辅助教材资料库，以供师生共同学习探讨。在实际课堂教学中，法治教育者通过对新旧知识的交叉对比解读，让大学生更深入地理解法治理论知识。宪法作为我国的根本大法，是我国社会主义法律体系的核心。宪法教育应贯穿大学生法治教育的全过程，全方位融入大学生的学习和生活中，自媒体环境下信息鱼龙混杂，各种思想观念交汇碰撞，对大学生的法治观念和法治意识、法治信仰造成了冲击。高校应该明确宪法教育的重要性和核心内容，让大学生不受外界其他因素干扰，发自内心地信仰宪法，维护宪法。高校法治教育要积极将宪法教育融入法治课堂教学和课外实践活动中，将宪法教育的内容全面融入法治教育教学内容体系中，突出宪法教育内容的时代性、鲜活性。宪法教育教学内容应突出引导大学生明确权利和义务的内涵，能够正确行使和履行宪法赋予的权利和义务，培养坚定的法治信仰和法治意识，树立宪法至上的观念，自觉与一切有违宪法规定的行为作斗争。高校法治教育者还应积极将习近平法治思想融入法治教育内容中，让大学生能深刻领悟习近平法治思想的精神内核和现实意义，树立坚定的社会主义法治信仰。此外，还应将中国特色社会主义法治文化和传统历史文化融入法治教育内容体系中，发挥文化的教育功能，让大学生法治教育内容更具有时代性、民族性和鲜活性。

其次，要探索自媒体环境下的新型法治教育教学方式，以导向式与互动式相结合的方法开展法治教育活动。传统法治课堂教学仍是大学生法治教育的主要途径，要创新传统的灌输教育教学方式，应当在现有的教育教学方式基础上进行调整，将多种教学方式糅合并进，提高大学生法治教育的实效。法治教育者要善用演讲、辩论以及情景剧等形式，调动大学生学习的主动性和积极性，让大学生明白如何在生活中懂法用法。法治教育者在对大学生进行法治知识教育时，要善于将案例教学法和多媒体教学法运用到法治课堂中。法治教育者应考虑到大学生实际生活中的需要，引入最具代表性的社会热点事件案例，与教材内容紧密联系，使晦涩难懂的法律法规条款生动化、具体化，帮助大学生更深入理解法治理论知识的内涵，掌握运用法律知识的能力。法治教育者应该鼓励学生积极参与讨论，强化大学生的法治思维和独立思考的能力。法治教育者要充分利用多媒体教学方法，通过PPT文档、图像和纪录片传递法治知识，定期选择符合法治教育内容的《今日说法》等普法节目来充分调动大学生对法治知识学习的积极性。高校要提高法治教育工作者队伍的媒介素养和教学能力，利用自媒体平台的优势开展网络法治专题课程。师生可以在自媒体平台上实现实时沟通交流，共同对网络违法现象进行分析探讨，让大学生更加明晰网络违法行为的后果和责任。法治教育者应通过官方自媒体账号和自媒体教学平台，开辟法治知识专栏，定期进行网上答疑解惑活动，让大学生了解学习更多的法治知识，掌握更多具有实践性和操作性的法律知识。

四、重视法治教育实践，打造线上线下相融合的法治实践平台

对大学生进行法治教育实践教学，可以深化大学生对我国法治的认识和理解，让大学生真正对法治内化于心外化于行。教育实践是"受教者意识活动的具体效应形式，由此开启思想政治教育活动的反馈过程"。法治教育实践能让大学生的法治思维和法治素养得以显现，并加强法治知识的转化效果。高校应该加强对法治实践的重视程度，积极打造线上线下相融合的法治实践平台，为非法律专业的大学生提供更多样、更有趣、更有价值的法治实践活动。

首先，要继续强化线下法治教育课外实践活动。高校要继续坚持理论与实践教育相结合，不断开展传统校园课外法治实践活动。比如网络安全演讲、法律知识宣传、法治知识竞赛、法治主题班会、模拟法庭等活动，化枯燥的理论知识为生动的情景演练，提高大学生对法治的理解，促进大学生掌握更多的法律知识。高校还可以设立网络维权模拟实验室，以生活中常见的网络侵权、网络诈骗等典型案例为对象，以角色扮演、情景再现的方式进行模拟演练。让大学生能主动去学习和掌握更多的实体法律知识，树立尊法用法的法治观念，增强大学生法治教育的效果。高校应整合运用各项社会资源，创新法治实践的具体途径。高校可以联系校外司法机构、社会团体成立综合性的法治教育实践基地，设置相关的学分制和评估机制，让非法律专业的大学生以实习、见习等形式参与法治实践，让大学生真正接触到现实生活中的法律案件。通过这种方式，让大学生更投入、更用心地参与法治实践活动，提高自身的法治意识和素养。高校还应组织大学生积极参加普法宣传志愿者活动，组织大学生去社区为居民进行法律知识、法治理念的宣讲。在宣讲中既发挥了自身的"传播者"作用，又进一步巩固加深了学生对法律知识的理解。

其次，要积极拓展线上自媒体法治教育实践平台。高校和政府应为大学生群体搭建提供法律咨询服务、开展法治实践活动的平台。要全面推进法律服务的网络建设，成立线上法律服务自媒体平台，让大学生可以在线上接受法治培训，开展法律援助和法学研讨。大学生可以在线上实践平台咨询法学专家或者心理咨询师解决自己生活中遇到的法律问题。高校和政府还应积极打造法治实践的电视节目、纪录片等，全面展现律师行业的工作和生活状态，结合社会热点案件引发学生思考和讨论。通过自媒体平台，大学生有机会接触到现实生活中自己可能遇到的法律援助问题和矛盾纠纷化解问题，通过线上法治实践，可以

让大学生切实掌握运用法治思维解决矛盾纠纷问题的能力。高校还应在校园自媒体平台上搭建法治教育板块，师生共同参与开辟法治教育实践的新平台。高校法治教育者要定期在自媒体平台上向大学生推送国家法治建设的动态，以清新可爱的科普文章、视频教学等形式向大学生传递法律法规知识。师生要在线上自媒体平台相互学习，促进双方的交流互动，共同研讨国家最新立法的进展、热点案件的实时追踪、法治新闻事件的评述剖析。法治教育者要以专业公正的角度，帮助大学生分析舆论乱象的形成缘由和因果关系，增强大学生分辨是非的能力，锻炼学生学会理性看待和思考问题，培育新时代大学生的法治素养和法治能力。

高校应该积极融合线下和线上的法治实践活动进行拓展教学，不断拓展法治实践教学的新平台，以切实提高大学生知法守法用法的能力。

（五）健全法治教育机制，营造良好的社会法治环境和法治氛围

健全自媒体环境下大学生法治教育机制和常态化的大学生法治教育工作多方合作机制，可以为大学生创造更好的社会法治环境，进而建设良好的社会法治氛围。

首先，要健全与自媒体环境相适应的大学生法治教育机制，以进一步营造良好的社会法治环境。第一，要健全自媒体的舆情监控机制。网络舆情是网民群体对社会某个事件的态度、意见和行为。德国社会学家乌尔里希·贝克在《风险社会》中提出：在风险社会中，不明的和无法预料的后果将成为社会及历史的主宰力量。若负面舆论没有得到及时的应对处理，就可能造成网络舆情危机。自媒体是以个人传播为主的媒介，自媒体平台给社会大众提供了前所未有的高效发声途径，交互传播的信息可能会被瞬间放大，产生难以控制的连锁反应，造成巨大的社会影响。因此，高校应加强对自媒体环境中信息的监控，在线上和线下都要做好信息的过滤净化。重视本校自媒体平台的舆论情况，加大对自媒体平台信息的监管力度，及时删除一切未经证实或者不当的言论，营造良好的法治教育环境和文化氛围。法治教育者应充当好"导航员""把关人"的角色，熟练运用自媒体收集和筛选适合的法治教育素材，在引导大学生使用自媒体进行法治知识学习的过程中，要教导学生正确参与网络舆情，在自媒体平台上要注意自己的言行。第二，要健全自媒体的信息分析机制。高校法治教育者要善于发现问题、诊断问题，通过数字化技术手段把握学生的思想行为变化和学习需求。高校要多方面、多种手段并齐，对信息进行收集和处理，并对收集来的数据进行定量分析，针对性地提出解决方案。第三，要健全自媒体的信息反馈机制。要及时掌握自媒体平台上大学生反馈的意见，针对学生的建议和需求调整工作内容及

方法。第四，要健全自媒体的组织协调机制。自媒体给高校各个部门协作开展工作提供了更便捷的平台。高校应该深入挖掘自媒体在教育和管理工作中的优势，将自媒体纳入管理工作制度，改革工作的思路和方法。高校可以成立专门的工作小组进行各大自媒体平台的日常运行和管理工作，以更高效地开展教育教学活动。第五，要健全自媒体的舆情应对机制。高校应加强自媒体的舆情应对和紧急解决能力，设置紧急舆情事件应对部门，强化工作人员的实践能力，提前准备紧急突发事件的解决预备方案。

其次，要健全常态化的大学生法治教育工作多方合作机制，以进一步营造良好的社会法治氛围。大学生法治教育是一个系统的、科学的动态过程，健全大学生法治教育多方合作机制需要充分发挥社会各界的作用和力量，构建多方联动、多位一体的工作机制，强化社会法治氛围。政府、企业、家庭需齐抓共管，紧密配合高校的法治教育工作。政府除了要加快出台自媒体相关法律法规，还要全面加强对自媒体企业的管理，让"用"和"管"处于辩证统一的关系状态中。要发挥自媒体对大学生法治教育的积极作用，除了政府的监管和法律的要求，自媒体企业的运营还需要程序化的管理和监督来规范其工作，最重要的就是自律。企业应树立强烈的社会责任感，不能为了追求商业利益而恶意扰乱自媒体舆论环境。企业要自觉遵守网络法律法规，做好自媒体环境净化和监管工作。对于企业的违法犯罪行为，国家一定要严令彻查，要杜绝一切可能影响国家、社会和网络安全的因素，给大学生法治教育营造良好的环境。此外，要建立家庭对大学生的引导教育体系。家长要深刻认识对孩子进行自媒体教育的重要性，构建科学适用的家庭自媒体教育模式。家长也要树立自媒体理念，主动适应自媒体给生活和工作带来的变化。通过自媒体了解更多更新潮的事物，与孩子建立更好更和谐的交流模式，重视观察孩子的思想和心理状态，能及时发现并解决孩子出现的心理或其他问题。家长要关注孩子对自媒体的使用情况，在适当的时候给予合适的建议和指导，帮助孩子学习如何分辨和应对自媒体平台上的各种诱惑和侵扰。家长在使用自媒体时也应注意端正个人行为，自觉遵守网络法律法规，形成良好的自媒体行为习惯。家长要积极与学校互动交流，主动了解孩子的心理和学习情况，与学校合力进行科学的、有针对性的引导和教育，打造家庭和学校教育并行的自媒体教育模式，增强教育的效果。

参考文献

[1]洪萍,颜三忠.大学生法治思维养成[M].北京:光明日报出版社,2021.07.

[2]李战国.新时代大学生法治教育概论[M].北京:知识产权出版社,2020.07.

[3]姚建龙.大学生法治教育论[M].北京:中国政法大学出版社,2016.10.

[4]张妍妍.制度自信旨归下大学生法治教育教学研究[M].济南:山东大学出版社,2021.06.

[5]朱丽.大学生法治教育研究[M].成都:电子科技大学出版社,2016.03.

[6]李勇.大学生法学常识与法治素养教育研究[M].北京:原子能出版社,2019.09.

[7]王卉.课程论视域下大学生思想道德与法治教育研究[M].武汉:武汉大学出版社,2021.11.

[8]张妍妍.大学生思想道德与法治教育实例研究[M].桂林:广西师范大学出版社,2018.04.

[9]钟贞山.权益诉求视域中的大学生管理法治化研究[M].南昌:江西人民出版社,2017.12.

[10]宋世勇.高校大学生廉政法治教育应用模式研究[M].北京:中国政法大学出版社,2013.06.

[11]刘同君,夏民.伦理文化与法治文化同构新世纪大学生素质教育的文化基础[M].南京:东南大学出版社,2001.12.

[12]陈星波,字如祥.对大学生加强民族观、宗教观与法治观教育研究[M].昆明:云南民族出版社,2007.12.

[13]李红玲.当代大学生法治思维培育研究[M].北京:中国社会科学出版社,2020.10.

[14]徐楠.大学生法治教育(第2版)[M].西安:西安电子科学技术大学出版社,2021.12.

[15]褚艳华.当代大学生法治教育教学研究[M].北京:新华出版社,2019.11.

[16]芦净,杨改玲.大学生法治教育读本[M].北京:中国人民大学出版社,2018.10.

[17]徐英鹏,田刚成.大学生法治安全教育[M].北京:中国传媒大学出版社,2018.09.

[18]杨仁财．新时代全面依法治国方略与大学生法治教育研究[M]．西安:陕西师范大学出版总社,2022.11.

[19]张宇龙．大学生法治教育研究基于重点场域的审视[M]．太原:山西人民出版社,2021.

[20]张戈跃．新时代大学生法治素养提升研究[M]．长春:吉林文史出版社,2020.07.

[21]陈诚作．当代大学生法治教育问题研究[M]．北京:中国政法大学出版社,2022.07.

[22]朱国良．新时代大学生法治认同要论[M]．北京:中国社会科学出版社,2019.10.

[23]李晶洁．网络时代大学生法治意识培养研究[M]．延吉:延边大学出版社,2019.11.

[24]房玉春．高等职业院校大学生法治教育研究[M]．北京:中国社会科学出版社,2019.10.

[25]马亮文．大学生法治教育理论与模式研究[M]．延吉:延边大学出版社,2017.05.

[26]卢涛,李军海．大学生法治观念和契约精神养成研究[M]．北京:经济科学出版社,2017.06.

[27]蔡静,吴维俊．双创时代大学生创业法治素养的提升[M]．太原:山西经济出版社,2023.01.

[28]王以．大学生思想道德与法治教育研究[M]．长春:吉林文史出版社,2020.06.

[29]史璇主．大学生心理健康与法治教育[M]．东营:中国石油大学出版社,2020.09.

[30]白显良．大学生思想道德与法治素养十五讲[M]．重庆:西南大学出版社,2022.06.

[31]黄飞．高校大学生廉洁法治教育研究[M]．北京:原子能出版社,2019.09.

[32]杨霄,田琳琳．大学生管理法治化研究[M]．长春:吉林出版集团股份有限公司,2019.11.

[33]李进付．教育法治化与大学生伤害事故处置[M]．北京:社会科学文献出版社,2017.10.

[34]方有林,段宝玫．法治与社会论丛(第10卷)[M]．北京:知识产权出版社,2021.01.

[35]关中印,于亮．大学生安全教育[M]．西安:陕西师范大学出版总社,2018.09.